文春学藝ライブラリー

殴り合う貴族たち

繁田信一

文藝春秋

殴り合う貴族たち―目次

殴り合う貴族たち

序　素行の悪い光源氏たち

藤原道長、官人採用試験の試験官を拉致して圧力をかける

永延《えいえん》二年（九八八）の十二月四日、その年に権中納言《ごんのちゅうなごん》になった二十三歳の藤原道長《ふじわらのみちなが》が、自身の従者を使い、とんでもない事件を引き起こした。

すなわち、新中納言道長は、自分に仕《つか》える勇猛な従者たちに命じて、式部少輔《しきぶのしょう》橘淑信《たちばなのよしのぶ》を拉致《らち》させたのであった。式部少輔といえば式部省《しきぶしょう》という官司《かんし》の次官の一人であり、その官職《かんしょく》を帯《お》びる橘淑信は「貴族」と呼ばれる人々の一人である。したがって、道長のやったことは、貴族の拉致に他ならなかった。

しかも、道長の邸宅に連れ込まれるに際して、淑信は自身の足で歩かされたという。当時としては、たとえ罪人として連行する場合であっても、牛車《ぎっしゃ》に乗せて運ぶというのが、「貴族」と呼ばれる人々に対する当然の扱いであった。ところが、淑信は道長の従者たちに取り囲まれて自分の足で歩かされたのである。おそらく、その惨《みじ》めな姿は、往《おう》来《らい》にいた数多くの人々の眼に晒《さら》されたことだろう。これは、貴族である淑信にとって、実にひどい辱《はずかし》めであった。

では、なぜ道長は淑信に対してこれほどの仕打《しう》ちをしたのだろうか。

この事件の最大の問題点は、まさにそこにあった。

橘淑信が所属していた式部省は、官人の採用や評価を職掌《しょくしょう》とする官司であり、この頃の淑信には、官人採用試験の試験官の職務が与えられていた。当時の貴族社会には官人社会の側面があったため、家柄《いえがら》のぱっとしない者にとっては、式部省の官人採用試験で好成績を残すことが、出世のための重要な足がかりとなった。淑信が式部少輔として負っていた職務は、そのような重い意味を持つ試験に関わるものだったのである。

ところが、藤原道長という貴公子は、自身が懇意《こんい》にしている受験者の試験結果に手心を加えさせようと、試験官に脅《おど》しをかけたのだ。このとき、道長が試験官に改竄《かいざん》を迫ろうとしたのは、甘南《かんな》備永資《びのながすけ》という受験者の試験結果であったという。おそらく、この永資には芳《かんば》しい結果を残せるほどの実力がなかったのだろう。そして、そんな永資を何とか官人にしようとする道長の身勝手な思惑《おもわく》の犠牲となったのが、他でもない、式部少輔橘淑信であった。

当然のことながら、この事件は瞬《またた》く間に世間の知るところとなった。そして、この一件を伝え聞いた人々は、嘆きの吐息《といき》を洩《も》らしたという。

また、事件を起こした藤原道長は、父親の摂政《せっしょう》藤原兼家《かねいえ》にこってりと絞《しぼ》られたらしいのだが、それは当然のことであろう。これだけのことをやっておいて、父親に叱責《しっせき》されるだけですむのであれば、むしろ、羨《うらや》ましいくらいである。

現実世界の光源氏

「この世《よ》をば　わが世とぞ思ふ　望月《もちづき》の　欠《か》けたることも　なしと思へば」

どこにも欠けたところのない満月のように、この世はすべておれのものだ！

こう詠《えい》じた五十三歳の藤原道長は、まぎれもなく、王朝貴族社会の覇者《はしや》であった。

「この世をば」の一首を詠《よ》んだときの道長は、天皇の祖父であるとともに、皇太子の祖父でもあり、さらには、それまでの三代の天皇の后《きさき》たちの父親であるとともに、現任の摂政の父親でもあった。しかも、道長自身、太皇太后《たいこうたいごう》・皇太后《こうたいごう》・皇后《こうごう》（中宮《ちゆうぐう》）に准じた待遇を受ける「准三宮《じゆんさんぐう》」という地位にあったのである。

そんな道長が手にしていた権力は、王朝貴族たちにとって、まさに未曾有《みぞう》のものであった。当時の貴族社会では、彼の思いどおりにならないことなど、本当に何もなかったのではないだろうか。

そして、王朝時代の貴族社会において、この藤原道長に対抗できるだけの権力を握ることがあったのは、ただ一人、『源氏物語《げんじものがたり》』の主人公である光源氏《ひかるげんじ》だけであった。物語の中の貴族社会においてではあるが、光源氏という人物も、天皇の兄（実は父親）として、さらには、やがては帝位に即《つ》くはずの皇太子の祖父として、絶大な権力をその手に

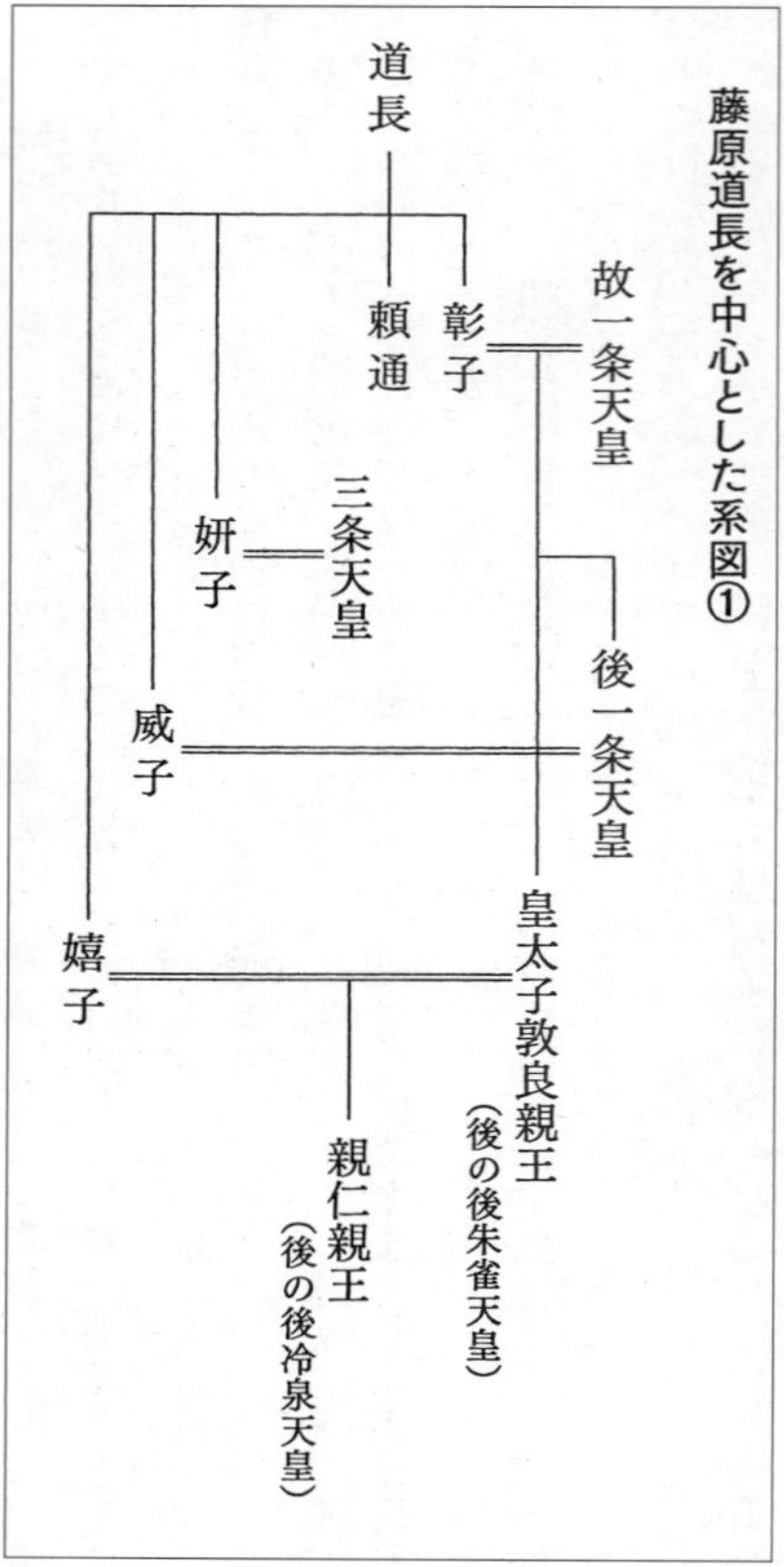

藤原道長を中心とした系図①

つかんだのである。また、そんな光源氏のために用意された地位は、上皇に准じた待遇を受ける「准太上天皇《じゅんだいじょうてんのう》」というものであった。

この光源氏の人物造形に影響を与えた実在の人物として、以前より幾人かの王朝貴族が挙げられてきた。すなわち、現実世界の貴族社会に幾人かの光源氏がいたのである。

そして、その一人が藤原道長であった。光源氏の輝かしい人生のモデルになったと考えられているのが、史実として確認される藤原道長の栄華なのだ。そうした意味で、藤原道長という王朝貴族は、現実世界の光源氏の一人であった。

しかしながら、王朝時代に実在した藤原道長という貴公子には、およそ光源氏の所業としては考えられないような、貴公子らしからぬ不適切なふるまいが少なくない。冒頭に紹介した一件――試験官を拉致して官人採用試験の結果を改竄させようとした件――などは、まさにそれを代表するものである。

また、長和《ちようわ》二年（一〇一三）の八月十五日には、すでに自己の政権を確立していた四十八歳の左大臣藤原道長が、前摂津守《ぜんせつつのかみ》藤原方正《かたまさ》および前出雲守紀忠道《ぜんいずものかみきのただみち》の二人を自邸の小屋に監禁するという挙《きよ》に出ている。前摂津守や前出雲守といえば、間違いなく、王朝貴族社会の一員である。すなわち、道長はまたしても「貴族」と呼ばれる人々に対して乱暴な仕打ちをしたことになるのだ。

しかも、この二人が道長に監禁されたのは、道長の妻の外出の準備を手際よく進めることができなかったためであったらしい。そして、そんなつまらない理由で貴族社会の一員である人々を監禁してしまったように、藤原道長が恣意《しい》的に誰かを監禁することは、何ら珍しいことではなかったのである。

小野宮右大臣藤原実資の『小右記』

ところで、ここまでに紹介したような藤原道長の素行の悪さを現代にまで伝えてくれているのは、道長と同じ時代を生きた藤原実資《さねすけ》という人物の日記である。

その日記が一般に『小右記《しょうゆうき》』と呼ばれるのは、実資自身が「小野宮右大臣《おののみやうだいじん》」「小野宮《おののみや》右府《うふ》」と呼ばれることに由来する。王朝時代の上級貴族の一門に生まれた藤原実資は、祖父（養父でもあった）から伝領した「小野宮」と呼ばれる邸宅に住み、ついには右大臣（右府）にまで出世した。そのため、彼の日記は『小野宮右大臣記』『小野宮右府記』と呼ばれることになり、それが省略されて『小右記』になったというわけだ。

そして、藤原実資の『小右記』には、しばしば藤原道長の起こした事件についての記録が見える。式部少輔橘淑信が拉致された一件も、前摂津守藤原方正と前出雲守紀忠道とが監禁された一件も、すべてこの日記のおかげで現代にまで伝わった事件である。そうした意味では、藤原道長やその子孫たちにとって、この日記は非常に都合の悪いものであるかもしれない。

しかし、『小右記』に見える藤原道長の不適切な行動は、本当に数が多いのだ。すでに紹介した二例も貴公子にはあるまじき悪質な行為であったが、『小右記』には道長の理不尽な暴力が幾度も登場するのである。また、これまでに見てきた事例のいずれでも被害者は「貴族」と呼ばれる人々であったが、『小右記』によれば、「庶民」に属する人々もしばしば道長の暴力に泣かされていた。

例えば、長和二年の六月には、祇園御霊会《ぎおんごりょうえ》の行列に参加していた散楽人《さんがくにん》たちが、左大臣藤原道長の従者たちから衣裳《いしょう》が破損してしまうほどの暴行を受けている。そして、実資の記すところでは、やはり、この暴行事件は道長の命令によるものであった。散楽人たちをも含めた庶民層の人々が心待ちにしていた祇園御霊会という祭礼が、道長の指図する暴力によって台無しにされてしまったのである。

このように、藤原実資の日記によって知られる藤原道長の実像は、光源氏の人物像とはあまりにも懸け離れたものであった。もし光源氏こそを王朝時代の貴公子の理想像と見なすとするならば、光源氏のモデルの一人であったはずの藤原道長は、お世辞にも理想的な貴公子とは言えない人物である。また、もし藤原道長が現実世界の光源氏であったとすれば、それはあまりにも素行の悪い光源氏であった。

紫式部が描かなかったこと

しかしながら、暴力を不適切に行使する不品行な貴公子は、何も藤原道長だけではなかった。光源氏のモデルと思《おぼ》しき道長以外の王朝貴族も、しばしばとんでもない暴力事件を引き起こしていたのである。現実世界の光源氏たち——光源氏のモデルとなった現実の王朝貴族たち——は、素行の悪い貴公子ばかりであった。

そう考えると、光源氏という貴公子がいかに理想化された存在であったかがよくわかる。光源氏が王朝時代の貴公子の理想像であることについて、これまでのところ、その優れた容姿や豊かな才能などが取り沙汰《とざた》されるのが普通であった。だが、実のところは、理不尽な暴力事件を起こさないというただそれだけのことでも、光源氏は十分に理想的な貴公子と見なすことができるのである。

いや、これは光源氏に限ったことではない。『源氏物語』に登場する光源氏以外の貴公子たちについても、それと同じことが言えるのだ。

『小右記』に見る限り、素行の悪い貴公子が数多く巣食っているというのが、王朝貴族社会の偽《いつわ》らざる姿であった。しかし、『源氏物語』の貴公子たちは、頭中将《とうのちゅうじょう》にしても、夕霧《ゆうぎり》にしても、不品行な暴力とは縁がないのである。

もちろん、『源氏物語』にも暴力的な人物は登場する。大夫監《たいふのげん》という肥後国《ひごのくに》の土豪《どごう》などがその好例である。ただ、この大夫監が物語の中で貴公子として扱われることはない。そして、彼の持つ不品行な側面が、彼を貴公子として扱わないことを正当化しているのである。これは、理想の貴公子である光源氏が暴力とは無縁であったことの裏返しであろう。

このように考えるならば、理想化されていない素顔の王朝貴族を知るうえでは、彼らの素行の悪さにも眼を向ける必要があるのではないだろうか。紫式部《むらさきしきぶ》がけっして描こうとはしなかった王朝時代の貴公子たちの不品行な一面、それを観察することで彼らの実像に迫ることができるように思われるのだ。

そして、そのための情報は、小野宮右大臣藤原実資が豊富に提供してくれる。彼の日記である『小右記』には、さまざまな貴公子たちの起こした数多くの暴力沙汰が記録されているのだ。すでに紹介した藤原道長の事件などは、そのほんの一部にすぎないうえに、最もひどい事例でもない。

念のために断っておくと、『小右記』の情報源としての信頼性は非常に高い。『小右記』を残した藤原実資は、世間から「賢人右府《けんじんうふ》」と呼ばれるほどに賢明な人物であった。そのため、貴公子たちを見下《みくだ》すほどの才女であった紫式部も、また、絶大な権力を手中にしていた藤原道長も、実資に対してだけは一目も二目も置いていた。その実資が自身の日記に敢《あ》えて嘘や偽りを記すはずはなかろう。『小右記』がもたらす情報に対してならば、われわれは全幅の信頼を置いてもいいはずだ。

さあ、それでは、素行の悪い光源氏たちが巣食う『小右記』の世界へ。

1　中関白藤原道隆の孫、宮中で蔵人と取っ組み合う

藤原経輔、後一条天皇の御前で取っ組み合いをはじめる

それは後一条《ごいちじょう》天皇が一条院内裏《いちじょういんだいり》の紫宸殿《ししんでん》（南殿《なでん》）にて相撲《すまい》を観戦していたときのことだというから、事件の現場となったのも、その紫宸殿であったろう。

小野宮《おののみや》右《う》大臣《だいじん》藤原実資《さねすけ》が伝え聞いたところによると、万寿《まんじゅ》元年（一〇二四）の七月十七日の夜、権右中弁《ごんのうちゅうべん》藤原経輔《つねすけ》と蔵人式部丞《くろうどしきぶのじょう》源成任《みなもとのなりとう》とが、相撲の観戦を横目に、自分たちでも取っ組み合いのケンカをはじめたのであった。経輔と成任とは、お互いに相手の「髻《もとどり》」をつかみ、「拏攫《だかく》」に及んだという。

「拏攫」というのは、取っ組み合いのこと。また、「髻」というのは、江戸時代の武士の丁髷《ちょんまげ》のようなもの。

平安時代の人々は、男性であっても、出家して僧侶《そうりょ》になったりしない限り、髪の毛は長く伸ばしておくものであったが、成人した男性は、その長い髪の毛を頭頂部で束《たば》ねて丁髷のようにすることになっていた。これが「髻」と呼ばれたわけだが、この髻は冠《かん》や烏帽子《えぼし》などの被《かぶ》り物《もの》によってつねに他人の眼から隠しておくべきもので、これを人眼に

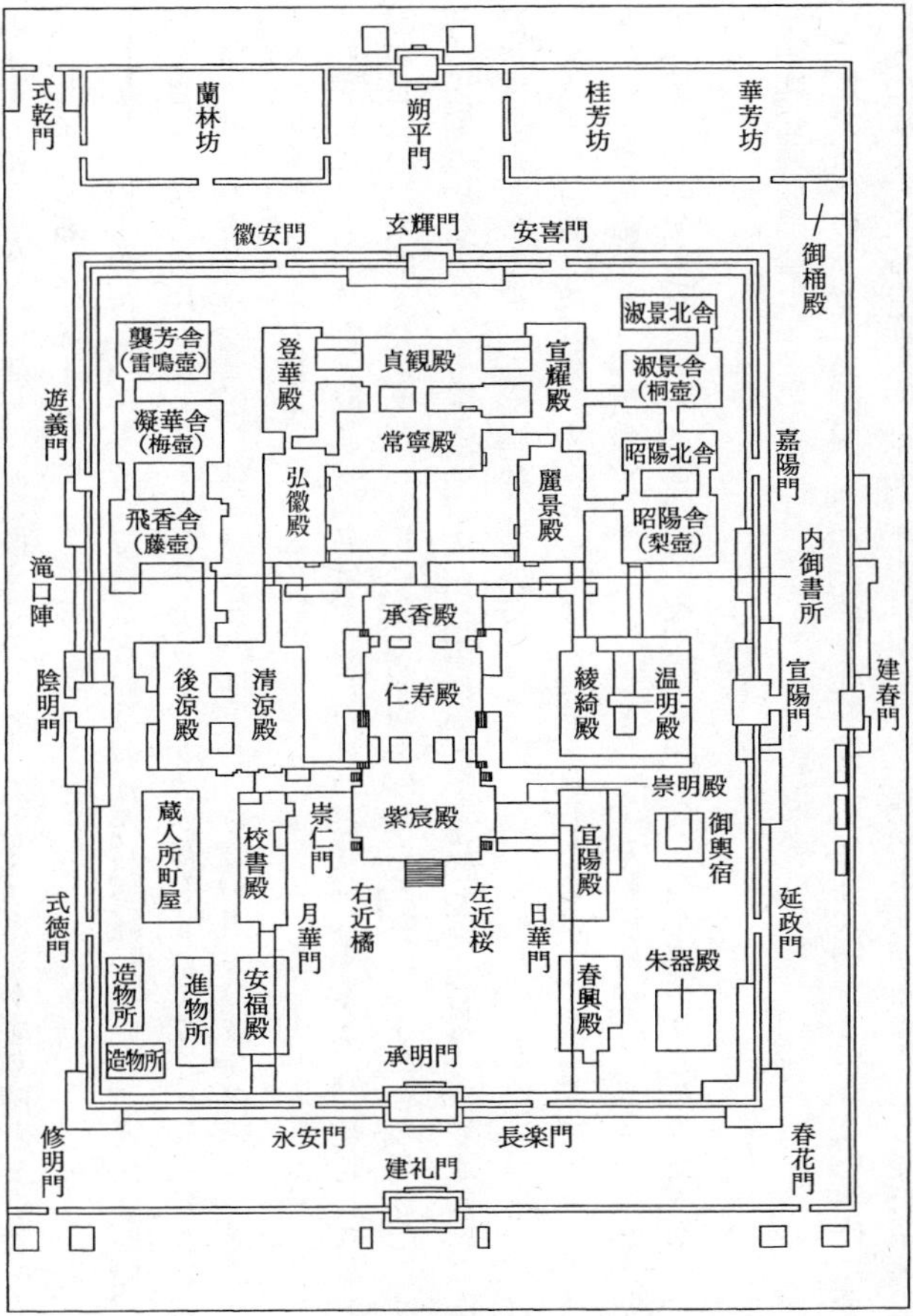
式乾門
蘭林坊
朔平門
桂芳坊
華芳坊
徽安門
玄輝門
安喜門
御桶殿
襲芳舎
(雷鳴壺)
登華殿
貞観殿
宣耀殿
淑景北舎
淑景舎
(桐壺)
遊義門
凝華舎
(梅壺)
常寧殿
昭陽北舎
嘉陽門
弘徽殿
麗景殿
飛香舎
(藤壺)
昭陽舎
(梨壺)
内御書所
滝口陣
承香殿
陰明門
後涼殿
清涼殿
仁寿殿
綾綺殿
温明殿
宣陽門
建春門
崇明殿
蔵人所町屋
校書殿
崇仁門
紫宸殿
宜陽殿
御輿宿
右近橘
左近桜
延政門
式徳門
月華門
日華門
造物所
進物所
安福殿
春興殿
朱器殿
造物所
承明門
永安門
長楽門
修明門
建礼門
春花門

内裏略図

晒《さら》すことは、現代人の感覚に置き換えてみると、人前でズボンがずり落ちて下着を見られてしまうくらいに恥ずかしいことであった。

しかし、相手の髻をつかみ合っていたというのだから、経輔といい、成任といい、このときには髻を丸出しにしていたのだろう。ケンカがはじまってすぐ、二人は互いの被り物を奪い合ったものと思われる。あるいは、どちらかが相手の被り物を奪ったことが、ケンカの発端《ほったん》であったのかもしれない。

いずれにせよ、経輔・成任の両名は、われわれの感覚からすると、お互いにズボンを脱がし合い、人前でパンツを丸出しにして取っ組み合っていたようなものだったわけだ。みっともないことこのうえない。人伝《ひとづて》に事件のことを知った実資は、「いまだにこんな話は聞いたこともない」と嘆息《たんそく》している。

しかも、経輔・成任の二人がこのような醜態《しゅうたい》を晒したのは、内裏の紫宸殿という、国家にとって最も重要な場所の一つであった。そして、その場には、後一条天皇が臨席してさえいたのである。このときの後一条天皇の胸中は、いかばかりであったろうか。

中関白藤原道隆

ここで事件の一方の当事者となった藤原経輔は、後に権大納言《ごんのだいなごん》という高い地位に至ることになる。当時の権大納言は、今の日本で言うと、国土交通省あるいは経済産業省の大臣や衆議院の議長くらいには重要な立場にあった。国政にそれなりの影響を及ぼし得る地位である。

そして、経輔がそのような重職に就《つ》くことができたのは、彼が関白《かんぱく》藤原道隆《みちたか》の孫であったことによるところが大きい。彼の父親は中納言《ちゅうなごん》藤原隆家《たかいえ》であり、その隆家の父親は一条《いちじょう》天皇のときに関白を務めた藤原道隆であった。つまり、天皇の御《ご》前《ぜん》で髻を晒して取っ組み合うという大醜態を演じた藤原経輔が、まごうことなき貴公子だったのである。

経輔の祖父にあたる藤原道隆は後一条天皇の父親である一条天皇の関白であったが、普通、彼は「中関白《なかのかんぱく》」と呼ばれる。というのは、道隆が関白として担《にな》った政権が、結果的に見て、父親の藤原兼家《かねいえ》の政権と弟の藤原道長《みちなが》の政権との間をつなぐ「つなぎ」の政権にすぎなかったからである。

藤原道隆を中心とした系図

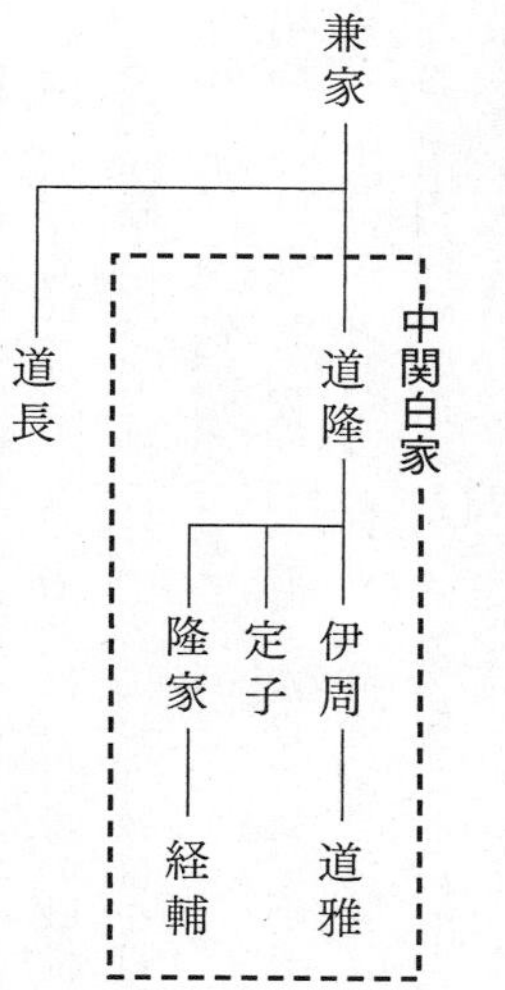

道隆の関白の地位は、父親の兼家から譲られたものであった。そして、兼家が長男の道隆に譲った関白の地位は、兄弟や親類との熾《し》烈《れつ》な政争を勝ち抜くことで、よう

やくにも手に入れたものだったのである。

ところが、それを譲られた道隆は、自身の政権を長く保つことができなかった。そして、兼家が勝ち取った地位を保って長期政権を打ち建てたのは、兼家の末息子で道隆には末弟にあたる藤原道長であった。

道隆が「つなぎ」の関白でしかなかったというのは、こうした事情があってのことである。「中関白」という呼称は、「間の関白」を意味している。

なお、中関白藤原道隆という人物は、しばしば清少納言《せいしようなごん》の『枕草子《まくらのそうし》』にも登場する。そう、清少納言が仕《つか》えた中宮《ちゆうぐう》藤原定子《さだこ》というのは、この道隆の娘として一条天皇の中宮となった女性なのである。清少納言の才能を見込んで彼女を中宮定子の側近に置いたのも、おそらくは、定子の父親の関白道隆であったろう。

そして、藤原経輔の父親も、中宮定子の弟として、『枕草子』には何度か登場している。姉の中宮定子に「この世のものとは思えないような扇《おうぎ》の骨を手に入れました」と自慢したところ、それを聞いていた清少納言に「それはきっと海月《くらげ》の骨なのですね」とやり込められてしまった中納言、それが経輔の父親の中納言藤原隆家である。

藤原経輔、先日の遺恨によって暴行に及ぶ

ところで、相撲観戦の夜の暴行事件は、その夜だけでは終わらなかった。

天皇の御前でのケンカから四日後の七月二十一日、今度は藤原経輔が一方的に源成任を殴り倒すという事件が起きた。実資の日記には「今夜、経輔が成任を打ち凌《うりよう》じた」と見えるから、経輔はかなり手ひどく成任を殴ったのだろう。平安貴族の日記には、一方的に暴行を加えたことを意味するものとして、しばしば「打ち凌ず」という言葉が登場する。

もちろん、成任もただただ殴られ続けていたわけではなく、隙《すき》を見てその場を逃げ出した。下手に手向かうよりは逃げた方がいいと判断したのだろう。彼は宮中に与えられている自身の控え室（宿所《しゆくしよ》）に逃げ込んだのである。

成任が帯《お》びていた「蔵人《くろうど》」という官職《かんしよく》は、政務に関する書類の整理や勅命《ちよくめい》の伝達から寝所《しんじよ》や食膳《しよくぜん》の管理に至るまで、天皇に関わるさまざまなことを職掌《しよくしよう》としていた。したがって、天皇に間近《まぢか》く仕えることができるという意味で名誉ある官職であったが、その職務は多忙を極めることにもなった。

そのため、蔵人は宮中に「宿所」と呼ばれる個人の控え室を与えられていたのである。天皇の居所である内裏に宿直することも多かった蔵人にとって、宮中の宿所は半ば自宅のようなものでもあった。

ところが、経輔の恨みを買ってしまった成任にとっては、その控え室も安全な隠れ場所とはならなかった。そこに追い到った経輔の従者たちが、成任の控え室を打ち砕いてしまったというのである。

この一件について、実資は「奇怪《きかい》なり（異常なことだ）」との感想を残しているが、ようやくにして逃げ込んだ自身の控え室が外側から破壊されていくとき、成任は相当な恐怖を味わったことだろう。

暴行を受けた成任が控え室に逃げ込んだというのだから、この二十一日の事件も宮中で起きたものと思われるが、この事件の背後には、十七日の事件によって生じた遺恨《いこん》があったらしい。そもそもの原因は判然としないものの、相撲観戦の夜に起きた事件は新たな恨みを生み、その恨みが新たな事件を喚《よ》んだのである。

今度の事件について、藤原実資は先日の一件による「遺恨」が原因となったものと見ている。そして、これについても、実資は「奇怪なり」と嘆《たん》じるのであった。

殿上人たちの集団暴行

このとき、経輔は十九歳の少年であった。数え年の十九歳であるから、現代人の感覚ではまだ十八歳だったことになる。したがって、右に見た二件の暴行事件も、若さゆえの過ちであったかもしれない。

しかし、そんな経輔も、貴族社会に対して重い責任を負うべき殿上人《てんじょうびと》の一人であった。

この頃、内裏を構成する多数の殿舎《でんしゃ》の中でもとくに天皇の日常の居所となっていたの

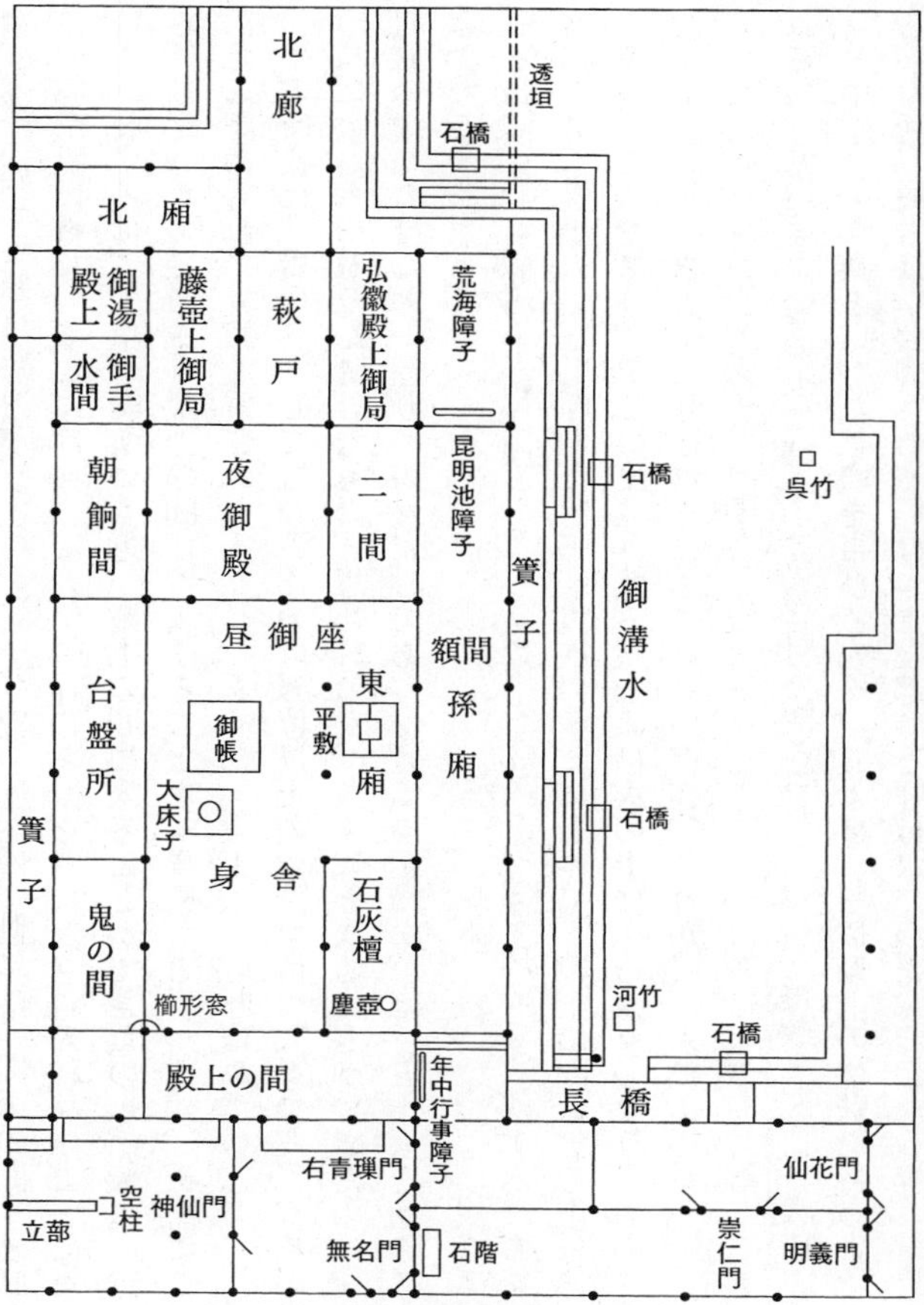
北廊
透垣
石橋
北廂
御湯殿上
御手水間
藤壺上御局
萩戸
弘徽殿上御局
荒海障子
昆明池障子
石橋
呉竹
朝餉間
夜御殿
二間
簀子
御溝水
昼御座
額間
孫廂
台盤所
御帳
平敷
東廂
大床子
石橋
簀子
身舎
石灰壇
鬼の間
櫛形窓
塵壺
河竹
殿上の間
石橋
年中行事障子
長橋
右青璅門
仙花門
空柱
神仙門
立部
崇仁門
無名門
石階
明義門

清涼殿図

は、「清涼殿《せいりょうでん》」と呼ばれる殿舎であった。その清涼殿の南側には「殿上の間《てんじょうのま》」と呼ばれる一郭《いっかく》が設けられ、そこにはとくに天皇の許しを得た者しか立ち入れないことになっていた。要するに、天皇の寝所にも近い殿上の間に入ることができたのは、天皇の近臣《きんしん》たちだけだったのである。殿上の間に参入することを「昇殿《しょうでん》」と言ったが、天皇に側近の臣下と認められて昇殿を許された人々は、とくに「殿上人」と呼ばれていた。

平安時代に「貴族」として扱われたのは五位以上の位階を持つ人々であり、その数はつねに数百人にも及んでいたものと思われるが、殿上人となることができたのは、王朝貴族の中でもほんの一握りの人々だけであった。この頃であれば、五十人を超えることは少なかっただろう。

それゆえ、一般の王朝貴族たちは、畏敬《いけい》と羨望《せんぼう》との念を込めて、殿上人たちを「雲《うん》客《かく》」とも「雲上人《うんじょうびと》」とも呼んだ。王朝貴族の多くにとって、殿上の間は雲の上ほどに高く遠いところであり、そこに出入りする殿上人は雲の上に住む人々のようなものであった。王朝時代の貴公子と呼ばれるにふさわしい存在、それが殿上人であった。

ちなみに、その「雲客」「雲上人」の上には、ときに「月客《げっかく》」とも「月卿《げっけい》」とも呼ばれる人々がいた。雲の上に輝く天空の月に喩《たと》えられたのは、摂政《せっしょう》・関白《かんぱく》・大臣《だいじん》・大納《だいな》言《ごん》・中納言《ちゅうなごん》・参議《さんぎ》といった官職を帯びる人々、および、三位《さんみ》以上の位階を持つ人々である。普通、彼らは「公卿《くぎょう》」あるいは「上達部《かんだちめ》」と呼ばれていた。

その公卿というのは、現代日本の閣僚《かくりよう》のような存在であり、朝廷の政治について議する立場にあった。すなわち、彼ら公卿こそが、当時の政治の実質的な担い手だったのである。当時において、彼らは貴公子の中の貴公子であった。

そして、王朝時代の殿上人の多くは、公卿の息子や孫であった。つまり、殿上人というのは、公卿の予備軍であり、生《は》え抜《ぬ》きの貴公子たちの集まりだったのである。

しかし、その殿上人の中には、藤原経輔のように暴力沙汰《ざた》を起こす者も少なくなかった。現に、七月二十一日の事件で蔵人式部丞の源成任を打ち凌じたのは、藤原経輔ばかりではなかった。藤原実資が後に聞いたところによれば、殿上人の経輔を怒らせてしまった成任は、経輔以外の複数の殿上人にまで殴られることになったらしいのだ。

彼らは同じ殿上人として経輔に加勢したのかもしれないが、しかし、たった一人を何人もで打ち凌じたのである。しかも、暴行を加えた相手はただの蔵人にすぎず、その地位は自分たちとは比べるべくもない。彼らが成任からの報復を心配する必要は、ほとんどなかっただろう。要するに、彼らのやったことは、卑劣な弱い者いじめだったのである。

曾禰好忠、多数の殿上人に足蹴にされる

王朝時代の殿上人たちが弱い者いじめの集団暴行に及んだという話ならば、『今昔物《こんじやくもの》

語集《がたりしゅう》』という説話集にも見つけられる。『今昔物語集』巻第二十八第三の「円融院《えんゆういん》ノ御《おん》子《ね》ノ日ニ参リタル曾禰吉忠《そねのよしただ》ノ語《こと》」という話が、幾人もの殿上人が曾禰好忠《そねのよしただ》という老歌人をよってたかって足蹴《あしげ》にしたという出来事を伝えているのだ。

王朝時代には正月の子《ね》の日に野遊《のあそ》びをすることが年中行事の一つになっていたが、一条天皇の父親の円融上皇《えんゆうじょうこう》は、その子の日の野遊びのために、多くの公卿や殿上人を引き連れて、平安京北郊の紫野《むらさきの》へと赴いたことがあった。

この円融上皇主催の野遊びには、幾人かの歌人も喚《よ》ばれていた。もちろん、上皇が声をかけたのは、いずれもが当代一流の歌人たちである。しかし、ふと気がつくと、歌人たちの座に、貧相な身なりの老人がまぎれ込んでいた。その老人こそが、曾禰好忠である。

曾禰好忠という人物は、確かに、当時から優れた歌人として知られていた。『拾遺和《しゅういわ》歌集《かしゅう》』以降の勅撰《ちょくせん》和歌集には、彼の歌が数十首も入撰しているほどだ。ただ、彼は少しばかり変わり者であったようだ。その野遊びの日も、皆が晴れやかな服装で宴座につく中、好忠一人が仏事のときにするような陰気な格好をしていたという。しかも、彼が身につけていた衣服は、この日の盛儀には不相応な粗末なものであったらしい。

もっとも、好忠の身なりが悪かったのは、彼が「王朝貴族」と呼ばれるか呼ばれないかの最下級貴族の一人であったことと無関係ではないだろう。「曾丹後《そたんご》」「曾丹《そたん》」と通称された曾禰好忠は、丹後掾《たんごのじょう》のような下級官職にしか就けない程度の下級貴族だったのである。三等国司にすぎない丹後掾などは、当時、下級貴族しか就きたがらない低い官職であった。

ともかく、円融上皇主催の宴に場違いな身なりで参加しようとした曾禰好忠であったが、この老歌人というのは、そもそも、この野遊びの宴に喚ばれた歌人の一人ではなかった。彼は喚ばれもしないのに勝手に押しかけてきただけだったのである。

そのため、好忠は手荒にその場を追い立てられることになる。襟首《えりくび》をつかまれて仰向《あおむ》けに引き倒されたうえで、宴の場から引きずり出されてしまったのだ。

さらに、上皇の御前から遠ざけられた好忠を待っていたのは、殿上人たちによる無慈悲な集団暴行であった。好忠のふるまいに腹を立てた幾人もの殿上人が、順々に好忠の身体を足蹴にしていったという。これは、老人には酷《こく》な仕打ちであった。

そして、『今昔物語集』に収められた説話の伝える右の一件は、どうやら、実際に起きた出来事であったらしい。藤原実資の日記である『小右記《しょうゆうき》』に、寛和《かんな》元年（九八五）の二月十三日のこととして、円融上皇の野遊びの宴の座から曾禰好忠が追い立てられたという事件が記録されているのである。

また、『小右記』からは、この日の野遊びには若かりし日の藤原道隆が最末席の公卿として参加していたことが知られる。もしかすると、好忠を上皇の御前から引きずり出したのは、この道隆であったかもしれない。そして、好忠を足蹴にした殿上人たちの中には、公卿に列する以前の藤原道長の姿もあったのではないだろうか。

ともかく、その日、曾禰好忠という老歌人は、殿上人たちのために、かなり痛い思いをするとともに、相当に恥ずかしい思いもしたことだろう。実は、例の野遊びは、あまりに盛大に行われたため、多くの人々の見物の対象になっていたのである。したがって、好忠が幾人もの殿上人たちに足蹴にされる様子も、大勢の見物人が目撃していたにちがいない。

藤原道雅、敦明親王の従者を半殺しにする

さて、ここで再び中関白藤原道隆の孫にあたる貴公子を話の中心に据《す》えるとして、道隆の孫たちの中には、殿上人の身でありながら、弱い者いじめの集団暴行に及んだことが原因で天皇より謹慎処分を言いわたされた者もいる。

例えば、やはり中関白藤原道隆を祖父に持つ藤原道雅《みちまさ》は、春宮権亮《とうぐうごんのりょう》の官職を帯びる殿上人であった頃、織部司《おりべのつかさ》の挑文師《あやのし》という下級官人の小野為明《おののためあき》に暴行を加えて瀕死《ひんし》の重傷を負わせ、謹慎の処分を受けたことがある。

三条《さんじょう》天皇が位にあった長和《ちょうわ》二年（一〇一三）の四月のある日、三条天皇の第一皇子の

敦明《あつあきら》親王の私的な従者となっていた小野為明は、おそらくは親王の使者としてであろう、親王の母親の皇后藤原娍子《すけこ》が住む内裏内の弘徽殿《こきでん》という殿舎へと参上した。ところが、彼は唐突に皇太子敦成《あつひら》親王の従者たちによって拉致《らち》されてしまう。

これを指図したのが、藤原道雅であった。そして、内裏より連れ出されて道雅の自宅へと連行された為明は、そこで酷《むご》い暴行を受けることになるのだ。

これも藤原実資の日記に見える事件なのだが、実資が伝え聞いたところによれば、為明を自宅に拉致した道雅は、みずから為明の髪の毛をつかみ、他の者に「打《う》ち踏《ふ》む」ことを命じたのであった。その結果、為明は「死門《しもん》に及《およ》ぶ」というほどの重傷を負ったという。

おそらく、道雅は、髪の毛をつかんで為明を地面に引き倒すと、従者たちに命じて為明の全身をさんざんに蹴飛《けと》ばさせたのであろう。その光景は、「リンチ」と呼ぶにふさわしいものであったにちがいない。このとき、正暦《しょうりゃく》三年（九九二）生まれの道雅は二十二歳になっていた。

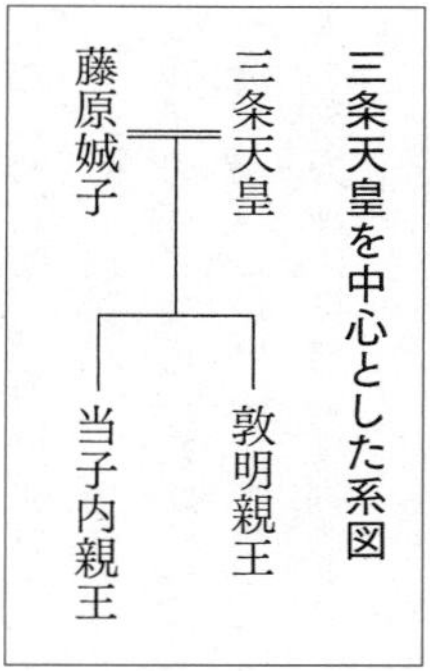

三条天皇を中心とした系図

その後、被害者の為明の主人であった敦明親王からの訴えがあり、道雅はその従者ともども処分を受けることになった。とはいえ、道雅に下った処分は、ただの謹慎である。この時代、下級官人の一人を半殺しにしたとしても、道雅のような殿上人の場合、謹慎処分を下されるのがせいぜいであった。しかも、道雅が右の事件で処分を受けることになったのは、暴行を加えた相手が有力な親王の従者であったからにすぎない。もしも小野為明が有力者を主人としていなかったならば、この事件で誰かが処分を受けることはなかっただろう。当時としては、殿上人の暴力沙汰について何の処分も行われないというのは、まったく珍しいことではなかった。

したがって、きちんと相手を選びさえすれば、王朝時代の殿上人は、思いのままに暴力を行使することができたのである。そして、気ままに弱い者いじめの暴力に興じるというのが、当時の殿上人たちの実像の一端《いったん》であった。

傷心の「荒三位」

下級官人を半殺しにした藤原道雅という人物は、幼名を「松君《まつぎみ》」といい、中関白藤原道隆の嫡孫《ちゃくそん》として大切に大切に育てられた御曹司《おんぞうし》であった。関白道隆が道雅をどれほどかわいがっていたかは、清少納言の『枕草子』からもうかがい知ることができる。

そうした育ちにふさわしく、道雅には豊かな歌才があった。彼は後世に「中古三十六歌仙《ちゅうこさんじゅうろくかせん》」の一人に数えられることになるほどの優れた歌人であった。左京大夫《さきょうのだいぶ》の官職を帯びていた晩年の道雅は、平安京のはずれの八条の地に構えた邸宅において、一般に

「左京大夫《さきようのだいぶ》八条山庄《はちじようさんしよう》障子《しようじ》和歌合《わかあわせ》」と呼ばれる歌合《うたあわせ》を主催したこともある。

そんな彼の詠んだ歌として最も有名なのは、「小倉百人一首《おぐらひやくにんいっしゅ》」にも採られて人口に膾《かい》炙《しゃ》している「いまはただ／思ひたえなん／とばかりを／人づてならで／いふよしもがな」という一首であろうか。これは勅撰集の『後拾遺《ごしゅうい》和《わ》歌集《かしゅう》』にも入撰した歌なのだが、その『後拾遺和歌集』の編者がつけた詞書《ことばがき》を見ればわかるように、この「いまはただ」の歌は、前斎宮《ぜんさいぐう》の当子《まさこ》内親王との悲しい離別を詠んだ一連の歌の一つである。

「斎宮」というのは、乙女の身で伊勢《いせ》神宮の巫女《みこ》を務める皇女のことだが、三条天皇の時代に斎宮となったのが、三条天皇の第一皇女の当子内親王であった。その当子内親王が斎宮としての務めを終えて都に戻ってからしばらくの後、貴族社会では内親王が藤原道雅と「密通」しているという噂が聞かれるようになった。

はたせるかな、この噂は真実であったわけだが、道雅と当子内親王との関係が「密通」と称されなければならなかったのは、原則として、臣下は皇女を娶《めと》ることが許されていなかったからである。そのため、その「密通」が発覚するや、当子内親王は母親の皇后藤原娀子のもとに幽閉されることとなり、道雅は二度と内親王に逢《あ》うことはできなくなってしまう。

そのときに詠まれたのが、先ほどの「いまはただ」の一首であった。

そして、このような事件の影響もあってか、従三位《じゅさんみ》に叙《じょ》されて公卿の仲間入りをしてからも、道雅の不品行が改まることはなかった。藤原実資もしばしば彼の起こした問題を記録している。

そうしたことから、道雅は周囲から「荒三位《あらざんみ》」と呼ばれるようになった。人々の眼に映った彼の姿は、まさに「荒々しい三位」だったのである。また、その道雅に「悪三位《あくざんみ》」という異名を奉る人々もあった。

藤原道雅、路上で取っ組み合って見せ物になる

その「荒三位」は、よりにもよって、天下の往来で取っ組み合うという醜態を晒《さら》したこともあった。その場には下々《しもじも》の者が幾人も集まり、上達部《かんだちめ》のケンカはすっかり見せ物になってしまったという。しかも、そのケンカの原因となったのは、当時の朝廷が庶民層の人々には禁止していた賭博《とばく》であった。

万寿《まんじゅ》四年（一〇二七）の七月十八日、この日、藤原道雅は帯刀長《たてわきのおさ》高階順業《たかしなののぶなり》の居宅で賭博に興じていた。それがどのような種類の賭博かはわからないが、もし順業と二人でやっていたのだとすれば、双六《すごろく》であったかもしれない。双六といっても、われわれが正月にするような単純なものではなく、一人で十五個もの駒《こま》を動かさなくてはならない複雑なゲームである。あるいは、囲碁も考えられようか。囲碁の方は、現代の囲碁とあまり変わらない。

ここで道雅とともに賭博に興じていた高階順業は、おそらく、道雅の祖母方の親族であったろう。中関白道隆の妻として内大臣伊周《これちか》や中納言隆家を産んだのは高階貴子《たかこ》という女性であったが、彼女には助順《すけのぶ》・信順《さねのぶ》・明順《あきのぶ》・道順《みちのぶ》という兄弟があった。順業はこの四人のいずれかの息子なのではないだろうか。そうだとすれば、道雅の父親と順業とが従兄弟《いとこ》の関係にあったことになる。

ところが、この日の賭博は、親族間の親睦《しんぼく》を深める余興とは懸け離れたものになってしまった。

高階貴子を中心とした系図

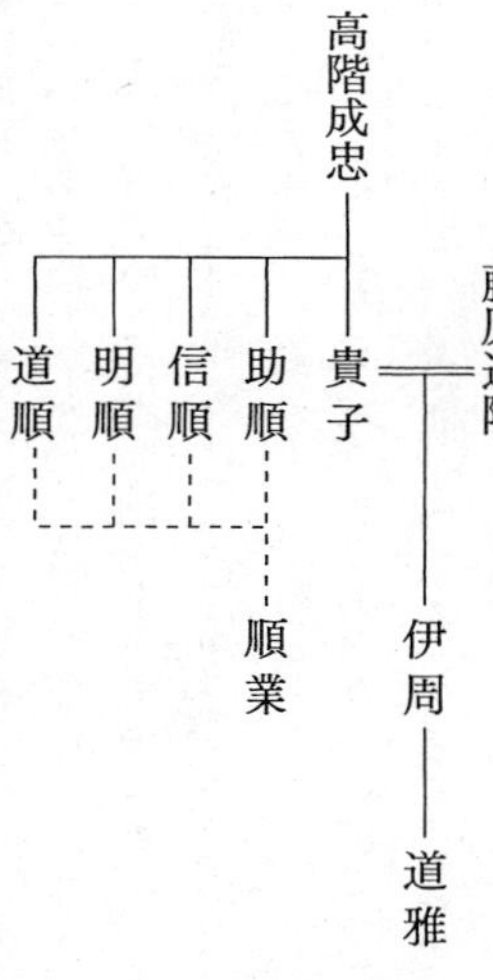

詳しい経緯はわからない。だが、とにもかくにも、道雅と順業との間で口論がはじまってしまったのである。情報源の藤原実資の日記には「濫吹《らんすい》有《あ》り」と見えるから、二人は相当にひどく罵《のの》り合《あ》ったものと思われる。王朝貴族の使う「濫吹」という言葉は、かなり口汚く相手を辱めることを意味する。

この事態を決定的に悪化させたの

は、順業の乳母《めのと》を妻とする惟宗兼任《これむねのかねとう》という人物であった。妻を通じて順業とは親しいつき合いがあったためなのだろう、兼任は道雅につかみかかったのである。そうして兼任は道雅の着ていた狩衣《かりぎぬ》の袖《そで》先を引き破ったが、これに怯《ひる》むような道雅ではない。実資が「拏攫《だかく》」という言葉を使っているように、道雅は兼任と取っ組み合いのケンカをはじめたのである。

かくして、道雅と兼任とのケンカがはじまったわけだが、これにより、「道路《どうろ》の雑人《ぞうにん》、市《いち》を成《な》す」という事態が生じることとなった。すなわち、付近の道路を通行していた下々の者たちが、ケンカを見るためにわんさと集まってきたというのである。とすると、道雅と兼任とは、順業の家を出て路上で取っ組み合っていたのだろう。ケンカに夢中になっていた二人は気がつくと往来に出ていた、ということなのかもしれない。

いずれにせよ、このケンカを見物することのできた「道路の雑人」は、さぞかし喜んだにちがいない。貴族層の人々が取っ組み合う光景など、彼ら庶民にはそうそう見られないものであったろうから。

2　粟田関白藤原道兼の子息、従者を殴り殺す

藤原兼隆、自家の廏舎人を殴り殺す

「あの宰相《さいしょう》は、自家の従者でさえ殴り殺したのだ。ましてや、他家の従者が相手となれば、何をしでかすことか」。こんな人物評が、小野宮右《おののみやう》大臣《だいじん》藤原実資《さねすけ》の長和《ちょうわ》三年（一〇一四）正月二十八日の日記に見える。

ここで自身の従者を殴り殺したとされている「あの宰相」というのは、宰相中将《さいしょうのちゅうじょう》藤原兼隆《かねたか》のことだ。

「宰相」というのは参議《さんぎ》の別名であり、これと近衛中将《このえちゅうじょう》とを兼官する者を、王朝貴族は「宰相中将」と呼んだわけだ。そして、この宰相中将の地位を得られるのは、相当に有力な公卿《くぎょう》の子弟だけであった。現に、藤原兼隆の父親は、世に「粟田関白《あわたかんぱく》」と呼ばれる関白藤原道兼《みちかね》である。つまり、兼隆もまた、文句なしの貴公子の一人だったのである。

では、その藤原兼隆が自家の従者を殴り殺したというのは、どういうことなのだろうか。

『小右記《しょうゆうき》』の名で知られる藤原実資の日記を、先ほどの日付からさかのぼって逆にめく

っていくと、前年の長和二年の八月十日の日付で「先日の夜、右宰相中将兼隆が廏舎人《うまやとねり》を殴り殺させた」という記事を見つけることになる。これにより、兼隆が参議と兼官していた近衛中将が右近衛府《うこのえふ》の中将（右近衛中将《うこのえのちゅうじょう》）であったことが知られるが、この際、そんなことはどうでもいい。それよりも、ここで問題なのは、その参議兼右近衛中将（右宰相中将）の藤原兼隆という公卿が自家の廏舎人を殴り殺させていたという事実である。

廏舎人というのは、要するに、主人の馬の世話をする従者であり、主人が騎馬で外出するときには、主人のお供をして馬の口取《くちど》りを務めたりもする。そのため、王朝貴族が抱えていた多数の従者の中でも、わりと主人に親しく仕《つか》える立場にあったのが、廏舎人であったろう。彼らには、主人と私的に言葉を交わす機会もあったのではないだろうか。ところが、そのような廏舎人の一人が、主人に殴り殺されてしまったのである。いや、厳密に言えば、主人の命を受けた誰かによって殴り殺されたようなのだが、そんなことは問題ではない。そして、自分に仕える廏舎人を殴り殺した（殴り殺させた）のは、宰相中将として公卿の地位にある藤原兼隆という貴公子であった。

ちなみに、寛和《かんな》元年（九八五）生まれの兼隆は長和二年にはすでに二十九歳にもなっていたから、この事件を若気《わかげ》の至《いた》りで片づけるわけにはいかない。しかし、この一件によって兼隆が何らかの処罰を受けることはなかった。この時代の公卿や殿上人には、自家の従者を殺すくらいのことは何でもなかったのである。ただ、強いて言うならば、そうした凶行が外に洩《も》れ聞こえたりすると、兼隆のようにいくらか評判を落とすことはあっただろう。

藤原兼隆、藤原実資家の下女の家宅を掠奪のうえで破壊する

ところで、藤原実資が藤原兼隆のことを「あの宰相は、自家の従者でさえ殴り殺したのだ。ましてや、他家の従者が相手となれば、何をしでかすことか」などと評したのは、実は、実資に仕える下女の一人が兼隆にひどい目に遭わされたためであった。

それは、兼隆が自家の廏舎人を殴り殺してから半年ほど経った、長和三年正月二十八日のこと。その下女の家宅に宰相中将兼隆の従者たちがやってくるや、宅内が徹底的に掠奪《りゃくだつ》されたうえで、家屋そのものが破壊されてしまったのである。そして、この蛮行のすべてが、兼隆の指図によるものであった。

この事件の発端は、実資家の下女と兼隆家の下女との間で口論がはじまったことにあったらしい。そして、その口論は、兼隆家の下女が実資家の下女の家宅の井戸を無断で使用したことから起きたものであった。いかにも日常的に頻発しそうな出来事であり、われわれ現代人の感覚では、こんな些細《ささい》なことが家屋の破壊につながったなどとは、にわかには信じられないのではないだろうか。

ところが、「王朝時代」と呼ばれる時代には、そういう展開も見られたのである。おそらく、二人の下女の口論はつかみ合いのケンカにでも発展したのだろう、兼隆家の下女は殴られたうえに着ていた衣服を奪い取られてしまう。そして、そのことを彼女が主人の兼隆に言いつけたことから、騒ぎが大きくなってしまったのだ。

下女の訴えを耳にした兼隆は、実資家の下女を懲《こ》らしめるため、即座に従者を派遣したわけだが、兼隆がそうした強硬な態度に出たのは、彼が問題の井戸のある土地を自身の所有地と見なしていたためであった。自分の土地に不当に住んでいる者があることを知った兼隆は、その者を懲戒《ちょうかい》のうえで放逐《ほうちく》しようとしたのである。

すなわち、兼隆の理解では、実資家の下女が兼隆家の所有地に家を建てて勝手に住みついていたのであり、しかも、その実資家の下女は兼隆家の下女が兼隆家の井戸を使うのを妨害したのである。兼隆の判断では、実資家の下女は懲らしめられて当然であったし、また、彼女の家宅は撤去されて然《しか》るべきであった。

しかし、非常にまずいことに、問題の土地の所有権が兼隆にあるというのは、兼隆の思い違いであった。その土地の真の所有者は、実資だったのである。そして、実資家の下女は、実資の了解のもとに件《くだん》の土地に住んでいたのであった。

こうした真相を知るや、兼隆の態度は一変する。実資と兼隆とは書状のやり取りによってすべての事実確認を行っていたのだが、事情を正しく認識した兼隆は、書面で平《ひら》謝《あやま》りに謝りはじめたのだ。「自家の下女が殴られたり衣服を奪われたりしたことは不問に付《ふ》すし、実資家の下女が被《こうむ》った損害はすべて補償する」――兼隆の書状はこんな具合であった。

これについて『小右記』には「やたらと媚《こ》びたことを言っていて気味が悪い」との所感が見えるが、実資は兼隆の言葉を信じはしなかった。実資の予測では、兼隆は藤原道《みち》長《なが》に泣きつくはずであり、その際、彼は自己に都合のいい嘘《うそ》の数々を並べ立てるはずであった。

そして、兼隆に対して不信感を募《つの》らせる実資は、その日の日記に次のように記したのである。「あの宰相は、自家の従者でさえ殴り殺したのだ。ましてや、他家の従者が相手となれば、何をしでかすことか。嘘をつく人でもある」と。

このとき、兼隆の父親の粟田関白藤原道兼はすでに他界していた。が、あの世で今回の一件を知ったならば、息子の行く末を案じつつ逝《い》った彼は、さぞや胸を痛めたことだろう。

粟田関白藤原道兼

粟田《あわた》の地に山荘を営んでいたことから「粟田《あわた》関白《かんぱく》」と呼ばれる藤原道兼だが、この人物は「七日《なのか》関白《かんぱく》」の異名でも知られる。というのも、その関白在任がほんの数日間にす

藤原道兼を中心とした系図

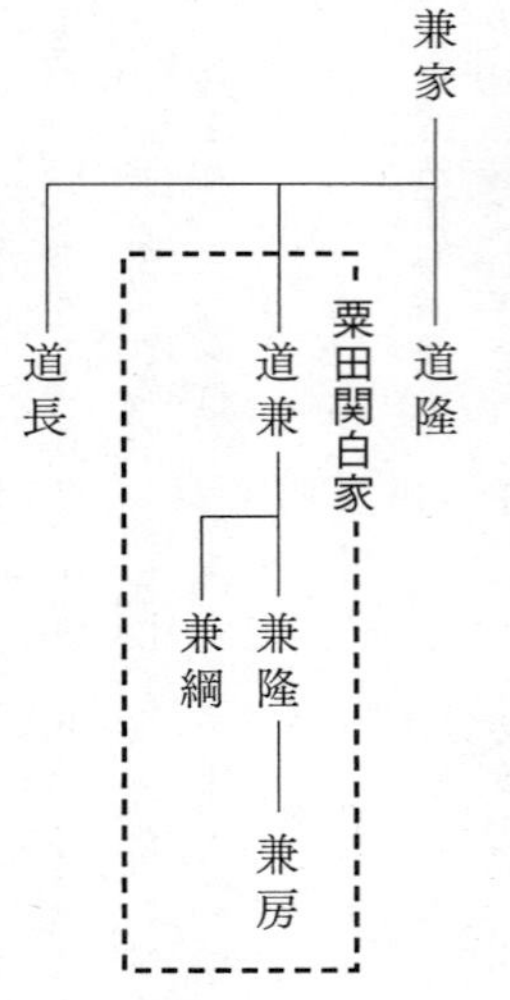

ぎなかったためだ。兄の中関白道《なかのかんぱくみち》隆《たか》が酒の呑《の》み過ぎで没した後、ようやく念願の関白に就任できた道兼は、その喜びも束《つか》の間《ま》、数日後に折《おり》から流行していた疫病《えきびょう》のために他界してしまったのである。そのため、彼には関白としての実績は何もなく、彼が兄から引き継いだ政権は、そのまま末弟の御堂関《みどうかん》白道長《ぱくみちなが》の手に委《ゆだ》ねられることになる。

そして、当時の世論によると、道兼が「七日関白」に終わったのは、かつて彼が花山《かざん》天皇を裏切った報《むく》いであった。

兼家《かねいえ》・道隆・道兼の父子は一条《いちじょう》天皇の摂政《せっしょう》あるいは関白だったわけだが、その一条天皇の前の天皇が花山天皇である。そして、この花山天皇は兼家一家とは近い血縁関係になく、花山天皇の治世が続く限り、兼家が摂政や関白に就任することはあり得なかった。もちろん、その場合には、兼家の息子の道隆や道兼に摂政や関白への道が拓《ひら》かれることもない。

　しかし、やがて一条天皇となる皇太子の懐仁《かねひと》親王は、兼家の孫であり、道隆や道兼の甥《おい》であった。天皇の祖父や伯叔父《おじ》が摂政や関白となることが当然視されていた当時、この皇太子が即位すれば政権が兼家一家のものとなることは、ほとんど自明のことであった。そのため、ただじっと待ってさえいれば、いずれ兼家には摂政あるいは関白になる機会はめぐってきたかもしれない。

　ただ、兼家には焦《あせ》りがあった。花山天皇が十七歳で即位したとき、兼家はすでに五十六歳にもなっていた。まだ年若い花山天皇の治世が長いものになることは十分に考えられ、その一方で、すでに老境に入っていた兼家の生命《いのち》がどれほど続くかはまったく予想がつかなかった。おそらく、花山天皇がみずから皇太子懐仁親王に帝位を譲るのを待っていたのでは、兼家が一条天皇の即位を見ることはなかっただろう。

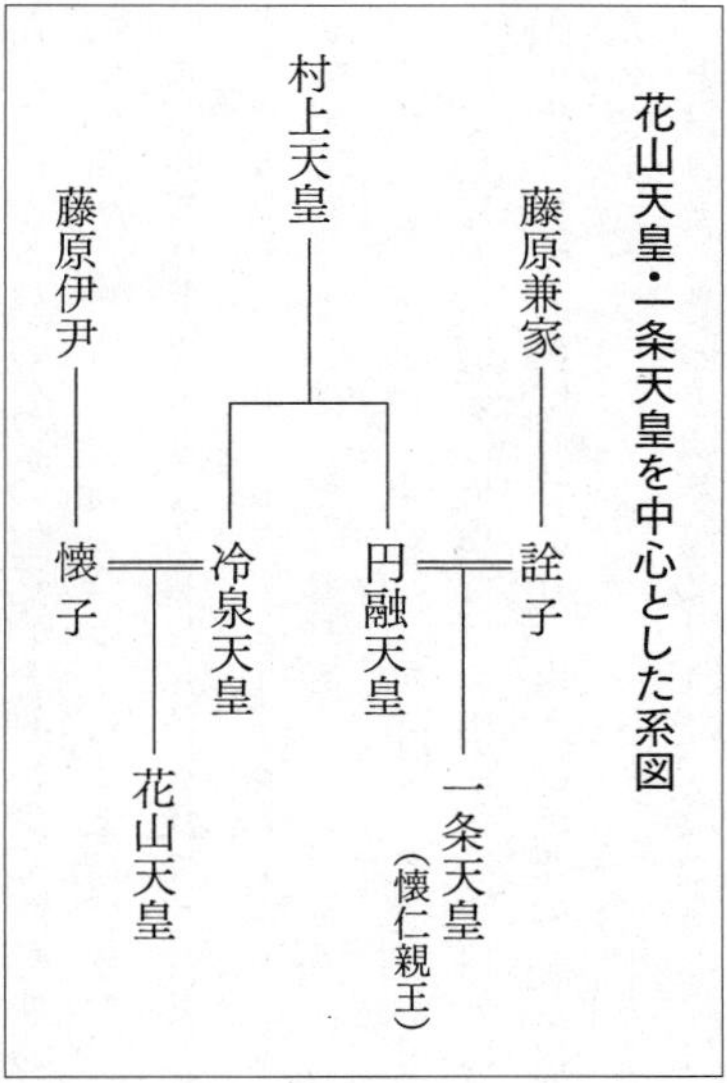

花山天皇・一条天皇を中心とした系図

　その頃、兼家の息子の道兼は、蔵人《くろうど》の任にあった。すでに説明したように、天皇の公私の生活の全般に深く関与するのが蔵人であり、当然、天皇の信任の厚い者でなければ職責を全《まっと》うすることはできない。そして、兼家・道兼の父子は、その信任を利用して、花山天皇に帝位を棄《す》てさせることに成功する。すなわち、花山天皇が寵愛《ちょうあい》する弘徽殿《こきでん》の女御《にょうご》を亡《な》くして悲嘆に暮れていた折、蔵人の道兼は天皇をそそのかして出家させてしまったのである。

　このとき、道兼はともに出家することを花山天皇に誓っていた。ところが、いざという段になると、道兼は天皇だけを出家させて自分は逃げ帰ってしまう。これが道兼の花山天皇に対する裏切りであり、世人は道兼の「七日関白」をこの裏切りの報いと見なしたのであった。

　とはいえ、その裏切りがなければ、たったの数日間ではあっても、道兼が関白の座に就くことはなかったのではないだろうか。彼が病没したのは、例の裏切りからわずか九年の後なのである。したがって、もしも花山天皇の治世が長く続いていたならば、道兼には関白に就任する機会などまったくなかったにちがいないのだ。

藤原兼房、宮中にて蔵人頭を追いかけ回す

ときに、中関白道隆の家系では、すでに見たように、孫の世代がしばしば問題を起こしていたが、粟田関白道兼の孫も負けてはいない。兼隆の息子の兼房《かねふさ》が、いくつかの暴

力事件を起こしているのである。

例えば、寛仁《かんにん》二年（一〇一八）の四月一日の夜には、宮中において、右少将《うしょうしょう》藤原兼房が暴行せんとして蔵人頭《くろうどのとう》藤原定頼《さだより》を追いかけ回すという騒動があった。

その夜、幾人もの公卿《くぎょう》や殿上人《てんじょうびと》が宮中の一室に集まって酒杯を交わしていた。藤原実資はこれを「群飲《ぐんいん》」と記しているが、要するに、貴公子たちが内裏《だいり》の一郭《いっかく》で飲み会を開いていたのである。その場には、十八歳になる右少将兼房の姿があり、また、二十四歳の蔵人頭定頼も顔を出していた。

そして、事件はその飲み会の最中《さなか》に起きた。

すなわち、少将兼房は、唐突に定頼を罵《ののし》りはじめるや、定頼の前に置かれていた食べ物を足で蹴散《けち》らしたのである。残念ながら、兼房がどんなことを口にしたのかはわからない。だが、それは実資が「敢《あ》えて云《い》うべからず」としか記録できないほどにひどい内容であった。しかも、兼房は定頼の酒の肴《さかな》を蹴り飛ばしたのであり、兼房の定頼に対する仕打《しう》ちは、かなり悪質な侮辱《ぶじょく》であった。

だが、騒動はこれだけでは終わらない。

兼房の剣幕《けんまく》を見て「これはまずい」と思ったのか、定頼は冷静にその場を離れようとする。ところが、兼房の方はといえば、まだまだ腹の虫を治めることができないらしく、今度は定頼の頭から被《かぶ》り物《もの》を奪おうとする。前章でも説明したように、当時、被り物の下の髻《もとどり》を人眼に晒《さら》すことは、たいへんに恥ずかしいことであった。つまり、兼房は被り物を奪うことで定頼をさらに辱《はずかし》めようとしたのである。

それでも、定頼は下手に手向かうようなことはしなかった。彼は一目散《いちもくさん》に自分の控え室に逃げ込んだのである。騒ぎを大きくしないためにも、これは賢明な措置であったろう。しかし、兼房はそのような賢明さをかけらも持ち合わせていなかった。定頼が控え室に逃げ込むのを見た兼房は、今度は定頼の控え室に向かって石を投げはじめたのである。実資が「雨《あめ》の如《ごと》く」と記しているから、兼房は相当な数の石を投げたはずだ。その間、定頼は控え室の中で身を縮めて耐え忍ぶしかなかっただろう。

その後、いくら石を投げつけても定頼が出てくることはないと見た兼房は、定頼の控え室の前を立ち去る。その気配を察した定頼は、ようやく安堵《あんど》の吐息《といき》を洩《も》らしたことだろう。

しかし、定頼の受難はまだ終わってはいなかった。定頼の控え室を離れた兼房は、天皇の寝所に近い殿上《てんじょう》の間《ま》へと至り、今度はそこで定頼を侮辱する言葉を発してわめきはじめたのである。実資の「いよいよ以《もっ》て罵辱《ばじょく》の詞《ことば》を放《はな》つ」という記述から見て、それはかなりひどい罵りようだったにちがいない。また、実資によれば、「狂者《きょうしゃ》の如《ごと》し」というのが、その夜の兼房についての人々の感懐であった。

なお、この一件により、兼房はしばらく参内《さんだい》を禁じられる。事件の翌日、兼房の父親の兼隆が最高権力者の藤原道長に呼び出され、そこで兼房の謹慎処分が言いわたされたのである。どうやら、自家の従者を殺してもお咎《とが》めなしの王朝貴族たちも、蔵人頭に狼藉《ろうぜき》を働くようなことがあれば、翌日にも処罰を受けなければならなかったらしい。

藤原兼房、宮中での仏事の最中に少納言と取っ組み合う

しかしながら、兼房の行状の悪さは、一度の謹慎処分くらいでどうにかなるようなものではなかった。定頼を追いかけ回した一件の後も、兼房は不品行を繰り返したのである。

毎年の歳末に内裏で行われた「御仏名《おぶつみょう》」は、諸仏の名号《みょうごう》を唱えることでその一年に犯した罪を払おうとする仏事であったが、その御仏名の最中に中宮亮《ちゅうぐうのりょう》藤原兼房と少納言源経定《つねさだ》とが取っ組み合いのケンカをはじめたことがあった。藤原実資は治安《じあん》元年（一〇二一）の十二月二十四日の出来事として記録している。

実資の伝聞によれば、先に手を出したのは兼房であった。兼房と経定とが言い争いをはじめたと思いきや、兼房が経定の被り物を頭から叩《たた》き落《お》としたというのである。これが相手を辱める行為であったことはすでに述べた。そして、やられたらやり返せとばかりに、経定も兼房の被り物を叩き落とすと、二人は取っ組み合いのケンカに突入したのであった。

当初、二人は互いに罵り合いながら取っ組み合っていたが、しだいに兼房の方が優勢になっていったらしい。ついには兼房が経定を「凌礫《りようれき》」するに至ったというのである。「凌礫」というのも王朝貴族の日記にしばしば登場する言葉で、これは一方的に暴行を加えることを意味する。兼房と経定とのケンカは、兼房が経定を一方的に殴ったり蹴ったりする状態へと移行したのであった。

ここに至って、経定の父親の中納言道方《みちかた》が、その場に居合わせた大納言藤原能信《よしのぶ》に泣きついた。息子を助けてほしいというのである。道方は能信に「息子の生命を救ってほしい」と何度も頼んだというから、経定はよほど劣勢に立たされていたのだろう。あるいは、道方が相当な親バカだったのだろうか。

いずれにせよ、能信は道方の希望を容《い》れて腰を上げた。取っ組み合う二人に近づいた彼は、手に持っていた笏《しやく》で二人の肩を打《う》ち据《す》え、両人を引き離したのである。この能信の所作には、ついつい感じ入ってしまう。実にみごとな手際《てぎわ》ではないか。ほれぼれとするほどのかっこよさを感じるのは、何も筆者だけではあるまい。

それに引き替え、ようやく引き離された二人はといえば、ともに頭髪の乱れたひどい格好になっていた。そんなところを、公卿や殿上人のみならず、仏事に招かれていた多くの高僧たちにまで見られてしまったのだから、彼らにはまったく立つ瀬がなかった。いや、それ以上に立場をなくしたのは、二人の父親たちであった。この頃、兼房の父親の兼隆は中納言になっていたが、その兼隆も、経定の父親の道方も、ともに人眼を忍ばずに泣き出してしまったという。実資の聞いたところでは、二人の中納言は「涕泣《ていきゅう》」しながらその場を退《しりぞ》いていったらしい。

それにしても、かつては自家の従者を殴り殺したこともあるあの兼隆が、ずいぶんとまた普通の父親になったものである。このとき、兼隆は三十七歳、兼房は二十一歳であった。

藤原兼房、蔵人の控え室でリンチに興じる

しかしながら、息子の兼房の方はといえば、経定との一件から丸二年ほどが経った治安三年（一〇二三）の十二月二十六日、またしても内裏にて暴力沙汰《ざた》に及んだ。しかも、今度は彼が首謀者となった集団暴行であった。

これも藤原実資の日記によって知られる事件なのだが、実資が記すところによれば、この日の朝、右馬頭《うまのかみ》兼中宮亮の藤原兼房は、宮内少輔《くないのしょう》藤原明知《あきとも》を蔵人源成任《なりとう》の控え室に招き入れ、そこで明知を打《う》ち調《ちょう》じさせたのである。

その暴行によって明知は衣服を引き裂かれたりもしているが、兼房の命令で直接に明知に暴力をふるったのは兼房の四人の従者たちであった。そして、彼らに暴行を命じた兼房は、打ち調じられる明知に向かって嘲笑《ちょうしょう》の言葉を吐いていたという。兼房が明知の

暴行される様子を見て楽しんでいたことは間違いない。

この事件の被害者となった藤原明知は中宮の侍《さむらい》であったというから、中宮への奉仕に関しては何かと中宮亮の兼房の指示を受ける立場にあった。ことによると、今回の暴行事件の背後には、何か中宮職《ちゅうぐうしき》での勤務をめぐる事情があったのかもしれない。が、いずれにせよ、宮中の蔵人の控え室で集団暴行事件が起きるというのは、かなり異常なことであった。

ところで、事件現場となった控え室は、源成任という蔵人の控え室であった。そして、蔵人源成任といえば、この半年ほど後に藤原経輔《つねすけ》の恨みを買ってひどい目に遭《あ》うことになる、あの成任に他ならない。この気の毒な蔵人は、自身が集団暴行の犠牲者となる以前にも、こんなかたちで集団暴行事件に巻き込まれていたのである。実資によると、被害に遭った明知が事件について関白藤原頼通《よりみち》に訴え出たため、当然のことながら、事件現場の本来の主《あるじ》である成任は、事情聴取を受けなければならなかった。

そして、そのときの成任の様子は、相当におかしなものであったらしい。当初は事件については何も語ろうとしなかったといい、蔵人の罷免《ひめん》をちらつかされて口を割りはじめても首尾の一貫しない証言をするばかりだったというのだ。おそらく、成任は何か重要なことを知っていたのだろう。だが、兼房の報復が恐ろしく、本当のことを言い出すわけにはいかなかったにちがいない。

ちなみに、事件の首謀者である兼房は、関白頼通の命令で即座に内裏から追い払われ、また、暴行の実行犯となった兼房の従者たちについては、大至急の逮捕が命じられたのであった。このときも、兼房の父親の兼隆は、息子の不始末に「涕泣」することになったのだろうか。

藤原兼綱、蔵人に対する集団暴行に加わる

このように、兼隆と兼房とはまさに似合いの親子だったわけだが、兼隆の弟で兼房には叔父《おじ》にあたる兼綱《かねつな》もまた、品行方正とは言いがたい貴公子であった。

例えば、あの兼房がまだ愛らしい幼児であったろう寛弘《かんこう》二年（一〇〇五）の正月のこと、十八歳の兼綱は、他の若い殿上人たちとともに、蔵人たちに暴行を加えたのだ。

藤原実資の『小右記』によれば、被害に遭った蔵人は、携えていた簪《かんざし》や櫛《くし》を取り上げられたうえで、暴行を受けたらしい。それは「踏歌節会《とうかのせちえ》」という朝廷の年中行事があった十六日の出来事であり、ここに見える簪や櫛が踏歌節会に必要なものであったろうことは容易に想像される。

「踏歌」というのは予祝《よしゆく》の意味を持つ集団舞踏であり、正月十六日の踏歌節会には着飾った女性たちが踏歌を行うことになっていた。蔵人たちが持っていた簪や櫛は、その踏歌を舞う女性たちが身につけるはずのものであったろう。

そのような意味を持つ簪や櫛を取り上げ、しかも、それを携えていた蔵人たちに暴行を加えたのである。この暴行事件を引き起こした殿上人たちは、言ってみれば、朝廷の年中行事を妨害してしまったことになるのだ。これが大きな問題にならないはずはなく、この一件に関わった若い殿上人たちには謹慎処分が言いわたされている。

ちなみに、この集団暴行には、兼綱の他、源朝任《あさとう》・藤原兼貞《かねさだ》・藤原忠経《ただつね》・藤原経通《つねみち》・藤原資平《すけひら》の少なくとも五名が加わっていた。とりあえず、以上の六名については、実資が処分対象者として名前を記録しているのだ。そして、この六名のいずれもが、有力な公卿の家系に生まれた御曹司《おんぞうし》であった。

まず、源朝任は左大臣雅信《まさのぶ》の息子の大納言時中《ときなか》を父親としていた。また、藤原兼貞は堀河《ほりかわ》太政大臣兼通《かねみち》を父親とする参議正光《まさみつ》の息子であり、藤原忠経は中関白道隆の息子で兼家の養子となった権大納言道頼《みちより》の息子である。さらに、藤原経通は太政大臣実頼《さねより》の孫の参議懐平《かねひら》の息子であり、藤原資平に至っては参議懐平の息子にして権大納言実資の養子であった。

こうしたことからもわかるように、王朝時代に暴力沙汰を起こした貴公子は、何も中関白道隆や粟田関白道兼の息子たちや孫たちばかりではなかった。確かに、前章で紹介した道雅《みちまさ》や本章に見た兼房などは、その行状があまりにも悪い。だが、彼らは氷山の一角にすぎなかった。実のところ、暴力事件につながるような不品行は、王朝時代の貴公子たちの間に蔓延《まんえん》していたのである。

3　御堂関白藤原道長の子息、しばしば強姦に手を貸す

大学助大江至孝、威儀師観峯の娘を強姦しようとする

長和五年（一〇一六）の五月、観峯《かんぼう》という僧侶《そうりょ》の娘が住む平安京内の家宅において、少しばかりスキャンダラスな殺人事件が発生した。この一件で生命《いのち》を落としたのは三位中将《さんみちゅうじょう》藤原能信《よしのぶ》の従者であったが、事件の発端《ほったん》は大学助大江至孝《だいがくのすけおおえのゆきたか》が観峯の娘を強姦《ごうかん》しようとしたことにあったという。そして、筆者の見るところ、小野宮右大臣藤原実資《さねすけ》の『小右記《しょうゆうき》』に記された殺人事件として、これほどに王朝時代の貴族層の人々にとって体裁の悪いものは他に類がない。

大江氏といえば、当時の貴族社会ではよく知られた学者の家系である。また、大学助というのは、王朝貴族の教育を担う大学寮《だいがくりょう》という官司の次官であり、当時は学者が就《つ》くべき官職《かんしょく》の一つと見なされていた。とすると、大江氏の一人で大学助の地位にあった大江至孝は、王朝貴族社会においてそこそこには知られた学者であったろう。もちろん、彼は王朝貴族の端《はし》くれでもあった。そして、そうした人物が、強姦のような蛮行に及んだのである。

ここで至孝が強姦しようとしたのは、威儀師《いぎし》として少しばかり高い位にあった観峯という僧侶の娘であった。本来的には僧侶に娘がいてはまずいのだろうが、それはあくまで建前にすぎなかったらしく、この時代の僧侶もそれほど憚《はばか》ることなしに息子や娘を儲《もう》けていた。それは、高僧でも例外ではなかったのだろう。そして、観峯の本来ならばいるはずのない娘は、故右京進《うきようのじよう》藤原致行《むねゆき》の妻であった。

この未亡人と至孝との関係がどのようなものであったかはわからない。もしかすると、至孝は以前から観峯の娘に求婚していたのかもしれない。しかし、その求婚はなかなか受け入れてもらえず、ついには彼女を力ずくでものにしようとしたのではないだろうか。

いずれにせよ、至孝が観峯の娘の家を訪れたのは、五月の二十五日のことであった。実資が「推《お》し入《い》る」と表現していることから見て、至孝は観峯の娘の家に無理矢理に上がり込んだのだろう。そのうえで、彼は嫌がる女性に関係を強いるという破廉恥《はれんち》なことをしでかしたのであった。

そのとき、身体《からだ》を張って観峯の娘を助けようとする者があった。それは観峯の弟子の一人であり、彼は二人の間に割って入ったのである。そのため、その僧侶は至孝と「拏攫《だかく》」することになった。つまり、至孝と観峯の弟子との間で取っ組み合いがはじまったのである。こうなってしまうと、至孝としては観峯の娘を強姦するどころではない。邪魔立てする観峯の弟子を何とかしない限り、至孝には本来の目的を達成できる見込みはなかった。

そこで、一計を案じた至孝は、三位中将藤原能信という公卿《くぎょう》に助太刀を求めることにした。すなわち、能信のもとに従者を送って加勢を要請したのである。そして、ちょっと信じがたいことではあるが、能信という公卿は、強姦の助勢のために自分の従者を差し向けたのであった。しかも、その人数は一人や二人ではなかったらしい。

ところが、能信にとっても、至孝にとっても、これが大きな仇《あだ》になった。至孝に加勢するべく駆けつけた能信の従者の一人が、不甲斐《ふがい》なくも観峯の弟子に刺し殺されてしまったのだ。

これが、観峯の娘の家で起きた殺人事件のあらましである。

藤原能信、従者を差し向けて強姦犯の大江至孝を救援する

源経頼《つねより》という王朝貴族の日記が『左経記《さけいき》』という名称で現代に伝わっているが、実は、この『左経記』にも、右に紹介した殺人事件のことが詳しく記されている。また、この一件については、御堂関白藤原道長までもが、『御堂関白記《みどうかんぱくき》』として知られる彼の日記に記事を残している。この事件に関心を示したのは、藤原実資だけではなかったのである。

そして、『小右記』『左経記』『御堂関白記』の三つの日記から得られる情報を総合し

てみると、当日、観峯の娘が住む家宅ではたいへんな騒ぎが起きていたことが知られる。

まず、すでに述べたように、強姦を目的に観峯の娘の家に押し入った大学助大江至孝は、そこで観峯の弟子と取っ組み合いになった。そして、その後、源経頼が『左経記』に記すところでは、至孝は観峯の弟子に取《と》り押《おさ》えられてしまったらしい。藤原道長の『御堂関白記』には、源済政《なりまさ》という人物の家宅からやってきた者が至孝を殴ったことも記されている。

とにかく、大学助至孝は、強姦を目的に他家に乗り込んでおきながら、返《かえ》り討《う》ちにあって拘束《こうそく》されてしまったのである。まんまと強姦に成功してもらっても困るのだが、これでは至孝はあまりにもかっこ悪い。

そして、至孝が三位中将藤原能信に加勢を依頼したのは、自身が観峯の弟子に取り押えられてしまったためであった。つまり、強姦に失敗したうえに身柄を拘束されてしまった至孝は、その状態を打開するために外部に救援を求めたのである。

この要請を受けた能信は、即座に幾人かの従者を観峯の娘の家に向かわせた。その数ははっきりしないが、少なくとも至孝を助け出すには十分な数であったらしい。現場に到着した彼らは、至孝を拘束する観峯の弟子を打《う》ち調《ちょう》じてその場から追い払い、至孝を解放することに成功したのである。

ところが、恩師の娘を守り通そうとしてか、あるいは、たんに頭に血を上らせてか、一度は逃げ出したはずの観峯の弟子が現場に戻ってきた。そして、刀を抜くや、そこにいた三位中将能信の従者の一人を刺し殺したのである。

こうして一人の人間が死んだ。現代であれば、ここで騒動は一気に沈静化していきそうなものである。ところが、千年前の日本ではそうはならなかった。むしろ、これによって騒ぎはさらに大きくなってしまったのである。

仲間の一人が死んだということを聞きつけてか、あるいは、従者を殺されたことに我を忘れた能信の命《めい》によってか、現場となった観峯の娘の家宅には、能信のもとからさらに多くの従者たちがやってきた。そして、その家で掠奪《りゃくだつ》の限りを尽くしたうえ、観峯の娘を家から引きずり出したという。

その後、能信の従者たちに拉致《らち》された観峯の娘は、一度は能信の邸宅へと連れ込まれそうになったものの、どういうわけか、途中で解放されたらしい。しかし、掠奪に遭《あ》った彼女の家には何も残されていなかった。経頼は「値打ちのあるものや使えるものはすべてなくなっていた」と記している。実資の言うように、能信の従者たちによる掠奪は、塵《ちり》一つ残さないほどの徹底したものであった。

能信の責任

それにしても、右の事件に際して、三位中将藤原能信は状況をどのように認識していたのだろうか。

彼が自身の従者を使ってしでかしたことは、結果的に見て、強姦未遂犯の逃亡の幇助《ほうじょ》であり、また、強姦されかけた未亡人に対する暴行・拉致・掠奪であった。これは、現代人の感覚からすると、相当に凶暴で悪質な行為である。しかも、自分が手を汚したわけではないという事実が、さらに能信の悪辣《あくらつ》さを印象づける。ちなみに、この年、能信はすでに二十二歳になっていた。

能信といえば、中宮亮《ちゅうぐうのりょう》藤原兼房《かねふさ》と少納言源経定《つねさだ》との取っ組み合いのケンカを笏《しゃく》一本でみごとに捌《さば》いてみせたのも、この能信であった。前章で見たように、そのときの能信は本当にかっこよかった。それは観峯の娘の家宅での一件から五年半ほど後の治安《じあん》元年（一〇二一）の十二月のことになるが、そんな能信が強姦・暴行・拉致・掠奪などの凶悪かつ卑劣な犯罪に関与することがあったのだろうか。

だが、もしも、大江至孝が観峯の娘のところで拘束されるに至った経緯を、能信がまったく知らなかったとしたら。そして、一連の暴行・拉致・掠奪が、従者たちの暴走の結果であり、能信の予期していなかった出来事だったとしたら。

そうした場合、能信が問われるべき責任は、かなり小さくなるだろう。至孝の置かれていた状況をきちんと確認しなかったこと、そして、自家の従者を十分に統制できなかったこと――能信の落ち度として認められるのは、この二つくらいなのではないだろうか。

しかし、この一件の翌日、三位中将能信は、摂政《せつしょう》藤原道長より厳しく叱責《しっせき》されることとなった。藤原実資によれば、事件の報告を受けた道長の怒りは、相当に激しいものであった。また、道長の日記には、弁明のために訪れた能信を追い払ったことが記されている。

とすると、道長は能信に悪意があったと見ていたのだろうか。そして、能信は本当に悪意を持って至孝に加勢したのだろうか。

藤原能信、右近将監藤原頼行の強姦に手を貸す

実は、能信が強姦犯に手を貸したのは、大江至孝の一件が初めてではない。

至孝の事件に先立つ長和三年（一〇一四）、三位中将能信が二十歳のとき、彼の従者の一人が山科《やましな》の地で射殺されるという事件が発生した。その年の十二月十五日のことである。もちろん、この時代のことであるから、「射殺」といっても弓矢で射殺《いころ》したという意味の射殺である。

そして、その従者が生命を落としたのも、能信の命令で強姦の手助けに向かったがためのことであった。

強姦を企てたのは、右近将監《うこんのしょうげん》藤原頼行《よりゆき》という人物である。将監というのは近衛府の三等官であり、右近衛府の将監の官職を帯びる頼行は、やはり、王朝貴族の一人であっ

た。彼は鎮守府《ちんじゅふ》将軍であった藤原兼行《かねゆき》の息子であり、自身も後に鎮守府将軍に就任している。いわゆる「軍事貴族」の家系に属する王朝貴族であったようだ。

その頼行が近江国《おうみのくに》にて誰かを強姦しようと企《たく》んだ。が、一人では難しかったらしく、頼行は能信に加勢を願った。そして、能信は快く自身の従者の一人を頼行のもとに派遣したのであった。

ところが、この従者と頼行とが山科で落ち合うと、二人の間で口論がはじまってしまった。何をもめていたのかはわからない。強姦の計画について意見が合わなかったのだろうか。あるいは、能信の従者が人並みの良識を発揮して頼行を諫《いさ》めたりでもしたのだろうか。

ともかく、この二人は口論をはじめたのである。そして、その口論は「合戦《かっせん》」へと発展した。

ここで「合戦」という言葉を使うことにいくらか違和感がないでもないが、この事件が記録されている藤原実資の『小右記』にははっきりと「合戦」と記されているのだ。もしかすると、互いに弓で矢を射かけ合うことが、王朝貴族の言う「合戦」だったのかもしれない。現に、この「合戦」の結果、能信の従者は頼行に射殺されてしまったのである。

こうして、三位中将藤原能信は、長和三年にもくだらない経緯で従者の一人を失っていたわけだが、この場合にも、生命を落としたのは、能信の命令を受けて強姦犯の手助けに向かった従者であった。そして、この事例では、能信は頼行が誰かを強姦しようとしていることを知っていたように思われる。少なくとも、実資の残した記録からでは、そのようにしか読み取ることができないのだ。

どうやら、藤原能信という王朝貴族は、公卿という責任ある地位にありながら、強姦を企てる者に手を貸すような人物であったらしい。とすると、大江至孝の一件の際にも、やはり、すべてを承知のうえで自身の従者を動かしていたのだろう。そして、あの事件の中で未亡人を相手に行われた一連の暴行・拉致・掠奪も、能信の承知するところであったにちがいない。

御堂関白藤原道長

さて、そんな藤原能信の父親というのが、御堂関白藤原道長である。本書の冒頭で紹介した「この世をば」の歌の道長だ。

その道長も、すでにいくつかの事例を見たように、若い頃はもちろん、いい歳になってからも、いろいろと暴力沙汰《ざた》を起こしていた。試験官を拉致して官人採用試験の結果を改竄《かいざん》させようとしたり、妻の外出の支度《したく》が遅かったといって担当者を監禁したり。それを思うと、道長と能信とはかなり似合いの親子なのかもしれない。まさに、この親にしてこの子あり。

ただ、そうした不品行なところのあった道長には、一条《いちじょう》天皇の中宮《ちゅうぐう》となった藤原彰子《あきこ》の父親としての側面もあった。中宮彰子といえば、紫式部《むらさきしきぶ》の主人であり、『源氏物語』に光源氏《ひかるげんじ》の娘として登場する明石中宮《あかしのちゅうぐう》のモデルとも目《もく》される貴婦人である。そして、その彰子の教育にあたる女房として紫式部を抜擢《ばってき》したのは、光源氏のモデルの一人とも見られる藤原道長であった。彼は娘に対しては教育熱心な父親の顔を見せることもあったのである。

そもそも、藤原道長という人物は、文学的なことに浅からぬ関心を持っていたらしい。例えば、例の「この世をば」の一首の他、『拾遺和歌集《しゅういわかしゅう》』『後拾遺和歌集《ごしゅういわかしゅう》』『詞花和歌集《しかわかしゅう》』『千載和歌集《せんざいわかしゅう》』『新古今和歌集《しんこきんわかしゅう》』といった勅撰《ちょくせん》和歌集に入撰したものだけでも、合わせて十六首が道長の詠《よ》んだ和歌として知られている。彼に和歌の嗜《たしな》みがあったことは間違いない。また、道長が『源氏物語』を執筆する紫式部を何かと支援していたこともよく知られている。紫式部の手記あるいは回想録である『紫式部日記』によれば、道長はしばしば墨《すみ》や硯《すずり》や紙などを携えて紫式部のもとを訪れていたようなのだ。

ときに、「御堂関白」という号《ごう》に言う「御堂《みどう》」とは、彼の晩年の居所となった法成寺《ほうじょうじ》のことである。だが、「御堂関白」と呼ばれる藤原道長は、生涯にただの一度も関白になったことはなかった。

道長が政権を掌握したのは、一条天皇の時代のこと。道隆《みちたか》・道兼《みちかね》の二人の兄が相い次いで病に斃《たお》れたため、まるで棚《たな》から牡丹餅《ぼたもち》が落ちてきたかのように、政権がみずから彼の手の内に転がり込んできたのである。

ただ、こうして彼が手に入れた地位は、具体的には、「内覧《ないらん》」と呼ばれるものであり、道隆や道兼が就いていた関白の座ではない。が、道長としては、それで何も問題はなかった。実のところ、内覧に与えられた権限と関白に与えられるそれとの間には、取り立てて言うほどの差異がなかったのである。

そのため、帝位が一条天皇から次の三条《さんじょう》天皇へと譲られた後も、道長は内覧のままで通していた。そして、自身の孫にあたる後一条《ごいちじょう》天皇が幼くして即位したときには一時的に摂政に就任したものの、それも在任一年ほどで息子の頼通《よりみち》に譲ってしまい、ついぞ道長が関白となることはなかったのである。その後、後一条天皇・後朱雀《ごすざく》天皇・後冷泉《ごれいぜい》天皇の三代に渡って長く関白を務めたのは、道長から政権を託された宇治関白《うじかんぱく》藤原頼通であった。

そして、しばしば強姦に手を貸すことのあった三位中将藤原能信は、藤原道長の四男として生を享《う》けた人物である。道長には頼通を先頭に少なくとも六人の息子があり、その四番目が能信であった。したがって、その生まれや育ちからすれば、この能信もまた、文句なしの貴公子だったのである。

藤原能信、衆人環視の中で貴族たちに暴行を加える

しかし、藤原能信という人物は、かなり凶悪な貴公子であった。長和二年（一〇一三）というと能信はまだ十九歳になったところであったが、その年の三月三十日のこと、能信は数人の貴族たちに激しい暴行を加えている。しかも、それは貴族から庶民までを含めた大勢の人々が見守る中での出来事であった。

その日は「臨時《りんじ》祭《さい》」と呼ばれる石清水八幡宮《いわしみずはちまんぐう》の祭礼が行われる日であり、朝廷からは石清水に向けて奉幣《ほうべい》の勅使《ちょくし》が派遣された。そのため、平安京に住む多くの人々が、その祭使の行列を見物しようと、大路《おおじ》のそこここに群がっていた。

そうした見物人の中には、前大和守《ぜんやまとのかみ》藤原景斉《かげなり》・前加賀守《ぜんかがのかみ》源兼澄《かねずみ》・祭主大中臣輔親《さいしゅおおなかとみのすけちか》・前加賀守藤原為盛《ためもり》・高階成順《たかしなのなりのぶ》・蔵人所雑色《くろうどどころぞうしき》源懐信《かねのぶ》といった貴族層の人々の姿もあった。むろん、行列を見物していたといっても、貴族である彼らの見物は牛車《ぎっしゃ》の中からのものであった。

と、そこへ少納言藤原能信の牛車が現れた。当然、能信の目的も行列の見物である。そして、能信の乗る牛車は、景斉・兼澄・輔親・為盛・成順・懐信などの牛車が停まる付近に場を占めた。そのため、景斉たち六人は、能信に近くで一緒に見物を楽しむことの許しを求めねばならなかった。

もちろん、その場に後からやってきたのは能信の方である。しかし、彼の父親は藤原

藤原道長を中心とした系図②

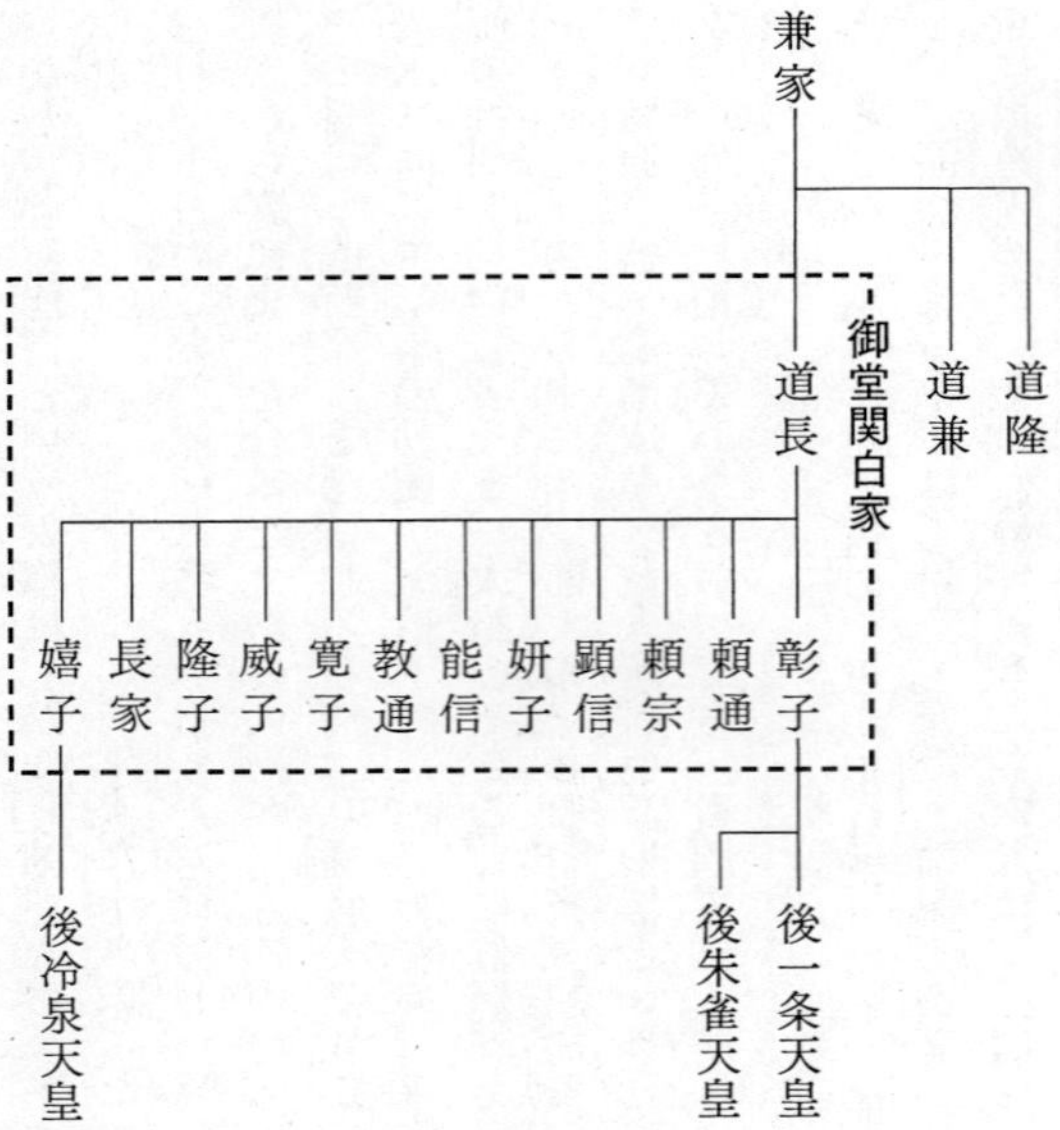

道長だ。景斉たちにしてみれば、こんなところで御曹司《おんぞうし》の機嫌を損ねるわけにはいかなかった。彼らと能信とではまったく立場が異なるのである。

ところが、能信に近くでの見物の許可を求めた景斉たちは、許しをもらうどころか、さんざんな目に遭わされることになった。

まず、祭主輔親と雑色懐信とが、能信の従者たちの手で牛車から引きずり落とされた。これによって輔親・懐信の二人が相当に痛い思いをしたことは言うまでもないが、それに加えて、このような仕打ちを受けることは、王朝貴族にとっては著しい恥辱であった。しかも、行列見物に集まった大勢の人々が、その醜態《しゅうたい》を目撃していたのである。

その様子を見た前加賀守為盛および成順は、即座に牛車を捨てて逃げ出した。二人は自分の足で走って逃げたのである。そして、これもまた、王朝貴族にとってはたまらなく恥ずかしい行為であった。しかし、そうでもしなければ、彼らも牛車から引きずり落とされていたにちがいない。

だが、最も恐い思いをしたのは、前大和守景斉・前加賀守兼澄の両名であったろう。彼らが牛車に籠《こも》るという選択をしたためか、能信の従者たちは、景斉・兼澄の乗る牛車に石をぶつけはじめたのである。それがどれだけ続いたかはわからないが、車の外面に石が当たる音が聞こえていた間、牛車の中の二人はどれほどの恐怖を感じたことだろうか。

しかも、藤原実資の記録からすると、結局、景斉は牛車から引きずり出されてしまったらしい。あるいは、投石の恐怖に堪えかねて自分から車を出してしまったのだろうか。そして、その彼を能信の従者が打ち調《うちょう》じた。すなわち、景斉は能信の従者から一方的に殴られるという目に遭わされたのである。むろん、それも公衆の面前での暴行であった。

この事件を受けて、検非違使《けびいし》は能信の従者の一人を逮捕した。が、何人もの貴族を相手にした暴行事件が、従者一人の意思に出たものであるはずがない。当然、すべては能信の指図によるものであったろう。

藤原能信、内大臣藤原教通の従者を虐待する

その能信が弟の教通《のりみち》と激しく諍《いさか》ったことがあった。治安《じあん》二年（一〇二二）のこと、二十八歳の能信と二十七歳の教通とが、派手な兄弟ゲンカで世間を騒がせたのである。藤原実資の伝えるところでは、その年の三月二十三日の朝、内大臣藤原教通の従者たちが、にわかに権大納言藤原能信の従者の住む家宅を破壊した。

実資が「切《き》り壊《こぼ》つ」という言葉を使っていることからすれば、扉を叩《たた》き壊《こわ》したとか壁に穴を空けたとかいう程度ではなく、建造物としての原型を残さないほどにバラバラに解体してしまったのだろう。王朝貴族の使う「切り壊つ」という言葉には、そうした意味合いがあるように思われる。

また、王朝時代には、こうした事件に際して、家屋の解体に先立って掠奪《りゃくだつ》が行われることが多い。実資は何も記していないのだが、教通の従者たちも、「切り壊つ」という行為に先立ち、その家宅で掠奪の限りを尽くしたのではないだろうか。そして、ついでに言うならば、解体された家屋の建材さえもが、教通の従者たちによって持ち去られたかもしれない。このような事件の場合、家屋の柱や壁板までもが掠奪の対象とされることは珍しくなかったのだ。

　そして、これは、教通から能信への報復であった。

　実は、この前々日、権大納言能信が内大臣教通の従者を拉致して監禁するという事件が起きていたのだ。

　拉致・監禁する行為を王朝貴族は「召《め》し籠《こ》める」と表現したが、能信が自邸に召し籠めたのは教通の廄舎人長《うまやとねりちょう》であった。「廄舎人長」というのは、その名のとおり、馬の世話を役目とする廄舎人たちの長である。したがって、同じく従者とはいっても、廄舎人長は多少は地位の高い従者であった。

　しかし、そうした少しばかりの地位の高さなどにはかかわりなく、能信の邸宅に召し籠められた廄舎人長は、かなりひどい目に遭ったらしい。実資によれば、能信は教通の廄舎人長を「凌礫《りょうれき》」したようなのだ。「凌礫」というのは一方的に殴ったり蹴《け》ったりすることであるから、囚《とら》われの廄舎人長には相当な暴行が加えられたことだろう。

その後、この廏舎人長がどうなったかはわからない。凌礫された彼は、生きて能信の邸宅を出ることができたのだろうか。かつて藤原道雅《みちまさ》が敦明《あつあきら》親王の従者を拉致《らち》して半殺しにした一件を思い合わせると、あまりいい結果にはならなかったような気がする。

いずれにせよ、教通の従者たちが能信の従者の家宅を切り壊したのは、この一件に報《むく》いるためであった。もちろん、直接に手を下したのは従者たちだけであったが、それが教通の命による行為であったことは間違いない。兄が弟の従者を拉致・監禁して虐待するや、弟は従者の家宅を破壊することで兄に報復したのである。

そして、この大がかりな兄弟ゲンカの原因は、実資が「地論《ちろん》に依《よ》りて」と記しているように、土地をめぐる問題にあった。それがどこの土地なのかはわからない。しかし、その土地の所有や使用に関するトラブルが、いい歳をした御曹司の兄と弟とに、ハタ迷《めい》惑《わく》なとんでもない兄弟ゲンカをさせたのであった。

屈折する能信

ところで、同じく藤原道長を父親としてはいても、能信と教通とは母親を異にしていた。

これは当時としてはとくに珍しくもないことなのだが、藤原道長には公式に妻として認める女性が二人いた。一人は左大臣源雅信《まさのぶ》の娘の倫子《ともこ》であり、もう一人は左大臣源高《たか》明《あきら》の娘の明子《あきこ》である。そして、この二人の妻のそれぞれが、道長の子として、少なくとも六人ずつの男女を産んだのであった。

道長の二人の妻はいずれも名門の娘であり、道長はどちらの妻をも大切にしていた。しかしながら、彼女たちが産んだ子供たちの扱われようには、明らかな差が見られた。

まず、道長が自身の政権の後継者と見なしたのは、倫子の産んだ頼通や教通であり、明子の産んだ頼宗《よりむね》や能信ではなかった。頼通が道長から摂政の座を譲られて後に関白となったことはすでに述べたとおりだが、頼通の跡を承《う》けて関白に就任したのは頼通の同腹の弟である教通であった。そして、頼宗や能信には摂政や関白となる機会が与えられることはまったくなかった。ちなみに、「地論」が原因となって能信と教通とが争ったとき、二十八歳の能信が権大納言であったのに対して、二十七歳の教通はすでに内大臣の地位に就いていた。

また、道長が天皇に嫁がせたのは、倫子の産んだ娘たちだけであった。彰子が一条天皇に嫁いだのをはじめ、妍子《きよこ》は三条天皇に、威子《たけこ》は後一条天皇に、嬉子《よしこ》は後朱雀天皇にと、倫子腹の姉妹は次々に天皇のもとに入内《じゅだい》していった。しかし、明子の産んだ二人の娘が嫁がされた相手は、道長の圧力に屈して皇太子の地位を辞した元皇太子や、なかなか子供のできない頼通が養子に迎えた二世源氏《にせいげんじ》であった。明らかに、彼女ら明子腹の姉妹は、倫子腹の姉妹より低く扱われていたのである。

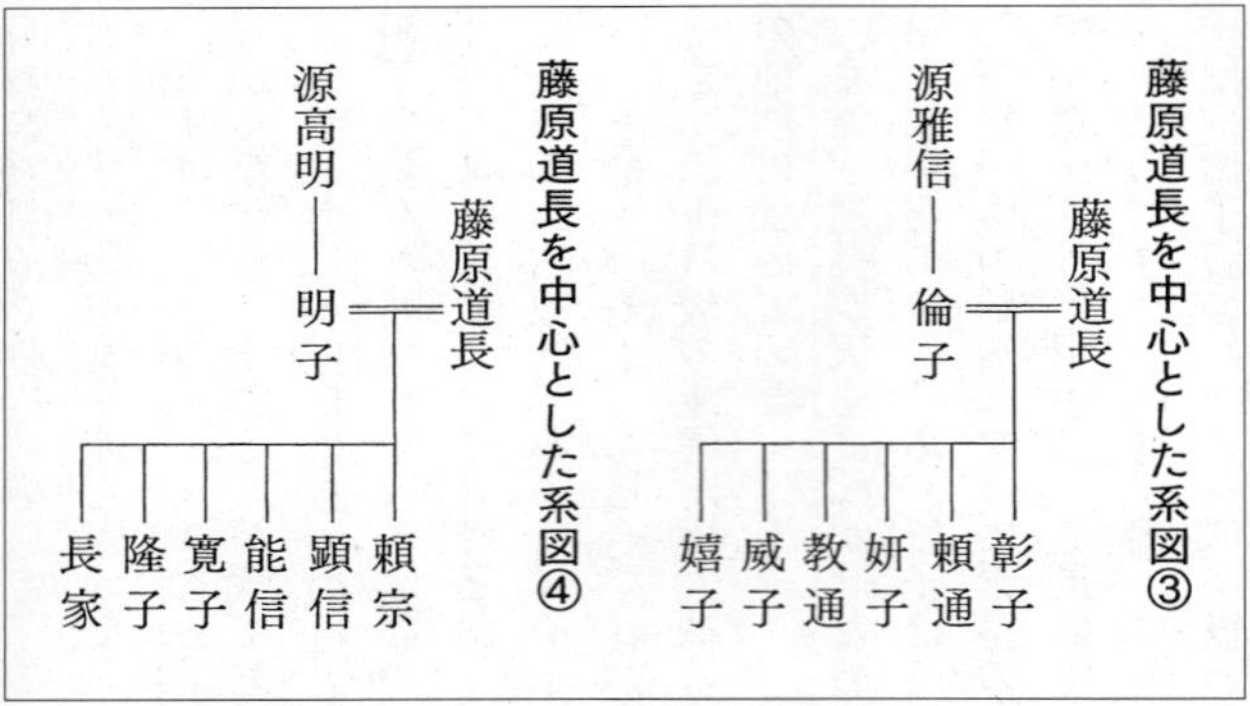

明子腹の能信がしばしば問題を起こした背景には、こうした事情があったと考えていいだろう。また、能信が「地論」を原因として教通と激しく諍ったのも、このような背景があったればこそなのかもしれない。土地をめぐる問題などは、腹違いの弟と争うための口実にすぎなかったのではないだろうか。

概して、頼宗・顕信《あきのぶ》・能信の明子腹の兄弟は、頼通・教通の倫子腹の兄弟に比して、世間に対しても父親に対しても従順ではなかった。顕信が道長に断ることなく出家してしまったことも、そうした流れの中で理解することができるだろう。そして、この顕信などはまだかわいい方であり、俗世に留《とど》まることを選んだ頼宗・能信の二人は、ことあるごとに暴力沙汰《ざた》を起こし、父親の道長や長兄の頼通を困惑させ続けたのであった。

4　右大将藤原道綱、賀茂祭の見物に出て石を投げられる

藤原道綱、右大臣藤原為光の従者から狼藉を受ける

現在は五月十五日を祭日として行われている京都の葵祭《あおいまつり》は、本来、旧暦の四月の二度目の酉日《とり》に朝廷（天皇）が賀茂別雷社《かもわけいかずちしゃ》（上賀茂社《かみがもしゃ》）および賀茂御祖社《かもみおやしゃ》（下賀茂社《しもがもしゃ》）を祀《まつ》ったものであり、王朝時代には「賀茂祭《かもさい》」と呼ばれていた。この賀茂祭では朝廷から上下の賀茂社への祭使《さいし》が派遣されたが、その祭使の行列を見物することは、王朝時代の平安京の住民にとって、最大の娯楽の一つであった。

そして、その行列見物の場で事件が起きた。藤原実資《さねすけ》の『小右記《しょうゆうき》』によれば、永延《えいえん》元年（九八七）の四月十七日、その月の二度目の酉日のことであった。

三十三歳の右近中将《うこんのちゅうじょう》藤原道綱《みちつな》は、いつものように賀茂祭使の行列を見物しようと、この日も牛車《ぎっしゃ》に乗って出かけた。その車には二十二歳の左少将《さしょうしょう》藤原道長《みちなが》が同乗していたが、二人の向かった先は、やはり、祭使の行列が賀茂川に向かって東進する一条大路《いちじょうおおじ》あたりであったろうか。

もちろん、この日に行列見物に出ていたのは、道綱・道長の二人だけではなかった。

二人が向かった先にはすでに右大臣藤原為光《ためみつ》が大勢の従者たちを引き連れて到着しており、その一行によって見物に都合のよい場所は占拠されてしまっていた。

そのため、道綱・道長の乗る牛車は、他によさそうな場所を探そうと、為光の乗る牛車の前を横切った。そこが一条大路であったとすれば、為光一行の占めていた場所よりもさらに東へ行って見物しようとしたのかもしれない。

が、これがまずかった。

道綱・道長の牛車が為光の牛車の前を横切るや、為光の連れていた大勢の従者たちが、そこいらに落ちている石を拾って道綱・道長の牛車に投げつけてきたのである。右大臣ともなれば、その外出時に率いる従者の数は二十や三十には及んでいただろう。その従者たちがいっせいに石を投げつけてきたのである。これは甚だしい狼藉《ろうぜき》であり、道綱・道長の二人は、かなり肝《きも》を冷《ひ》やしたにちがいない。おそらく、その後はもう行列見物を楽しむどころではなかっただろう。

また、こんな目に遭《あ》った二人は、間違いなく、相当に恥ずかしい思いもしたはずだ。近衛府《このえふ》の中将あるいは少将という花形の官職《かんしょく》を帯《お》びた若き殿上人《てんじょうびと》たちが、貴族から庶民までの多数の人々の見ている前で、一方的に無数の石ころを投げつけられたのである。王朝時代の貴公子にとって、これほどかっこ悪いことはない。ようやく投石が止《や》んでそれまで二人を虜《とりこ》にしていた恐怖が過ぎ去ると、今度は猛烈な羞恥《しゅうち》の念《ねん》が道綱・道長の身体をうち震《ふる》わせたことだろう。

祭日の酒に暴走する従者たち

賀茂社には「賀茂斎院《かもさいいん》」あるいは「賀茂斎王《かもさいおう》」と呼ばれる皇族出身の巫女《みこ》が仕《つか》えることになっていたが、賀茂祭に先立つ午《うま》日あるいは未《ひつじ》日、その斎院が賀茂川で禊祓《みそぎはらえ》を行うことになっていた。それは「御禊《ごけい》」と呼ばれ、その御禊のために賀茂川に向かう斎院の行列も、毎年、数多くの見物人を集めた。

そして、この御禊の行列には、近衛府《このえふ》の大将が加わることになっていた。いや、加わることになっていたというよりも、威儀《いぎ》を正して颯爽《さっそう》と騎乗する近衛大将《このえたいしょう》は、この行列の花形となるべき存在であった。

そのため、紫式部《むらさきしきぶ》という作家は、光源氏《ひかるげんじ》という架空の貴公子にも、若き大将として御禊の行列に花を添《そ》える役割を与えた。ただし、それは、彼が加わる行列をダシにして『源氏物語』の物語世界に一つの事件を引き起こすためであった。

光源氏の最初の正妻は、美人だけれど少しばかり気が強過ぎる左大臣家の姫君だった。われわれは彼女のことを「葵の上《あおいうえ》」と呼んでいる。その葵の上が夫の晴れ姿を見ようと、大勢の従者に囲まれた牛車に乗って、御禊の行列が通る大路へと繰り出した。

ところが、その大路には見物にやってきた人々の牛車がすでにびっしりと並んでしまっている。そこで、葵の上の一行は、あまり身分の高くなさそうな人々の牛車が集まっている場所を見つけるや、そこに固まっていた牛車をすべて立《た》ち退《の》かせ、ようやく見物の準備を整えたのであった。

このとき、葵の上の一行に立ち退かされたいくつもの牛車の中には、皮肉なことに、光源氏の愛人の乗る車があった。この女性をわれわれは「六条御息所《ろくじようのみやすどころ》」と呼ぶが、彼女は光源氏よりもだいぶ年長であったうえに子持ちの未亡人でもあった。その六条御息所と光源氏との関係は、光源氏が葵の上と正式な婚姻を結ぶ以前からのものであったらしい。そして、それだけに、光源氏に正式な妻ができたことで、六条御息所の心中は穏やかではなかった。

そんな事情もあって気晴らしのために見物に出てきた六条御息所であったが、彼女の牛車は左大臣家の若い従者たちの手で大路の道端《みちばた》へと押しやられてしまう。もちろん、そこからでは行列の見物は望むべくもなく、六条御息所の暗い気持ちを晴らすはずであった見物は、一転、彼女をさらに憂鬱《ゆううつ》にするのであった。そして、この車争《くるまあらそ》いの一件が引き金となって、六条御息所の生霊《いきりよう》が葵の上を取《と》り殺《ころ》すという、さらなる事件が起きるのである。

ちなみに、紫式部によれば、六条御息所の牛車を乱暴に押し退けたのは、左大臣家の従者の中でも年の若い連中であった。年配の従者たちの場合、同じく他家の牛車を立ち退かせるにしても乱暴は慎むようにということを心得ていたらしいのだが、若い従者たちにはそうした心得がなかったのだそうだ。しかも、彼らにはだいぶ酒が入っていた。そして、酔った若い従者たちの暴走は、年配の従者たちに制止できるものではなかったという。

とすると、賀茂祭の当日に中将藤原道綱・少将藤原道長の乗る牛車に石を投げつけた右大臣藤原為光の従者たちにも、酒の勢いというものがあったのかもしれない。祭日だということで酒を呑《の》みながら主人のお供をしていた者も少なくなかったことだろう。

いずれにせよ、道綱・道長を襲った投石は、為光の意図したものではなかったらしい。事件から一ヵ月ほど経った頃、為光は折《おり》を見て道綱・道長の二人に謝罪の意を示したのであった。

藤原行成、権大納言藤原頼宗の従者から狼藉を受ける

行列見物の場で藤原道綱や六条御息所を見舞ったような災難は、王朝時代の人々にとって、それほど珍しいものではなかった。それゆえに、『源氏物語』のような物語にまで、行列見物の際の車争《くるまあらそ》いという不粋《ぶすい》な出来事が盛り込まれたのである。

そして、万寿《まんじゅ》四年（一〇二七）の賀茂祭の折には、朝廷を代表して祭の運営を監督する職務を負っていた権大納言《ごんのだいなごん》藤原行成《ゆきなり》が、ある行列見物の一行からひどい仕打《しう》ちを受け

ている。藤原行成というのは、書家として有名な、あの行成《こうぜい》である。

同年の四月十五日、行成が大路の一隅に据《す》えられた牛車から行列を監督しようとしていたところ、その行成の視界を塞《ふさ》ぐようにして停まった牛車があった。牛車の主《あるじ》はその位置で行列を見物するつもりのようであったが、しかし、そんなことをされては行成は行列を監督することができない。そこで、権大納言行成は、その牛車の主に対し、自身の役目を伝えたうえで立ち退くことを促《うなが》したのであった。

藤原実資の伝えるところでは、行成の牛車の前方に割り込んだ牛車には、幾人もの従者が随行していた。そして、そのためであろうか、その車の主は行成の意向を敢然と無視した。その態度は「一切聞《いっさいき》かず」というものであったという。

しかも、ただ無視するだけならまだしも、立ち退きを促された牛車の一行は、ついには行成の一行に対して狼藉を働くに及んだ。すなわち、行成の従者が身につけていた狩衣《かりぎぬ》を引き破ったうえ、刀を抜いたというのである。実資の日記には「嘲弄《ちょうろう》を致《いた》す」という表現も見えるから、行成一行は言葉による侮辱《ぶじょく》も受けたものと思われる。

そして、権大納言藤原行成に大恥をかかせた不届《ふとど》き者《もの》は、権大納言藤原頼宗《よりむね》の執事《しつじ》を務める藤原為資《ためすけ》であった。頼宗というのは御堂関白《みどうかんぱく》藤原道長の次男だが、その頼宗の執事が、虎《とら》の威《い》を借《か》る狐《きつね》よろしく、主人の威光——厳密には主人の父親の威光——を背景として傍若無人なふるまいに及んだのである。

この藤原為資の一行の横暴に対して、行成は関白藤原頼通《よりみち》に応援を頼み、頼通も自身の従者を派遣して抑止しようとする。が、それでも件《くだん》の一行を抑えることはできなかった。行成を困らせていた凶悪な一行は、関白頼通の意向さえも聞き入れようとせず、それどころか、頼通の従者をも侮辱する始末だったのである。

「此《こ》の間《かん》、面目《めんもく》を失《うしな》う」というのは、後日になって行成自身が実資に語ったところだ。この一件によって、行成の面子《メンツ》は丸潰《まるつぶ》れになってしまったのである。もちろん、行成の従者たちも為資の一行に手向かう姿勢を見せたのだが、それを抑止したのは主人の行成であった。祭を監督する立場にあった行成としては、下手に手向かって騒ぎを大きくするわけにはいかなかったのである。しかし、行成にとってはつらい決断であったにちがいない。

右大将藤原道綱

ところで、仲良く一つの牛車に同乗して見物に臨んだ中将藤原道綱と少将藤原道長とは、腹違《はらちが》いの兄弟であった。もちろん、道綱が兄、道長が弟である。この二人の共通の父親は摂政《せっしょう》藤原兼家《かねいえ》であり、右大臣藤原為光の従者たちの狼藉に見舞われたときにも、彼らは揃《そろ》って父親の兼家にその口惜《くや》しさを訴えている。

すでに前章までに紹介した道隆《みちたか》や道兼《みちかね》との関係も整理しておくと、道綱にとって、道

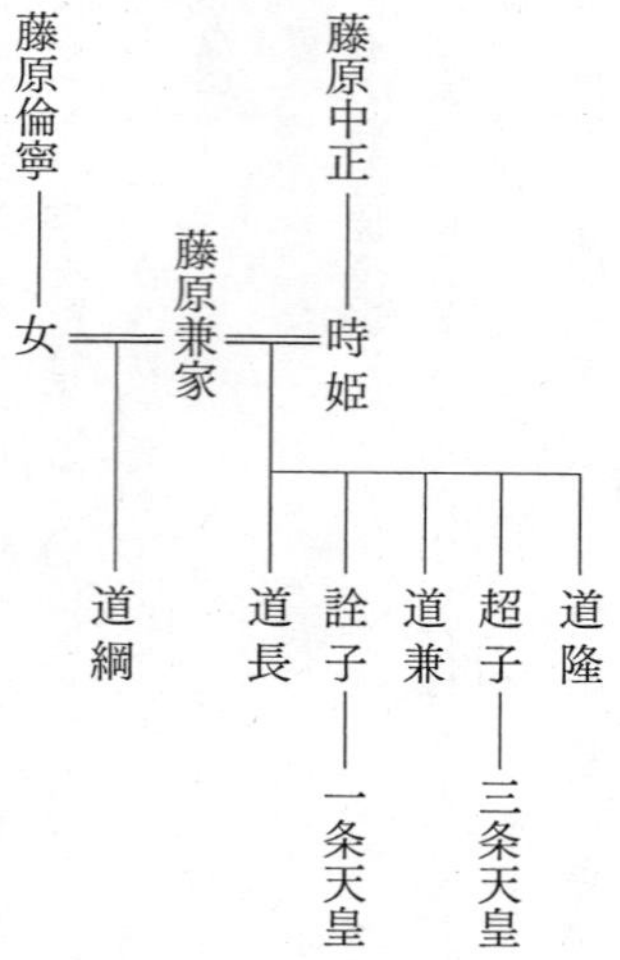

藤原道綱を中心とした系図①

隆は兄、道兼は弟であった。すなわち、藤原道綱は藤原兼家の次男だったのである。

しかし、父親の藤原兼家が勝ち取った政権は、長男の中関白《なかのかんぱく》道隆・三男の粟田《あわた》関白《かんぱく》道兼を経て、最後は末男の御堂関白道長の手に落ち着くことになった。その間、兼家次男の道綱に政権を担当する機会がめぐってくることはなかった。兼家の四人の息子のうち、道綱だけが摂政にも関白にもなっていないのである。

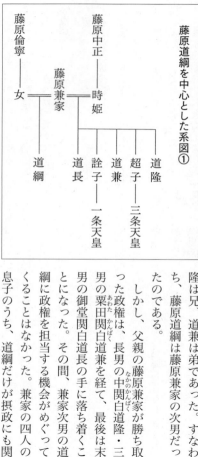

そして、これはしかたのないことであった。

そもそも、藤原兼家が摂政の座に就《つ》くことができたのは、策を弄《ろう》して花山《かざん》天皇に帝位を捨てさせ、自身の孫にあたる一条《いちじょう》天皇を即位させることに成功したためであった。天皇の母方の祖父や伯叔父《おじ》が摂政あるいは関白として天皇の執政を助けるということが、王朝貴族たちの間では暗黙裏《あんもくり》に合意されていたのである。そして、道隆・道兼・道長の三人も、同腹《どうふく》の姉妹の産んだ一条天皇や三条《さんじよう》天皇の伯叔父であり、その関係から一条天皇・三条天皇の摂政あるいは関白となることが可能であった。

一方、道綱は二代の天皇の生母たちと母親を異にしていた。そのため、王朝貴族社会は、道綱を天皇の母方の伯叔父とは見なさず、したがって、彼には摂政や関白として天皇を助ける資格を与えなかったのである。

ただ、兼家の四人の息子たちの中で道綱だけが大臣にさえなれなかったことに関しては、別の説明が必要である。そう、道綱が三十歳を過ぎた頃からつねに父親や腹違いの兄弟の誰かが政権を担っていたにもかかわらず、道綱は六十六歳で没するまでついぞ大臣に就任することもできなかったのだ。そして、その原因は、彼自身のどうしようもない無能さにあった。

まず、道綱にはあまりにも学識がなかった。例えば、長徳《ちようとく》三年（九九七）七月五日の藤原実資の日記によれば、大納言の重職にある四十三歳の道綱が読み書きできた漢字は、自分の名前に使われるものだけであったらしいのだ。

また、道綱には公卿《くぎよう》としての責務を果たそうとする意欲もなく、与えられた政務を放棄することもしばしばであった。実資の長和《ちようわ》二年（一〇一三）二月三日の日記には、道綱についての「ムダ飯食いというのは、あれのことか」とのコメントが見えるが、この日も五十九歳の大納言道綱は重要な政務を放棄していたらしい。

かくして、藤原道綱の出世は、中納言や右大将を経て、大納言までで止まってしまう。が、その能力や意欲を考慮するなら、大納言になれただけでも彼には過分の出世であった。そして、この出世が彼の家柄に由来していたことは間違いあるまい。

なお、そんな道綱にもいくらか歌才があったらしく、彼の詠《よ》んだ一首が『詞花和歌集《しかわかしゅう》』に入撰《にゅうせん》している。歌人として名高い母親に溺愛《できあい》されて育っただけのことはあったのかもしれない。彼の母親というのは、『蜻蛉日記《かげろうにっき》』の作者として知られる「右大将道綱母《うだいしょうみちつなのはは》」である。

藤原道綱、藤原道長と「相聟」になる

ときに、藤原道綱には兼経《かねつね》という名の息子があったが、この兼経は叔父《おじ》にあたる藤原道長の養子になっている。もちろん、頼通を筆頭に幾人もの息子を持っていた道長には、家系の跡取りの心配はなかった。したがって、道長が兼経を養子としたのは、道長側の都合によってではない。この養子縁組は、兼経の将来を慮《おもんぱか》っての形式的なものであった。

当時、貴公子たちの官人としての出世は、父親の地位に影響されるところが大きかった。すなわち、父親の地位が高ければ高いほど、息子は容易に出世できたというわけだ。そのため、兼経にしても、道綱の実子として官人となるよりは、形式的に道長の養子と

藤原道綱を中心とした系図②

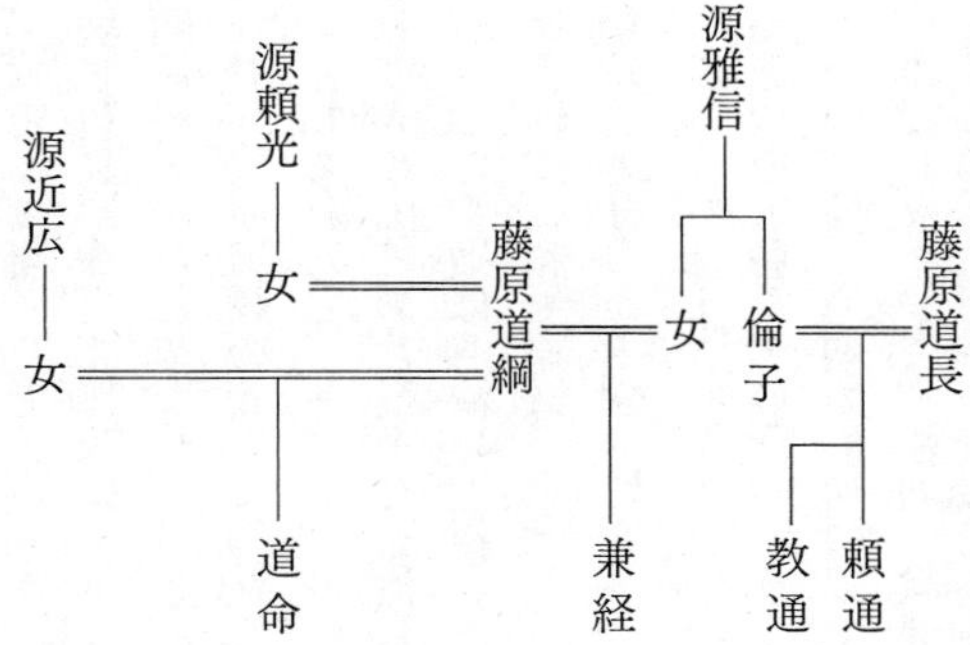

なって官界に入った方が、はるかに有利だったのである。

ただ、兼経が道長の養子になり得たのは、道綱と道長とが腹違いの兄弟であったからというだけではない。実は、道綱と道長とは、異腹兄弟《いふくきょうだい》であることに加えて、「相聟《あいむこ》」でもあったのだ。

藤原道長が源倫子《ともこ》を妻として左大臣源雅信《まさのぶ》の婿《むこ》となっていたことはすでに述べたが、道綱もまた、若い頃に雅信の娘婿となっていた。つまり、道綱も道長もともに源雅信という同じ舅《しゅうと》の婿だったのである。そして、このような関係にある道綱と道長とが、王朝時代の人々の言う「相聟」であった。

藤原兼家を父親とする四人の息子たちのうちで「相聟」の関係にあったのは、ともに源雅信の婿となった道綱と道長とだけである。したがって、この二人の間には、他の兄弟に対しては少しばかり異なった関係があったことだろう。とくに、道綱から見た場合、道隆・道兼に比して、道長はより親しい異腹兄弟であったにちがいない。そして、そうした関係から、兼経は道長の養子になったのだと考えられる。また、道綱・道長が仲良く賀茂祭の行列を見物することがあったのも、源雅信の娘たちを介した関係があったためなのかもしれない。

なお、藤原道綱の妻となった女性は、右に触れた源雅信の娘だけではない。

よく知られたところでは、源頼光《よりみつ》の娘も道綱の妻であった。源頼光というのは、武士として大江山《おおえやま》の酒呑童子《しゅてんどうじ》を退治したという伝承で知られる、あの源頼光《らいこう》である。が、この婚姻は道綱の近親者たちには歓迎されなかったらしい。

例えば、長和二年（一〇一三）の六月、道長の息子の頼通・教通がそれぞれ大納言・中納言に就任したときのこと、彼らは伯父《おじ》の道綱に昇任のあいさつをするべきであったが、道綱が婿として居住していた頼光の邸宅へ足を運ぶことを嫌がり、ついに道綱へのあいさつを欠いたというのだ。

この頃には、道綱の最初の妻であった源雅信の娘が没してからすでに十年ほどが経っていた。したがって、頼通・教通の二人が頼光邸に暮らす道綱を訪問することを拒否したのは、道綱の前妻であった伯叔母《おば》に義理を立ててのことではなかったように思われる。

また、妻という立場であったのかどうかはわからないが、源近広《ちかひろ》という人物の娘も道綱の子を産んでいる。その子というのが、歌人として知られる道命阿闍梨《どうみょうあじゃり》である。道命は後世に「中古三十六歌仙《ちゅうこさんじゅうろくかせん》」に数えられるほどの歌才の持ち主であったが、その才能は道綱を介して『蜻蛉日記』の作者から受け継いだものだったのかもしれない。

藤原兼経、五節舞姫に横恋慕する

しかし、藤原道綱という人物は、多少の歌才は持ち合わせていたものの、道隆・道兼・道長という腹違いの兄弟たちとは比べるべくもないほど、公卿としての資質に欠けていた。彼には、能力もなければ、意欲もなかったのである。

ただ、道綱の子供には、自家の従者を殴り殺すような息子もいなければ、強姦《ごうかん》に加勢するような息子もいなかった。子育てに関しては、摂政や関白となった道隆・道兼・道長の誰よりも、無能なために大臣にもなれなかった道綱の方が、多少はまともであったようなのだ。

とはいえ、その道綱の息子も、何も問題を起こさなかったというわけではない。藤原実資の『小右記』は、道綱の息子の一人である兼経に関して、次のような話を伝えている。

万寿元年(一〇二四)の十一月十九日のこと、宮中において、宰相中将《さいしょうのちゅうじょう》藤原兼経の貢進する五節舞姫《ごせちのまいひめ》の控え室に不審者が入り込むという事件があった。「五節舞姫」というのは、新嘗会《しんじょうえ》あるいは大嘗会《だいじょうえ》の翌日に大内裏《だいだいり》の豊楽院《ぶらくいん》で行われる「豊明節会《とよのあかりのせちえ》」という宴会で舞踊を披露する美しい女性たちのことである。毎年、公卿の何人かは朝廷のために新しい五節舞姫を用意しなければならず、この年には宰相中将兼経にそれが割り当てられていたのだが、彼の用意した舞姫の控え室が不審者の侵入を受けたのであった。その不審者は、蔵人頭《くろうどのとう》と左近衛中将《さこのえのちゅうじょう》とを兼任する頭中将《とうのちゅうじょう》藤原公成《きんなり》の名を騙《かた》った。が、その実は、中納言藤原朝経《あさつね》の従者の一人であったという。そして、頭中将を詐称《さしょう》する男は、舞姫の控え室において舞姫を「懐《ふところ》に抱《いだ》く」という行為に及んだらしい。この事件を記録した藤原実資は「懐に抱く」としか書いていないのだが、このとき、頭中将公成と偽《いつわ》った中納言朝経の従者は、兼経の用意した五節舞姫と性交に及んでいたかもしれない。王朝貴族の用いる「懐に抱く」という言葉は、性交をも意味するのだ。

もちろん、この不届き者は、捕らえられて検非違使《けびいし》に引きわたされた。当時において警察と司法とを担っていた官人たちが「検非違使」である。そして、そのくせ者を捕らえたのは、他ならぬ宰相中将藤原兼経であった。

ところが、今度は兼経が五節舞姫の控え室から出てこなくなってしまう。その翌日、朝廷の重要な神事があり、兼経はその運営を監督する職務を負っていたにもかかわらず、「胸の病《むねのやまい》」を口実として、舞姫のもとから出てこようとはしなかった。

五節舞姫に選ばれるほどの美しい女性のところに籠《こも》りっきりであったというのだから、何をしていたのかは想像がつく。しかし、宰相中将兼経は、自身の果たすべき重要な政務を放棄してまで、その舞姫から離れようとしなかったのである。

ここで、兼経が件《くだん》の舞姫に恋慕《れんぼ》していたことは明らかであろう。だが、その舞姫の本来の夫なり想い人《おもびと》なりは、頭中将公成と称して彼女の控え室に入り込んだ朝経の従者だったのではないだろうか。この男が控え室で舞姫を「懐に抱く」という挙《きょ》に出たとき、舞姫の側ではことさらに抵抗をしていないようなのだ。

とすれば、兼経の舞姫に対する恋慕は、完全な横恋慕《よこれんぼ》であった。しかも、その場合、横恋慕の兼経は、想い人の舞姫を朝経の従者から無理矢理に奪い取ったことになる。地位や権力にものを言わせて男女の仲を引き裂くなどというのは、貴公子にはあるまじき行為であるように思われるのだが。

5　内大臣藤原伊周、花山法皇の従者を殺して生首を持ち去る

藤原伊周・藤原隆家、花山法皇の童子を殺して首を取る

いわゆる「首取《くびと》り」――戦闘で殺した相手の首を刎《は》ねてそれを持ち去るという行為――は、「武士」と呼ばれる人々の慣行かと思いきや、小野宮《おののみや》右《う》大臣《だいじん》藤原実資《さねすけ》の日記からは、それが王朝貴族によって行われることもあったことが知られる。

長徳《ちょうとく》二年（九九六）の正月十六日、内裏《だいり》から自宅へと帰った権中納言《ごんのちゅうなごん》藤原実資のもとに、右大臣藤原道長《みちなが》からの緊急の書状が届いた。その消息を読んだ実資は、さぞかし驚いたことだろう。そこには、こんなことが書かれていたのである。

「花山《かざん》法皇と内大臣藤原伊周《これちか》・中納言藤原隆家《たかいえ》とが故一条太政大臣《いちじょうだじょうだいじん》藤原為光《ためみつ》の邸宅で出くわして『闘乱《とうらん》』になった。花山法皇に仕《つか》える二人の童子《どうじ》が殺害されて首を持ち去られたとも聞いている」。

王朝貴族の言う「闘乱」とは、要するに、ケンカのことである。ただし、「闘乱」と呼ばれるものには、個人対個人のいわゆる「タイマン」のケンカだけではなく、集団対集団の大がかりなケンカも含まれるようだ。当時の平安京では、しばしば貴族の従者た

ちと別の貴族の従者たちとの間で集団乱闘が起きたものだが、そうした規模の大きなケンカは、おおむね、「闘乱」と呼ばれたのである。

そして、道長からの手紙で実資が知ったのは、先代の天皇で今は出家の身となっている花山法皇と、内大臣伊周・中納言隆家兄弟とが、その「闘乱」と呼ばれる集団乱闘の当事者になったという事実であった。左大臣が欠員となっていた当時、朝廷のトップは右大臣の道長であり、内大臣の伊周はそれに次ぐ地位にあった。その内大臣伊周が、弟の中納言隆家と一緒になり、よりにもよって、かつて天皇であった人物を相手に、大規模な暴力沙汰《ざた》をやらかしてしまったのだ。これはまずい。

しかも、その乱闘事件によって死人まで出てしまったというではないか。それも、花山法皇側の従者が二人も殺されたというのだ。「童子」とはいっても、王朝時代の人々は髻《もとどり》を結《ゆ》っていない男性を年齢に関係なくすべて「童《わらわ》」「童部《わらべ》」「童子《どうじ》」などと呼んだから、この闘乱で生命《いのち》を落とした童子が少年であったかどうかはわからない。が、とにかく、伊周・隆家側の誰かが花山法皇の従者のうちの二人を殺してしまったのである。これは非常にまずい。

だが、われわれ現代人にとって最も衝撃的なのは、この闘乱で殺された二人の童子が首を持ち去られたという点であろう。もちろん、その生首《なまくび》を持ち去ったのは、内大臣伊周・中納言隆家の側である。ということは、伊周・隆家兄弟の従者の誰かが死んだ童子たちの首を斬り落《お》としたということになる。あるいは、首を斬って殺したのだろうか。

いずれにせよ、それを伊周や隆家が自身の手でやってのけたということはないだろう。

それでも、その蛮行を指図するくらいのことは、二人のうちのどちらかがしたのかもしれない。が、細かい事情がどうであれ、この事件の主犯が伊周と隆家とであることに変わりはない。少なくとも、当時の貴族社会の人々には、花山法皇の従者を殺害してその生首を持ち去った責任は、内大臣伊周および中納言隆家こそが負うべきものとして理解されたのであった。

そして、これは、伊周・隆家の二人の若い貴公子たちにとって、どうしようもないほどの不祥事であった。

藤原伊周、嫉妬に駆られて花山法皇に矢を射かける

しかし、内大臣藤原伊周・中納言藤原隆家の二人にとって本当に都合が悪かったのは、集団乱闘の結果として花山法皇の従者たちが生命を落としたことではなかった。また、この事件について王朝貴族社会の人々が最も重く見たのも、法皇の従者たちが殺害されたという闘乱の結果ではなかった。当時の貴族社会の人々にとっては、この闘乱の原因こそが、最重要関心事だったのである。

そして、その原因というのは、伊周・隆家の一行が花山法皇に向かって矢を射かけた

ことにあった。すなわち、伊周・隆家兄弟の命令を受けた射手が、こともあろうに、出家した先代の天皇に向けて矢を放ったというのである。「弓を引く」という比喩《ひゆ》表現は主君に歯向かうことを意味するが、伊周・隆家の二人は、かつて天皇であった人物を相手に、文字どおりに弓を引いてしまったのだ。

もちろん、伊周・隆家にしても、本気で花山法皇を射殺しようとしたわけではない。彼らとしては、法皇を威嚇《いかく》するために矢を射かけさせたにすぎなかった。ところが、放たれた矢は、法皇の着衣の袖《そで》を貫いてしまう。あわや、法皇の身体《からだ》に当たりかねなかったのだ。これは危《あや》うい。

そうなると、法皇の従者たちも黙ってはいられない。彼らは敢然と矢を放った一団に襲いかかっていった。そして、もともとケンカを売った側の伊周・隆家の一行が、これを迎え撃たないはずはなかった。

かくして、結果として二名の犠牲者を出す集団乱闘がはじまったのである。

こうした経緯のすべてが明らかになったのは、事件後、しばらく経ってからのことであった。が、右のような事実が判明してしまうと、内大臣伊周・中納言隆家の二人は、法皇の従者を死なせた責任を問われるだけではすまされなかった。

彼ら兄弟は、法皇自身に向かって矢を射かけさせたのである。これは、当時の貴族社会においては、法皇の従者を殺して首を持ち去ったという凶行と比べても比べものにならないほど、ずっしりと重みのある犯罪行為であった。二十三歳の内大臣伊周と十八歳の中納言隆家とがしでかしたことは、大逆《たいぎゃく》の嫌疑をかけられてもしかたのないことだったのである。

ただ、この事件が表沙汰《おもてざた》になることを最も嫌ったのは、加害者側の伊周・隆家兄弟ではなく、被害者側の花山法皇の方であった。というのも、法皇が伊周・隆家に矢を射かけられることになった原因というのが、法皇にとっては非常に外聞の悪い事実だったためだ。

事件の現場となったのは故一条太政大臣藤原為光の邸宅であったが、花山法皇がそんなところにいたのは、為光の娘の一人が法皇の愛人になっていたためであった。それは為光の四女であり、彼女は父親の残した邸宅に暮らしていたのである。そして、奇《く》しくも、同じ邸宅に住む為光の三女は、内大臣藤原伊周の愛人であった。したがって、法皇と伊周とは、いわゆる「相聟《あいむこ》」のような関係にあったことになる。

ところが、花山法皇が為光の娘と愛人関係にあるとの噂《うわさ》を耳にした伊周は、どういうわけか、法皇が為光の三女に横恋慕《よこれんぼ》していると思い込んでしまう。そして、この誤解から生じた嫉妬《しっと》が、伊周・隆家の二人を、法皇に矢を射かけるという愚行に走らせたのであった。

こうした事情があったため、今回の一件が明るみに出ることは、花山法皇にとってもかなり都合の悪いことであった。法皇にしてみれば、出家の身で愛人を持っているなどというのは、あまり世間に知られたくない不体裁なことだったのである。

政界を追われる伊周

結局、花山法皇が口を噤《つぐ》んでいたにもかかわらず、事件は世人の知るところとなった。そして、伊周・隆家兄弟は追い込まれていく。一条天皇の命令を受けた検非違使《けびいし》が、二人の貴公子たちの罪状を固めるべく、本格的な捜査を開始したのである。

藤原実資の日記によれば、同年の二月五日には、伊周の執事《しつじ》のような立場にあった菅原《すがわらの》董宣《ただのぶ》の家宅が検非違使によって捜索された。伊周が多くの「兵《つわもの》」を養っているとの情報があり、その「兵」たちが董宣宅に潜伏していると見られたのである。

王朝貴族が「兵」と呼んだのは、弓矢や馬の扱いに優れて戦闘を得意とする人材であり、そうした人々は「武士」とも呼ばれた。早い話が、王朝貴族の言う「兵」とは、武士のことなのである。そして、検非違使が主人不在の菅原董宣の家宅を捜索した結果、そこには八名もの武士が潜伏していた。彼らは伊周の抱える私兵《しへい》であり、直接に花山法皇に矢を射かけたり法皇の童子を殺したりしたのは、おそらく、こうした私兵として養われていた武士たちであったろう。

また、検非違使による家宅捜索は、伊周・隆家兄弟と関係の深かった源致光《むねみつ》やその兄弟の家宅にも及んだが、それも、致光たちの私宅に「精兵《せいびょう》」が潜《ひそ》んでいるとの情報があったためであった。「精兵」というのは、とくに優れた武士を意味する言葉である。そして、「精兵」との評判に違《たが》わず、致光宅に潜伏していた武士たちは、検非違使の捜索の手が及ぶ以前に逃亡していた。目撃情報によれば、その数は七人ないし八人であった。伊周の私兵には七人あるいは八人もの「精兵」が含まれていたのである。

こうして検非違使の捜査がもたつく一方で、右大臣藤原道長を筆頭とする公卿《くぎょう》たちは、内大臣伊周・中納言隆家の二人の公卿に下すべき処罰についての審議を順調に進めていた。当時の公卿というのは、事実上、超法規的な存在であり、彼らに対する処罰を決定できるのは、天皇ただ一人であった。ただ、その決定に際して、天皇は公卿たちの意見を参考にすることになっていた。そのため、今回の事件についても、一条天皇は右大臣道長をはじめとする公卿の会議に参考意見を提示するように求めていたのである。

そして、一条天皇が公卿会議の意見を取り入れて伊周・隆家兄弟に下した処罰は、地方官への左遷《させん》であった。すなわち、伊周は内大臣から大宰権帥《だざいごんのそち》に、隆家は中納言から出雲権守《いずもごんのかみ》にという決定が為《な》されたのである。この場合、大宰権帥となった伊周にも、出雲権守となった隆家にも、地方官としての権限は何一つ与えられない。要するに、これは、左遷という体裁の流刑《るけい》なのである。

かくして、伊周・隆家は中央の政界を追われることになった。この貴公子たちは、二十歳前後の若さで失脚してしまったのである。そして、この一連の騒動は、「長徳《ちょうとく》の変《へん》」として後の世に語り継がれていくことになる。

なお、事実上の流刑に処せられた二人の罪状には、花山法皇に矢を射かけた罪の他に、一条天皇の母親を呪詛《じゅそ》した罪が加えられ、かつ、天皇以外には行ってはならない仏事を行った罪までが加えられていた。だが、呪詛の件および仏事の件は、花山法皇の一件が発覚した後、急速に浮上してきたものであり、どうにも胡散臭《うさんくさ》い。

この二件は、法皇を相手に事件を起こした二人を、この機に失脚させてしまおうと、誰かが捏造《ねつぞう》したもののように思われる。そして、そんなことを企《たくら》んだのは、花山法皇が隠そうとしていた事件を何とか明るみに出そうとしていた、あの人物に間違いないだろう。

内大臣藤原伊周

ただ、藤原伊周を見舞った失脚劇の裏に政敵の陰謀があったにしても、それは、かつて菅原道真《すがわらのみちざね》を陥《おとし》れたような陰謀とはわけが違う。確かに、伊周に下された処罰は、道真に下されたのと同じ筑紫《つくし》の大宰府《だざいふ》への配流《はいる》であった。しかし、道真が冤罪《えんざい》で罰せられたのに対して、伊周は現に流刑に処せられるだけの罪を犯していたのだ。いわゆる「長徳の変」での伊周の失脚は、自業自得としか言いようがない。

そして、そんな伊周を内大臣という重職に就《つ》けたのは、彼の父親の中関白《なかのかんぱく》藤原道隆《みちたか》であった。伊周を自身の後継者と見なしていた道隆は、この息子の官職《かんしょく》をすさまじい勢いで引き上げた。わずか十八歳で参議《さんぎ》として正式に公卿に列せられた伊周は、その年のうちに権中納言《ごんのちゅうなごん》に、翌年には権大納言《ごんのだいなごん》に任じられる。そして、その翌々年、伊周はついに二十一歳の弱冠で内大臣に就任してしまうのだ。

清少納言《せいしょうなごん》の『枕草子《まくらのそうし》』に中宮《ちゅうぐう》藤原定子《さだこ》の兄として登場する伊周は、確かに、教養の深い才知あふれる若き貴公子である。また、彼には十分過ぎるほどの意欲もあった。そういう息子であれば、父親が高い地位を与えたくなるというのもわからないではない。

とはいえ、彼の出世のスピードは尋常ではなかった。現代ならば、新入社員が入社と同時に部長に就任して三年後に副社長になるようなものである。伊周の官歴は、王朝貴族たちにとっても、あまりにも現実離れしたものであった。これでは、まるで物語の主人公だ。

そして、事実、藤原伊周という希代の貴公子は、現実世界の光源氏《ひかるげんじ》となった。すなわち、伊周もまた、光源氏のモデルに比定《ひてい》される王朝貴族の一人なのである。

ただし、藤原伊周の光源氏らしさは、その若さに似ない栄達や素養だけにあるのではない。むしろ、伊周を現実世界の光源氏にしたのは、長徳の変の失脚劇であった。

前途洋洋《ぜんとようよう》の青年公卿であったはずの光源氏は、みずからの過ちによって唐突に地位を失い、一度は都《みやこ》を離れた須磨《すま》の地で暮らすことを余儀《よぎ》なくされる。そして、すでに見たように、伊周もまた、関白家の御曹司《おんぞうし》として未曾有《みぞう》の栄達を遂《と》げながら、みずから失脚の原因を作って一時的に筑紫に追いやられてしまったのだ。ここに符合があることは明らかであろう。

ちなみに、『源氏物語』に先行する『伊勢物語《いせものがたり》』という物語の主人公も、みずから都を追われる事態を招いており、光源氏の人物造形に大きな影響を与えたとされるのだが、この人物のモデルとして知られる在原業平《ありわらのなりひら》は、藤原伊周の母方の祖先にあたる。『伊勢物語』の語るいくつものエピソードの中でもとくに有名なのが、主人公と伊勢斎《いせさい》宮《ぐう》との禁じられた恋にまつわるものである。「伊勢斎宮」というのは伊勢社に巫女《みこ》として仕《つか》える皇族の乙女《おとめ》であり、当然、現職の斎宮が男性と関係を持つことなどは絶対に許されない。ところが、『伊勢物語』の主人公は、斎宮と契《ちぎ》って彼女を妊娠させてしまう。

そして、史実として、在原業平は伊勢斎宮の恬子《やすこ》内親王を身籠《みご》もらせるのだが、彼女の産んだ業平の子は、伊勢権守高階峯緒《いせごんのかみたかしなのみねお》の息子の養子となった。その後、その子は高階師《もろ》尚《ひさ》として峯緒の家系を継ぐのであり、その師尚の曾孫《ひまご》の一人が伊周の母親だったのである。

したがって、藤原伊周は在原業平の六代の末ということになる。そして、伊周の息子の道雅《みちまさ》は業平の七代の孫にあたるわけだが、その道雅を前斎院《ぜんさいいん》との禁じられた恋に走ら

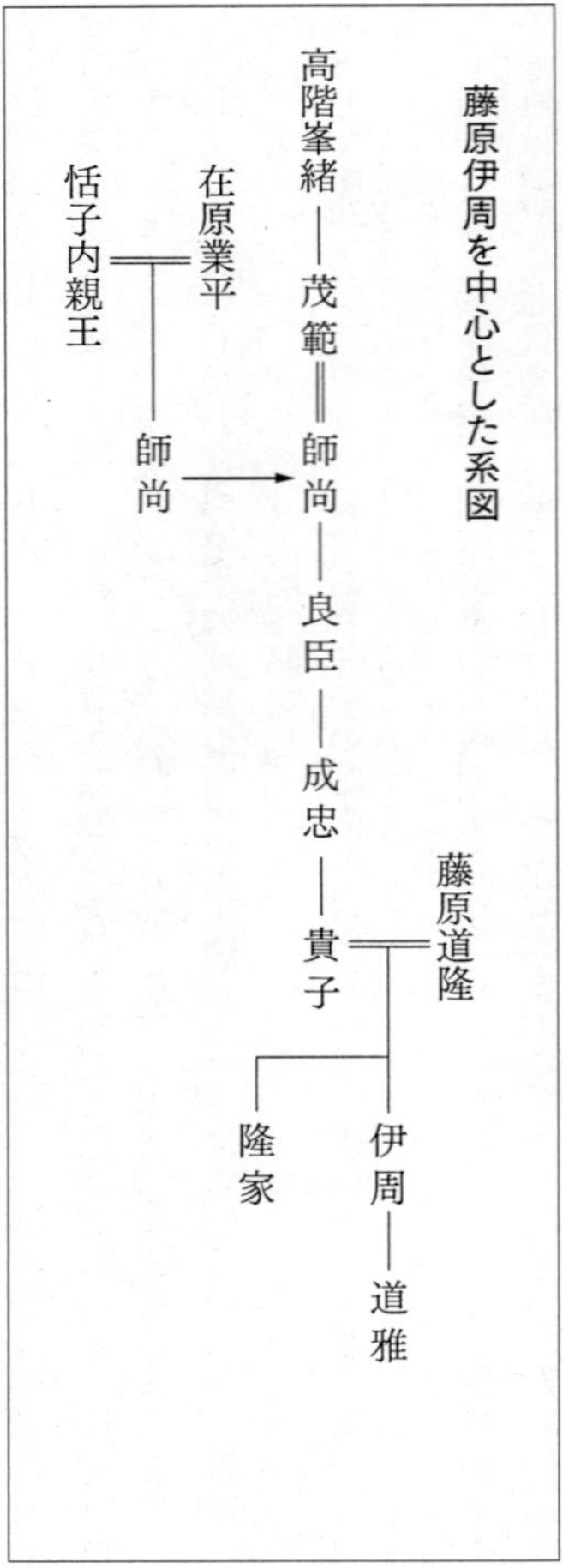

藤原伊周を中心とした系図

せたのは、現職の斎宮にさえ手を出した業平の血だったのかもしれない。とすると、伊周自身が恋愛に関する誤解から自滅したのも、彼が業平の血を引いていたためなのだろうか。

七条大路の合戦

ところで、いわゆる「長徳の変」の折《おり》、内大臣藤原伊周の失脚を確実なものとするための策謀をめぐらしたのは、十中八九、右大臣藤原道長であった。

思い出していただきたい。問題の闘乱事件のことを藤原実資に報じたのは、他でもない、藤原道長その人である。そして、道長が真っ先に事件に関する情報を与えた実資は、その頃、検非違使《けびいし》を指揮する検非違使別当《けびいしべっとう》の立場にあった。つまり、このときの道長には、検非違使を動かすことで事件を明るみに出そうという腹積《はらづも》りがあったのだ。事件の被害者の立場にある花山法皇が口を噤んでいたにもかかわらず、道長は何とかして事件を公にしようとしていたのである。

右大臣道長と内大臣伊周とは叔父《おじ》―甥《おい》の関係にある。が、この時期、二人の間にはつねに緊張した空気があった。中関白道隆・粟田関白道兼の二人が相い次いで病に斃《たお》れた後、いまだ政権の帰趨《きすう》が確定していなかったためである。そして、当時の貴族社会が次期政権担当者の最有力候補と見なしていたのが、道長・伊周の両名であった。

そのため、この二人が公卿会議の場で激しい口論に及ぶこともあった。長徳元年（九九五）の七月二十四日のことだ。実資が「宛《あたか》も闘乱《とうらん》の如《ごと》し」と記したほどだから、このときの道長・伊周は、互いに相手に殴りかかりかねない勢いだったのだろう。

そして、その三日後、両勢力の武力衝突が起きた。

すなわち、長徳元年七月二十七日、平安京の七条大路《しちじょうおおじ》において、右大臣道長の従者たちが中納言隆家の従者たちを相手に「合戦《かっせん》」を起こしたというのだ。

言うまでもなく、隆家は伊周の弟である。その隆家は伊周にとっては最も頼りになる味方であった反面、道長が伊周に次いで敵視していたのが隆家であった。その隆家の従者たちと道長の従者たちとが、天下の往来にて戦闘行為を繰り広げたというのだ。それまで続いていた一触即発の状況が、ついに「発」に至ってしまったのである。

実資の伝えるところでは、先に手を出したのは、道長の従者の側であった。隆家の従者が武装した人員を数多く引き連れていたため、道長の従者たちはそれを捕らえようとしたというのだ。まったく余計なことをしたものである。挙《あ》げ句《く》、二つの集団の間で「闘乱」がはじまり、二人が矢傷《やきず》を負う「合戦」へと発展してしまった。

しかも、この騒動で検非違使に捕らえられたのが隆家の従者だけであったことが遺恨《いこん》となったのか、翌月の二日にも、道長の従者と隆家の従者との間で暴力沙汰《ざた》があったらしい。『小右記《しょうゆうき》』からも詳しく知ることはできないのだが、この事件では道長の従者の一人が生命を落としている。

これに対して、道長も強硬な態度に出た。この事件の下手人《げしゅにん》を引きわたさなければ、隆家に謹慎の処分を下すべきだと主張したのである。一方、隆家の方では——と続けたいところなのだが、実は、この時期の『小右記』の記事には欠落が多く、それからの展開は筆者にもわからない。ただ、謹慎処分をちらつかされた程度で、隆家が素直に自分の従者を差し出したとは思えない。どうかすると、この後にもう一悶着《ひともんちゃく》あったのではないだろうか。

いずれにせよ、これからわずか五ヵ月の後には、長徳の変へとつながる闘乱事件が発生する。そして、その事件を機に、事態は急速に収束《しゅうそく》していく。すなわち、長徳の変によって内大臣伊周および中納言隆家を排除した右大臣道長が、ついに王朝貴族社会における覇権《はけん》を掌握したのである。

藤原伊周、藤原道長の暗殺を企てる

だが、それから十一年の後、王朝貴族社会の人々は、伊周・隆家兄弟の企てる道長暗殺計画にあわてふためくことになる。

「長徳の変」で流刑に処された大宰権帥伊周・出雲権守隆家に都への帰還が許されたのは、処罰の決定から一年ほど後の長徳三年（九九七）の四月であった。そして、二人はその年のうちに帰洛《きらく》することになるのだが、当然のこととして、彼らには前職に復任して政界に復帰する見込みはなかった。そのため、二十四歳と十九歳との若き貴公子たちは、飼《か》い殺《ごろ》しの身に甘んじなければならなかった。

そんな彼らに一縷《いちる》の望みを抱かせたのは、長保《ちようほ》元年（九九九）の十一月に一条天皇の第一皇子として誕生した敦康《あつやす》親王であった。というのも、この皇子を産んだのが、伊周・隆家兄弟の同母姉妹で一条天皇の皇后《こうごう》となっていた藤原定子だったからである。

将来、敦康親王が帝位に即《つ》く日が訪れれば、そのときには、天皇の母方の伯叔父にあたる伊周もしくは隆家が、摂政あるいは関白として政権を掌握することになるはずであ

敦康親王を中心とした系図

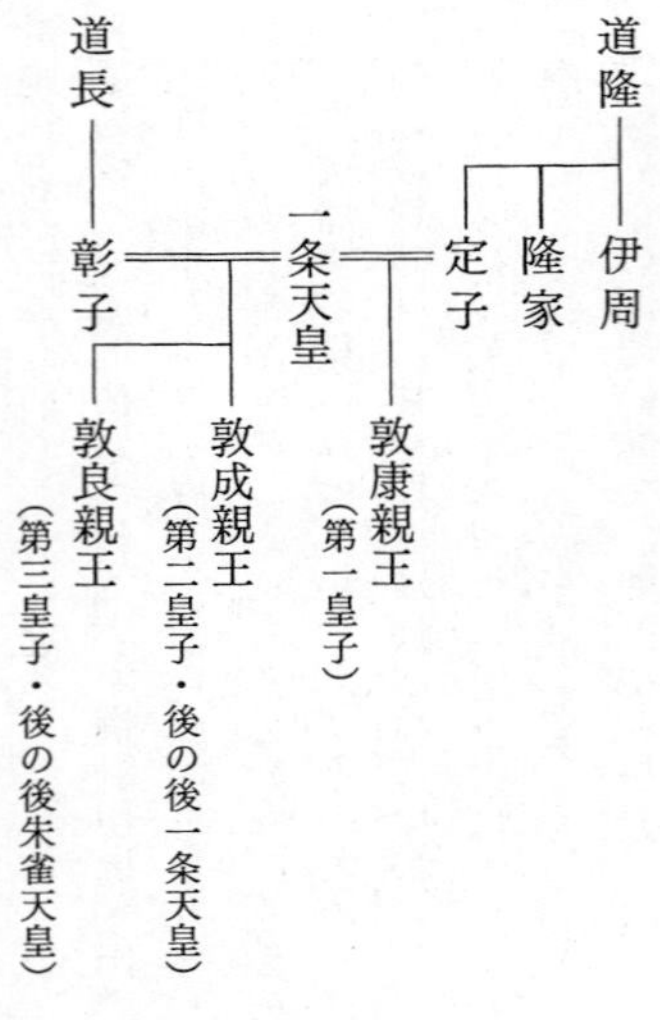

った。しかも、一条天皇の第一皇子として生まれた敦康親王には、将来の即位の可能性が十分に考えられる。姉妹が皇子を産んだと知ったとき、伊周・隆家の二人は、少なくともその程度には思いを馳《は》せたにちがいない。

とはいえ、敦康親王の即位がスムーズに実現するはずはなかった。その最大の障壁《しょうへき》は、言うまでもなく、その頃には内覧《ないらん》の左大臣として政権を掌握していた藤原道長である。彼が伊周・隆家兄弟の一発逆転などを許すはずがなかった。一度は失脚した伊周・隆家などに政権を握らせるような天皇の即位が現実味を帯びるようなことになれば、道長は全力を挙げてそれを阻止しようとするだろう。

そう考えた伊周・隆家の二人は、左大臣道長の暗殺を画策《かくさく》することになる。そのとき、伊周は三十四歳、隆家は二十九歳になっていた。もはや、彼らは分別《ふんべつ》のない若者ではない。二人の謀《はか》る暗殺は、周到《しゅうとう》に準備されていったにちがいない。

実は、この事件についても、藤原実資の日記が不完全にしか残っていないため、詳細を知ることができない。だが、かろうじてわかるところを見ていくと、この暗殺計画のことが実資の耳に入ったのは、寛弘《かんこう》四年（一〇〇七）の八月九日のことであった。そして、道長の暗殺を企《たくら》む二人は、平致頼《たいらのむねより》という武士を抱き込んだらしいのだ。

ここに登場する平致頼は、伊勢国《いせのくに》に勢力基盤を持つ武士である。ただ、武士といっても、武蔵守《むさしのかみ》公雅《きみまさ》を父親として自身も従五位下《じゅごいげ》の位階を持っていた彼は、王朝貴族社会の一員であった。要するに、致頼は「軍事貴族」と呼ばれる存在だったのである。

この頃、平致頼といえば、貴族社会ではちょっとした有名人であった。というのも、長徳四年頃、やはり伊勢国を地盤とする平維衡《これひら》という軍事貴族を相手に合戦を繰り広げ、伊勢社および伊勢国から朝廷への訴えを起こされたことがあったためである。そして、その一件からもわかるように、軍事貴族の平致頼のもとには、確かな武力が保有されていた。

その致頼を味方に引き入れた伊周・隆家の狙い目は、道長が大和国《やまとのくに》の金峰山《きんぷせん》へと参詣《さんけい》する途上であった。あるいは、金峰山からの帰路を襲うつもりであったのかもしれないが、とにかく、都を離れて標的の身辺の警護が手薄になる機会を捉《とら》えるつもりであったらしい。

暗殺計画に揺れる貴族社会

左大臣藤原道長が金峰山に向けて出立《しゅったつ》したのは、寛弘四年の八月二日のことであった。一方、実資が暗殺計画の存在を知ったのは、それから七日も後のことである。そして、それは他の人々も同様であったらしく、貴族社会が暗殺計画の情報を得たとき、誰にも道長の安否《あんぴ》がわからないという事態が生じていた。

この状況に貴族社会はかなり大きく動揺したらしい。同月の十三日、道中の道長と連絡をとるための勅使《ちょくし》として、頭中将《とうのちゅうじょう》源頼定《よりさだ》が派遣される。実資によれば、それは明らかに道長の安否を確かめるための使者であった。不安に堪えきれなくなった貴族社会が、積極的に情報を収集しようとしはじめたのである。

だが、すべては杞憂《きゆう》であった。勅使が都を発《た》った翌日、道長は無事に都に帰ってきたのである。結局、道長が金峰山参詣の道中で何者かの襲撃を受けることはなかったらしい。

おそらく、参詣の旅路とはいえ、道長には相当の護衛がついていたのだろう。かつて伊周が数多くの武士を私兵として養っていたように、道長のもとにも少なからぬ数の武士がいたはずである。また、その中には、平致頼に匹敵する軍事貴族も含まれていたことだろう。そして、そうした武士たちが、参詣の道中にも道長の身辺を固めていたにちがいない。

これを見た平致頼は、自身の率いる手勢と引き比べたうえで、道長の生命を奪うのは困難であることを悟ったのだろう。そして、冷静に判断した彼は、暗殺計画の首謀者である伊周・隆家に計画の実行が不可能である旨《むね》を告げ、何もせずに兵を引いたのではないだろうか。

いずれにせよ、伊周・隆家兄弟の画策した道長暗殺計画が実行に移されることはなかった。そして、それからしばらくの間、貴族社会には暗殺計画についての噂だけが残ったのであった。

しかし、件《くだん》の暗殺計画が成功して致頼が首尾よく道長を亡き者にすることができたとして、それによって伊周・隆家の二人は政権を掌握することができたのだろうか。

鎌倉時代になってから編纂された『古事談《こじだん》』という説話集の伝えるところでは、王朝時代の武士として軍事貴族として有名な源頼光《よりみつ》は、武力による暗殺が無意味であることを説いて、弟の頼信《よりのぶ》が中関白藤原道隆を襲撃しようとするのを制止したことがあった。道隆の弟の藤原道兼に仕えていた頼信は、道隆を殺すことで自分の主人の道兼を関白の地位に就けようと画策していたのだが、兄の言葉を聞いて道隆暗殺を思いとどまったというのだ。そして、頼信に凶行を諦《あきら》めさせた頼光の言い分は、次のようなものであった。

「第一に、確実に殺せるかどうかはわからない。第二に、うまく殺せたとしても、暗殺者の主人が関白に就任できるかどうかはわからない。第三に、首尾よく主人が関白となったとしても、暗殺によって関白の地位を手にした主人は誰に暗殺されるかわからず、その主人を守り通せるかどうかはわからない」。

伊周・隆家兄弟の場合、頼光の理屈の第一段階で失敗したわけだが、彼らにとっては、それでよかったのかもしれない。もしも、第二段階までいったうえで失敗していたならば、彼らには殺人者の汚名が残るだけであったろう。また、首尾よく第三段階までいったとしても、今度は自分が暗殺されるかもしれなかったのだ。しかも、この仲のいい兄弟が、互いに相手の暗殺を考えるようなことにでもなれば、これ以上の悲劇はなかっただろう。

藤原隆家、異国の海賊を撃退する

なお、その後のことについて付け加えておくと、結局、敦康親王が天皇になることはなかった。左大臣道長の娘の藤原彰子《あきこ》が一条天皇の中宮として第二皇子・第三皇子を産んでしまったからである。道長を祖父とする皇子たちが誕生してしまっては、伊周・隆家などを伯叔父に持つ敦康親王に即位のチャンスが与えられるはずはなかった。そして、敦康親王は飼い殺しの身で一生を終えるのである。

ただ、この親王が生まれたことの余慶《よけい》はあった。第一皇子の伯叔父ということで、伊周・隆家は若干の復権を果たすことができたのである。伊周は内大臣以下大納言以上の扱いを受ける「儀同三司《ぎどうさんし》」として、隆家は権中納言として、それぞれ公卿会議に参加することを許されたのだ。もちろん、二人の復権は、貴族社会で例の道長暗殺計画のことが噂されるようになるよりも前のことである。

しかし、平致頼を抱き込んでの暗殺計画が不発に終わった翌々年、今度は一条天皇の第二皇子・中宮彰子・左大臣道長の三人に対する呪詛《じゅそ》の陰謀が発覚する。この件も王朝貴族社会を激しく動揺させたが、呪詛の首謀者として捕らえられたのは、伊周と縁の深い四人の貴族男女であった。これにより、伊周も責任を問われることとなり、彼は再び政界を追われる。宮中への出入りを禁じられてしまったのだ。

そして、すっかり覇気《はき》を失った伊周は、四ヵ月ほどで処分を解かれたにもかかわらず、その数ヵ月後、三十七歳で病没してしまうのであった。一説によると、瀕死《ひんし》の彼が息子の道雅に残したのは、「誰かの従者として生きるくらいなら、出家して僧侶《そうりょ》になってしまえ」という意味合いの言葉であったらしい。中関白道隆の御曹司《おんぞうし》として育った伊周は、気位《きぐらい》だけは最期《さいご》まで高く保ち続けたのである。

一方の隆家はというと、彼は兄よりは無難に中堅《ちゅうけん》の公卿としての人生を送ることになる。その後の隆家についての特記事項といえば、「刀伊《とい》」と呼ばれる異国の大海賊団が九州を襲ったとき、大宰権帥として奮戦したことくらいであろうか。

とはいえ、このいわゆる「刀伊《とい》の入寇《にゅうこう》」は当時の日本にとっては未曾有《みぞう》の危機だったのであり、それを退《しりぞ》けた隆家の活躍は王朝貴族社会を挙げての称賛を受けるべきものであった。

　このときの隆家の大宰権帥は、伊周が内大臣から左遷されたときの大宰権帥とは異なり、大宰府の事実上の最高責任者としての権限を与えられたものであった。大宰権帥を兼任する権中納言隆家が、九州統治の最高責任者として大宰府に赴任《ふにん》していたのである。そして、大宰権帥としての隆家は、善政を施して任地の人望を集めることに成功したのであった。

　ところが、もう少しで隆家の大宰権帥の任期が終了するという寛仁《かんにん》三年（一〇一九）の三月から四月にかけて、五十隻もの海賊船が対馬《つしま》・壱岐《いき》を経て筑前国《ちくぜんのくに》の沿岸部を襲った。藤原実資が後に得た情報では、その海賊は一隻の船に百人もの戦闘員を乗せていたというから、突如として九州を襲ったのは数千人規模の大海賊船団だったことになる。

　そして、これを撃退したのは現地の武士たちであり、彼らを指揮したのは大宰権帥の権中納言藤原隆家であった。『小右記』によって知られる限りでは、隆家が武力というものを適切に行使した初めての事例である。このとき、あの隆家も分別盛《ふんべつざか》りの四十一歳になっていた。

6　宇治関白藤原頼通、桜の木をめぐって逆恨みで虐待する

村上天皇を後悔させた紅梅

村上《むらかみ》天皇というと、一条《いちじよう》天皇の祖父であって、藤原実資《さねすけ》がいまだ童《わらわ》であった頃の天皇であり、藤原道長《みちなが》はまだまだ赤子《あかご》にすぎなかった頃の天皇であるが、その村上天皇は、いわゆる「天暦《てんりやく》の治《ち》」で知られる賢君であるとともに、おもしろい逸話《いつわ》に事欠かない人物でもあった。

王朝時代の天皇たちが内裏《だいり》の中でも特に寝所として用いた清涼殿《せいりようでん》の東庭の北の端には、一本の紅梅《こうばい》の木が植えられていた。が、村上天皇の時代のこと、その清涼殿の紅梅が枯れてしまう。そこで、清涼殿から紅梅を見られなくなることを寂しく思った村上天皇は、蔵人《くろうど》の一人に、枯れてしまった紅梅の代わりになるような木を探すように命じる。すると、その蔵人は、「若い連中では、木の良し悪しを見極めることはできまい。お主《ぬし》が探せ」と言って、一人の年嵩《としかさ》の庶民の男を紅梅の木の探索に出した。

その庶民の男は、まずは左京《さきよう》（東京《ひがしのきよう》）を見て廻るも、目ぼしい木を見付けることはできない。しかし、右京《うきよう》（西京《にしのきよう》）に足を向けた男は、そこで一軒の家にすばらしい紅梅

の木を見出す。それは、「色濃《いろこ》く咲きたる木の様態美《ようたいうつく》しき」といった木であったという。

そこで、男は、早速、見つけた紅梅の木を掘り出して、それを内裏へと持ち帰ろうとするが、その木のあった家の主は、「その木に、これを結び付けて持って帰れ」と言って、男に手紙を持たせる。そして、男は、「何か事情があるのだろう」と考えて、その手紙を紅梅の木とともに内裏に持ち帰るのであった。

さて、その男が持ち帰った手紙は、内裏において村上天皇の見るところとなる。すると、その手紙には、次のような和歌が書かれていた。

「勅《ちょく》なれば　いとも畏《かしこ》し　鶯の　宿はと問はば　いかが答へむ」

この一首の意味するところは、「天皇陛下のご命令とあれば、畏《おそ》れ多いので紅梅の木は差し出します。しかしながら、この紅梅の木を宿《やど》り木《ぎ》にしていた鶯が『私の宿はどこですか』と尋ねてきたら、私はどう答えたらいいでしょうか」というほどであろう。つまり、例の家の主は、優美な和歌に託しつつも、村上天皇に嫌味を言上《ごんじょう》したのである。

これに接した村上天皇は、不審に思い、例の家の主の身元を調べさせる。すると、かの家の主は、「紀内侍《きのないし》」の通称で知られる内裏女房であったという。そして、この女性は、官人として歌人として多くの功績を残して他界した紀貫之《きのつらゆき》の娘であったうえに、宮中で天皇の身の回りの世話をする存在であったから、その彼女から紅梅の木を取り上げたことを知った村上天皇は、「気まずいことをしてしまった」と、ひどく後悔したのであった。

これは、『大鏡《おおかがみ》』の伝えるところであり、世に「鶯宿梅《おうしゆくばい》」と称される故事である。

関白藤原頼通を激怒させた桜

さて、鶯宿梅の故事から数十年の後、村上天皇の曾孫にあたる後一条《ごいちじよう》天皇の時代のこと、一本の桜の木をめぐって、当時を代表する一人の貴公子が、とても故事として語られることにはならなそうな、ひどい不品行に及ぶのであった。すなわち、三十四歳の若さで関白の地位にあった藤原頼通《よりみち》が、ある中級貴族の私宅の庭の桜の木を召し上げようとするも、思わぬ抵抗を受けたことに腹を立てて、問題の桜の木の持ち主に激しい暴行を加えたのである。

この一件で被害者となったのは、津守致任《つもりのむねとう》という中級貴族であった。

その致任は、長い間、兵部録《ひようぶのさかん》・右《う》少史《しようし》などを務める下級貴族として朝廷に仕え続けて、その末に、老境に入る頃になってようやく外従五位下《げじゆごいげ》に叙された、いわゆる「叩《たた》き上《あ》げ」の中級貴族である。なお、彼の持つ外従五位下のように頭に「外《げ》」の字が付く位階は、「外位《げい》」と呼ばれる位階であり、これは、律令の規定において、尊貴ではない氏の人々に与えられる位階であった。すなわち、致任は、かろうじて中級貴族として扱われる程度の中級貴族であって、けっして有力な中級貴族などではなかったのである。

ただ、そんな津守致任であっても、彼の私宅の庭には、かなり立派な桜の木があったらしい。ここで致任宅の桜の木を「かなり立派な」と評するのは、関白藤原頼通がそれを気に入って召し上げようとしたという事実があるからに他ならない。藤原実資の『小《しよう》右記《ゆうき》』によれば、万寿《まんじゆ》二年（一〇二五）の十一月三十日のこと、頼通は、致任宅の桜の木を掘り出させようと、従者たちを繰り出したのであった。

ところが、その日、頼通家の従者たちが致任宅に行ってみると、頼通がわがものにしたいと思うほどに惚《ほ》れ込《こ》んだ桜の木は、見どころのあった枝をすべて失って、見る影もない無残な姿になっていたという。そして、それは、これも『小右記』によると、致任の仕業であった。彼は、自家の桜の木を差し出すよう、頼通から事前に通達されていたらしく、しかしながら、頼通の言いなりになることがひどく不満であったらしく、件の桜の木をみずからの手で台無しにしてしまったのである。この矜持《きようじ》たるや、とても不遇な中級貴族のそれとは思えない。

とはいえ、これは、頼通を激しく怒らせた。致任の行為は、彼の自尊心の高さを示すものである一方、頼通の面子《メンツ》を潰すものでもあったからだ。そして、激怒した頼通は、従者たちに致任を捕らえさせて自邸に連行させると、廏の一郭に監禁して、そこで従者たちを使って「殊《こと》に甚《はなは》だし」と評されるほどの暴力を浴びせかけたのであった。

藤原道長の息子たちの中では唯一の良識派かと思われた頼通であるが、残念なことに、彼もまた、父親の傍若無人なところをしっかりと受け継いでいたようである。

祇園別当良算を失脚させた楓

花や紅葉を愛でるというのは、実に優美なことである。が、しかし、愛でるべき花や紅葉を手に入れるために暴力事件を起こしていては、優美さも何もあったものではない。とはいえ、王朝時代には、関白ほどの地位でなくてもいくらかの地位を得た人というのは、花や紅葉をわがものとするためには、暴力の行使をも辞さないものであったらしい。しかも、それは、俗人にのみならず、僧侶たちにも当てはまることであった。

今も「祇園《ぎおん》さん」の呼び名で親しまれる八坂《やさか》神社は、平安時代には、「祇園社《ぎおんしゃ》」と呼ばれることが普通であり、かつ、感神院《かんじんいん》という寺院と一体の、神社でもあり寺院でもあるような聖所であった。また、そんな祇園社は、王朝時代の途中まで、奈良の興福寺《こうふくじ》の末寺《まつじ》（傘下の寺院）として扱われており、かつ、「別当《べっとう》」と呼ばれる僧侶によって統括されていた。

さて、十世紀末に祇園別当を務めた良算《りょうさん》は、その地位に驕《おご》った、かなり傲慢《ごうまん》な僧侶であった。その良算が、ある年の十月、祇園社の東隣の蓮花寺《れんげじ》にみごとに紅葉した楓《かえで》の木があるというので、その楓を一枝なりと折り取らせようと、従者を蓮花寺に向かわせる。ところが、蓮花寺の僧侶は、同寺が延暦寺《えんりゃくじ》の末寺であったことから、興福寺の末寺である祇園社の関係者に楓の枝を提供することを拒否する。すると、これに腹を立てた良算は、「蓮花寺の楓をすべて切り倒してしまえ」と言って、今度は大勢の従者たちを蓮花寺に送り込んだのであった。

しかし、蓮花寺の僧侶は、良算の暴挙を察知したうえで、自家の楓の木々が良算の従者たちに蹂躙《じゅうりん》されることを嫌い、みずから件《くだん》の木々を切り倒してしまう。そして、このことが、傲慢な良算をさらに激しく怒らせたのであったが、ここに至っては、良算の頭にあったのは、自身の面子のことだけであったろう。また、ここに見る良算の横暴には、何やら関白藤原頼通のそれに通じるものがないだろうか。

なお、『今昔物語集《こんじゃくものがたりしゅう》』巻第三十一第二十四の「祇園《ぎおん》ノ比叡山《ひえいざん》ノ末寺《まつじ》ト成《な》ル語《こと》」によれば、この一件は、良算から祇園別当の地位を奪うことになった。というのも、件の蓮花寺が比叡山延暦寺の末寺であったためであった。すなわち、末寺の蓮花寺が祇園別当良算の横暴に振り回されたという話は、その頃に延暦寺の長たる天台座主《てんだいざす》の地位にあった慈恵大師《じけいだいし》良源《りょうげん》を怒らせるところとなり、その結果、祇園社は力ずくで延暦寺の末寺とされてしまい、良算は祇園社から追放されてしまったのである。

それはともかく、ここに見たように、高い地位にある僧侶でさえ、紅葉のために暴力に訴えようとしたのが、王朝時代という時代であった。とすれば、多くの場合に良識的な藤原頼通が桜の木のために暴力を行使したのも、驚くほどのことではなかったのかもしれない。

左大臣源雅信の周辺の暴力

藤原頼通といえば、藤原道長の長男であり嫡男であるが、道長の母親の藤原時姫《ときひめ》が摂津守《せっつのかみ》などを務めた中級貴族の藤原中正《なかまさ》の娘にすぎなかったのに対して、頼通の母親の源倫子《ともこ》は、左大臣にまで昇った上級貴族の源雅信《まさのぶ》の娘であった。その意味では、頼通は、その父親以上に生まれながらの貴公子であったことになる。

そんな頼通の外祖父《がいそふ》（母方の祖父）にあたる左大臣源雅信は、敦実《あつざね》親王の息子であって、宇多《うだ》天皇の孫であった。この雅信は、皇孫であって二世源氏であったから、まさに、文句なしの貴公子だったのである。

この文句なしの貴公子の源雅信は、横笛（竜笛）の名手であったらしい。世に「博雅《ひろまさ》三位《のさんみ》」の称で知られる源博雅《ひろまさ》は、楽器の演奏を得意としており、例えば平安時代末期から鎌倉時代初期に成立した音楽書の『懐竹抄《かいちくしょう》』も博雅を「琵琶《びわ》・横笛・大篳篥《おおひちりき》の上手」と評するが、その博雅の横笛の師は、他の誰でもない、源雅信その人であったという。そして、雅信が横笛を得意としたのは、その父親の敦実親王が管絃の名手であって特に横笛の吹奏に優れていたためであった。

ところが、その雅信も、実に残念なことに、暴力と無関係ではなかったかもしれない。

藤原実資の『小右記』によれば、永延《えいえん》元年（九八七）の六月八日のこと、藤原師長《もろなが》という中級貴族が、左大臣の私邸において、「打ち圧《う　お》され」て負傷している。ここに言う「打ち圧す」がいかなる行為であるかはわからないものの、このときの師長の状態は、「腰及び五体は動かず」というものであったというから、彼は、よほど強い力を加えられたに違いない。とすれば、「打ち圧す」というのは、過失や事故などではなく、やはり、何らかの暴力なのではないだろうか。そして、この事件があった頃の左大臣というのは、源雅信であった。

実のところ、この一件については、右の『小右記』の記事の他には記録がなく、これ以上のことは確かには知りようがない。が、被害者の藤原師長は、美作守《みまさかのかみ》・備後守《びんごのかみ》・筑前守《ちくぜんのかみ》・常陸介《ひたちのすけ》などの受領《ずりょう》を歴任していたから、彼の受領としての仕事ぶりに、左大臣雅信自身なり左大臣雅信家なりを暴力に駆り立てるほどに怒らせる何かがあったのではないだろうか。王朝時代の受領たちは、しばしば自業自得でしかないかたちでも、上級貴族あるいは上級貴族家の暴力に見舞われていたのである。

ちなみに、この時期の左大臣源雅信家には、全体として何か不穏な空気でもあったのか、これも『小右記』によると、天元五年（九八二）二月十九日には、よりにもよって宮中を現場として、同家の従者たちの間で刃傷沙汰が起きたりもしている。

藤原佐理、二世源氏を拉致・監禁する

二世源氏であって横笛を得意とする芸術家でもある源雅信の周辺の暴力を取り上げたついでに、王朝時代を代表する芸術家が二世源氏に対して暴力を行使した例を紹介しよう。

藤原佐理《すけまさ》といえば、王朝時代を代表する書家の一人であって、現代に至るも、小野道《おののみち》風《かぜ》・藤原行成《ゆきなり》とともに、「三蹟《さんせき》」として賞讃され続けている人物である。そして、その佐理は、藤原実資の従兄であって、実資と同じく関白太政大臣藤原実頼《さねより》の孫であるから、これまた文句なしの貴公子であった。

そんな佐理は、三十九歳になる天元《てんげん》五年（九八二）には、参議《さんぎ》の官職を帯びて公卿の末席に列なる身となっていたが、同年の二月、弾正忠《だんじょうちゅう》の源近光《ちかみつ》を拉致して自邸に監禁するという暴挙に出ていた。『小右記』によれば、佐理による近光の監禁は、足掛け五ヵ日に及んだが、佐理が近光を拉致したのは、「寄物《よせもの》の事」のゆえであった。ここに「寄物」と言われているのは、あるいは、中世には「寄《よ》せ沙汰《ざた》」と呼ばれるような、他人の負債の取り立てのことであろうか。

そして、参議藤原佐理に拉致・監禁された源近光は、章明《のりあきら》親王の息子にして醍醐《だいご》天皇の孫の二世源氏であった。とはいえ、この時点で彼が帯びていた弾正忠は、法務を職務とする弾正台《だんじょうだい》という官司の三等官（判官）にすぎず、しかも、そもそも弾正台自体が王

朝時代には検非違使《けびいし》に職務を奪われて有名無実の官司に成り下がっていたから、源近光という二世源氏は、同じ二世源氏ではあっても、源雅信ほどに花のある源氏ではなかったのだろう。

しかし、それでも、やはり、二世源氏の拉致・監禁は、かなりまずいことだったのかもしれない。というのも、佐理には従弟にあたる実資が、近光が掠《さら》われて以降、二度三度と佐理のもとに手紙を送り、近光の解放を促しており、最終的には、関白藤原頼忠《よりただ》の介入を請うことまでして、近光の救出に努めていたからである。当時の実資は、円融《えんゆう》天皇の蔵人頭を務めていたから、それは、蔵人頭としての動きだったのかもしれないが、そうだとすれば、円融天皇こそが近光の救出を望んでいたことになり、それだけに、二世源氏の拉致・監禁がとんでもないことであったことになるのではないだろうか。

ともかく、書家として知られる藤原佐理は、摂関家の貴公子であるにもかかわらず、また、参議という栄職にある身であったにもかかわらず、拉致・監禁などという荒っぽいことをやらかしたのであった。そして、この一件は、優れた音楽家にして有力な二世源氏であった源雅信の例や藤原道長家の御曹司たちの中では唯一の良識派と思われた藤原頼通の例とともに、暴力が王朝時代の貴公子たちの間に根深く浸透していたことの証拠となるだろう。

7　法興院摂政藤原兼家の嫡流、平安京を破壊する

藤原兼家、右大臣藤原師尹の従者たちに邸宅を破壊される

安和《あんな》二年（九六九）の二月七日のこと、右大臣藤原師尹《もろまさ》の従者たちが大挙して中納言藤原兼家《かねいえ》の邸宅に殴り込みをかけるという騒ぎがあった。

これは、ここまでに紹介してきた暴力沙汰《ざた》の中で最も古い事件になるが、この頃、後に「賢人右府《けんじんうふ》」と呼ばれることになる藤原実資《さねすけ》も十三歳の少年にすぎず、いまだ『小右記《しょうゆうき》』の筆録《ひつろく》は開始されていなかった。そのため、この事件に関しては、『日本紀略《にほんきりやく》』という史書の伝えるところをたどっていくことになる。

さて、その『日本紀略』によれば、事件の発端《ほったん》は、右大臣師尹の従者の一部と中納言兼家の従者の一部とがケンカに及んだことにあった。このケンカを『日本紀略』は「闘乱《とうらん》」と表現しているから、それなりの人数が関わる集団乱闘が起きたのだろう。

そして、この闘乱により、師尹の従者の一人が生命《いのち》を落とすことになる。もちろん、兼家の従者たちの誰かが殺したのだ。

実のところ、王朝貴族に仕《つか》えていた従者たちには、ケンカになると簡単に相手を殺し

てしまう輩《やから》が少なくない。彼らの中には、手水《ちょうず》用の杓《ひしゃく》を使う順番などという些細《ささい》な事柄を争って相手を刀で刺し殺してしまう者さえあった。藤原実資が長和《ちょうわ》二年（一〇一三）の九月三日の出来事として伝えるところで、被害者は実資の養子の侍従資平《じじゅうすけひら》の従者であり、加害者は太政大臣《だじょうだいじん》藤原為光《ためみつ》を父親とする頭中将《とうのちゅうじょう》公信《きんのぶ》の従者であった。どちらも一級の貴公子に仕える従者なのだが、それでもこうした事件を起こすものだったのである。

むろん、どの貴族家に仕える従者にとっても、他家の従者とケンカをすることの危険性など、百も承知のことであったはずだ。が、彼らは些細な理由ですぐにケンカをはじめるのである。しかも、「闘乱」と呼ばれるような集団乱闘を起こすことも珍しくない。王朝貴族の従者となるような人々は、あまり生命というものに頓着《とんちゃく》しなかったのだろうか。

ただ、その一方で、自分の仲間が殺されるようなことがあれば、彼らは異常なまでの反応を示すのだ。すなわち、必ずや集団で報復を企《くわだ》てたのである。そして、ほとんどつねに、その復讐《ふくしゅう》は過剰なものとなった。

右大臣師尹の従者たちの場合も、仲間が殺されるや、それまでは集団乱闘に加わっていなかった者たちまでが主人の邸宅を飛び出し、報復のために大挙して中納言兼家の邸宅へと押し寄せた。『日本紀略』の記すところによれば、その数は「数百人」にも及んだ。

この数百人の従者たちは、兼家の邸宅に到着すると、家屋を破壊しはじめた。『日本紀略』は「打《う》ち破《やぶ》る」と表現しているから、彼らは家屋の壁に穴を空けるような壊し方をしたのかもしれない。ともかく、彼らは数にものを言わせて家屋を破壊していったのである。

これに対して、兼家家は三人の「兵《つわもの》」を前面に押し立てて騒動を収めようとした。「兵」というのは武士のことであるから、おそらく、彼らは弓矢を携えていたはずである。また、兼家の従者の幾人かは、頭髪を振り乱して鉾《ほこ》を構えていたという。数百人の暴徒に取り囲まれた兼家家の側は、かなりせっぱ詰まった状況にあったのだろう。

だが、師尹の従者たちの中にも弓矢で武装した者がいたらしく、この騒動で矢傷《やきず》を負うことになったのは、兼家家の者であった。そして、残念なことに、この事件についての『日本紀略』の記事は、ここで終わってしまっているのだ。

兼家の災難

中納言として公卿《くぎょう》に列せられた藤原兼家のような上級貴族は、現代の日本ではちょっと考えられないような大邸宅に住んでいた。中学・高校の歴史や古典の教科書あるいは資料集には、「寝殿造《しんでんづくり》」という形式の住宅の図が掲載されているが、その寝殿造の邸宅が貴公子たちのマイホームである。

およそ百二十メートル×百二十メートルの広大な敷地に、「寝殿《しんでん》」と呼ばれる巨大な母屋《おもや》と「対屋《たいのや》（東対《ひがしのたい》・西対《にしのたい》・北対《きたのたい》）」と呼ばれる小さくはない離れとが立ち並び、釣りや船遊びも可能な池と散策を楽しめる山とを配した庭が整備されている――王朝時代の上級貴族が住んだ寝殿造の邸宅というのは、おおむね、このような造りになっていた。そして、その代表的な例が、清少納言《せいしょうなごん》の『枕草子《まくらのそうし》』が名第の一つに数える藤原実資の小野《おの》宮《みや》第である。

その小野宮第の他にもう一つ別の邸宅を所有していた実資が、正暦《しょうりゃく》元年（九九〇）の十一月にその別邸を売却したとき、その売値は五千石《ごく》であったという。また、『権記《ごんき》』というのは能書家の藤原行成《ゆきなり》の日記であるが、その『権記』によれば、長徳《ちょうとく》四年（九九八）の十月、後に一条《いちじょう》天皇や後一条《ごいちじょう》天皇の仮御所《かりごしょ》ともなる邸宅が八千石で売買されている。どうやら、寝殿造の邸宅を買おうと思えば、数千石を用意しなければならなかったらしい。

ここで邸宅の価格の単位が「石」になっているのは、王朝時代には銭ではなく米が通貨の役割を果たしていたためだ。念のためにつけ加えておくと、米の量を数える単位は、一石《こく》＝十斗《と》＝百升《しょう》＝千合《ごう》である（ただし、この時代の枡《ます》は現在の枡の四割の容積しかなかったので、王朝時代の一石＝現代の四斗であることに注意されたい）。

この時代、庶民層の人々が一般的な労働の対価として受け取ったのは、一日につき当時の枡で一升ないし二升の米であった。したがって、基本的に三百六十日を一年とした当時、労働者の年収は最大でも七百二十升＝七石二斗であり、その彼らが寝殿造の邸宅を手に入れようと思ったら、飲まず食わずで休みなく働くことができたとしても、軽く数百年間はかかる計算になる。庶民労働者の数百年分の稼ぎに相当する邸宅というと、現代の日本ならば、数十億円の大豪邸といったところだろうか。

また、正暦元年の十一月、藤原実資は円融《えんゆう》法皇から法皇の所有する邸宅の対屋一棟《ひとむね》を買い取っているが、その買値は四百石であった。これを当時の庶民層の労働者が買おうとしたら、休みなしの飲まず食わずという条件でも、数十年間は働き続けなければならない。現代人の感覚だと、いわゆる「上物《うわもの》」だけで数億円という物件だ。しかし、実資が四百石を出して買ったのは、寝殿造の邸宅では離れにすぎない対屋である。母屋となる寝殿は、さらに高価なものだったにちがいない。

そして、安和二年二月の事件において右大臣藤原師尹の従者たちが破壊したのは、中納言藤原兼家の邸宅の寝殿や対屋であったと思われる。その破壊がどれほどのものであったかを正確に知ることはできないが、四百石もの高値で売買される対屋をいくつも壊され、寝殿まで壊されていたとすれば、その修理費は数百石にも及んだのではないだろうか。自邸を破壊されて面子《メンツ》を潰《つぶ》されたうえ、その後始末に巨額の出費を強いられたのだから、兼家としてはとんだ災難だったはずである。

ちなみに、中納言兼家の年収は、官人としての給料だけでも、おそらく、二千五百数十石にも達していた。そのため、この事件で兼家が困窮するようなことはなかっただろう。

法興院摂政藤原兼家

藤原兼家といえば、中関白《なかのかんぱく》藤原道隆《みちたか》・粟田《あわた》関白《かんぱく》藤原道兼《みちかね》・御堂《みどう》関白《かんぱく》藤原道長《みちなが》の父親である。したがって、彼は、花山《かざん》法皇に矢を射かけたり道長の暗殺を謀ったりした内大臣伊周《これちか》・中納言隆家《たかいえ》の祖父であり、かつ、自家の従者を殴り殺した兼隆《かねたか》や繰り返し強姦《ごうかん》の手助けをした能信《よしのぶ》の祖父でもある。

そして、これまでに紹介してきた彼の息子たちや孫たちの悪行の数々からすると、藤原兼家という人物が暴力事件の被害者になったことがあると聞かされても、何かしっくりしないものを感じてしまう。むしろ、自家の従者たちに他人の邸宅の破壊を命じたとでもいう方が、この人物には似つかわしいように思えるのだ。

しかし、事実として、右大臣師尹の従者たちに家宅を破壊された頃の兼家は、そんな強気なふるまいが許されるような立場にはなかった。例の事件が起きた安和二年、四十一歳の中納言であった兼家は、公卿会議の中堅《ちゅうけん》メンバーの一人にすぎず、まだまだ政権掌握を狙えるような位置にはいなかった。実際、彼が摂政《せっしょう》として政権を手中に収めるのは、これから十七年も後のことなのである。

確かに、兼家も生まれは悪くない。彼の父親は、九条右大臣《くじょううだいじん》藤原師輔《もろすけ》である。しかも、師輔の娘で兼家には姉にあたる安子《やすこ》は、村上《むらかみ》天皇の中宮《ちゅうぐう》として、冷泉《れいぜい》天皇および円融天皇の二人の天皇を産んでいる。したがって、兼家が母方の叔父《おじ》として冷泉天皇や円融天皇の摂政あるいは関白《かんぱく》となるというのも、まったくあり得ない話ではなかった。

しかし、彼には兄がいた。それも、二人も。そして、冷泉天皇・円融天皇の生母である安子の意向によって兄弟の順に摂政や関白に就任したため、兼家にはなかなか政権を担当する順番が回ってこなかった。

しかも、さらに悪いことに、兼家は次兄の兼通《かねみち》と仲が悪かった。少なくとも兼通の側では兼家を毛嫌いしていたのだ。そのため、長兄の伊尹《これまさ》が没して次兄の兼通が円融天皇の関白に就任するや、兼家の出世はぱったりと止まってしまう。兼家は長兄伊尹が政権を握っていた最後の年に権大納言《ごんのだいなごん》に昇任していたが、以来、兼通が病没するまで、兼家の官職《かんしょく》は据《す》え置《お》かれることになる。そのうえ、最期《さいご》まで兼家を嫌い続けた兼通は、長兄の伊尹から引き継いだ政権を、弟の兼家には渡さなかった。兼通から関白の座を譲られたのは、兼通・兼家兄弟とは従兄弟《いとこ》の関係にある藤原頼忠《よりただ》だったのである。

この頼忠は公正な人物であったため、彼の政権下で兼家もようやく右大臣に昇任する。が、兼通の遺志を尊重してか、たんに自身の権力欲によってか、頼忠も容易に兼家に関

藤原兼家を中心とした系図

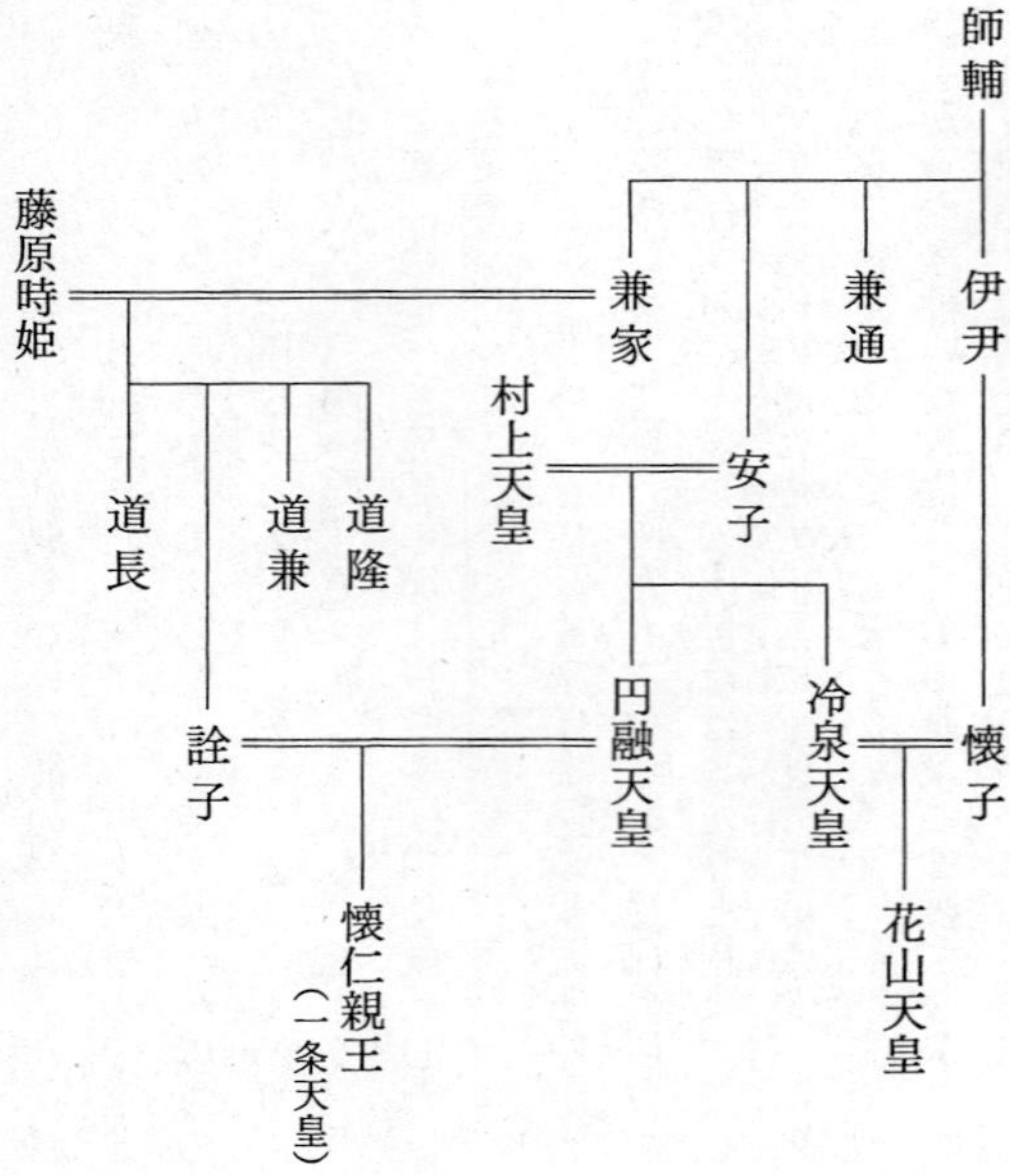

白の座を譲ろうとはしなかった。そして、そうこうしているうちに、円融天皇が退位して、兼家とは縁の薄い花山天皇が即位してしまう。結局、兼家は甥《おい》にあたる天皇たちの摂政や関白になることはできなかったのだ。

だが、花山天皇が帝位に即《つ》くと同時に皇太子に立てられたのは、円融天皇の皇子で兼家には孫にあたる懐仁《かねひと》親王であった。後の一条《いちじょう》天皇である。そして、ある謀略によって花山天皇を早々《そうそう》に退位させた兼家は、寛和《かんな》二年（九八六）の六月、ついに一条天皇の摂政として政権を手にしたのである。このとき、兼家はすでに五十八歳になっていた。

なお、兼家の「法興院摂政《ほこいんせっしょう》」という号《ごう》は、死を目前にして出家した彼が自邸の一つを喜捨《きしゃ》して寺院とした法興院《ほこいん》に由来する。

藤原長家、右大将藤原実資の従者を袋叩きにしようと企む

かくして藤原兼家が艱難辛苦《かんなんしんく》の末に摂政の座をものにしてから三十余年の後、あるいは、まだ中納言であった兼家が為《な》す術《すべ》もなく右大臣藤原師尹の従者たちに邸宅を破壊されてから半世紀の後、故法興院摂政兼家の家系は、他家の公卿の権威などは歯牙《しが》にもかけないほどに増長していた。例えば、寛仁《かんにん》三年（一〇一九）の十月十四日には、藤原道長を父親とする十五歳の右中将《うちゅうじょう》長家《ながいえ》が、直属の上官である大納言兼右大将の藤原実資を相手に、「狂乱《きょうらん》に似《に》たり（気が違ったかのようだ）」と評されるような暴挙に出ようと

したのである。

その晩、実資のもとに緊急の報告があった。すなわち、中将長家が実資の従者の紀元武《きのもとたけ》および高扶明《こうのすけあき》に暴行を加えようと企《たくら》んでおり、かつ、長家の命《めい》を受けた三十人ほどの「不善《ふぜん》の者《もの》」が元武の家宅を破壊するために元武の住む右京《うきょう》（西京《にしのきょう》）に向かったというのだ。

実資の日記の表記を正確に見るならば、中将長家が企んでいたのは、元武・扶明を「調《ちょう》じさせる」ことであった。「調じる」というのは、一方的に暴行を加えることである。しかも、長家はそれを誰かに「させる」つもりであった。ということは、長家が意図していたのは、従者たちによる集団暴行であったろう。つまり、長家は自家の従者たちを使って実資の従者をいわゆる「袋叩《ふくろだた》き」にすることを目論《もくろ》んでいたのである。

とすると、長家の命令で元武宅に向かったという三十人前後の「不善の者」というのは、長家の従者たちだったはずだ。実資の従者である元武と扶明とを袋叩きにしようとする長家は、まずは元武の方に狙いを定め、その家宅を破壊したうえで袋叩きの目に遭《あ》わせようとしたものと思われる。当然、その後で扶明にも同じことをするつもりでいたにちがいない。

この事件の発端は、前日の闘乱事件にあった。『小右記』に破損があってよくわからないのだが、どうやら、右大将実資の従者の紀元武・高扶明と武行《たけゆき》という名の中将長家の従者との間でケンカがあったらしいのだ。実資が「闘乱」と記しているから、武行の他にも長家の従者の幾人かが参加して、それなりに大きなケンカになったのではないだろうか。そして、この集団乱闘の結果、武行が実資の従者たちに拘束《こうそく》されてしまう。

その翌日、闘乱事件のことを知った藤原道長は、息子の長家に対してただちに武行を追放するように指示した。その武行が実資の従者たちにケンカを売ったことこそが、闘乱の原因だったためである。道長は息子の側に非があることを認めたのである。そのため、武行を拘禁《こうきん》していた実資は、自家の従者たちが武行に傷を負わせていないことを確認したうえで、武行を解放した。武行の処分を長家に任せようとしたわけだ。

が、長家は父親の裁定に納得していなかった。実資が伝え聞いたところでは、中将長家は「忿怒《ふんぬ》殊《こと》に甚《はなは》だし」という様子であったらしい。そして、怒れる御曹司《おんぞうし》は、自家の従者たちに件《くだん》の凶悪な命令を発したのである。

ただ、その後の『小右記』に紀元武や高扶明が袋叩きにされたという記事は見えないから、結局、長家の命令は完遂されなかったのだろう。長家の暴挙を止めたのは、息子の側の非を認めていた道長であったかもしれない。最高権力者である父親から厳命を受ければ、いかにわがままな御曹司であっても、少なくとも当座は従わざるを得なかったはずだ。

それにしても、近衛中将《このえちゅうじょう》が近衛大将《このえたいしょう》の従者を袋叩きにしようとするなど、実資の評するように、まさに「狂乱」のふるまいである。最高権力者の御曹司として育った若い中将には、他家の大将に対する尊崇《そんすう》の念《ねん》など、かけらもなかったのかもしれない。

幼稚で凶悪な御曹司たち

藤原兼家という人物が臥《が》薪嘗胆《しんしょうたん》の人生の終わりにようやく政権を手にした後、その政権は長期に渡って彼の家系が保持するところとなる。とくに、兼家の息子たちの中で最終的に彼の後継者となった道長は、父親から引き継いだ政権を貴族社会の覇権《はけん》へと成長させ、彼の家系が後の世まで貴族社会の頂点に座を占め続けるための基礎を築き上げたのであった。

しかし、そのことによって生じた驕《おご》りのためか、法興院摂政兼家の家系は、次々と素行の悪い貴公子たちを輩出することになるのだ。

結果として兼家の後継者となった道長の場合、すでに見たとおり、まだ若かった頃にも、年齢を重ねてからも、かなり不品行の目立つ光源氏《ひかるげんじ》であった。そして、そんな父親の姿を見ていたためか、道長の息子たちの多くも、目に余るほどに素行の悪い貴公子に成長した。

能信の悪行については、すでに第3章でいくつもの事例を紹介した。が、道長の息子の中で能信だけが特別に行状が悪かったわけではない。能信とハタ迷惑な兄弟ゲンカを繰り広げた異母弟《いぼてい》の教通《のりみち》も、その一件に限らず、素行の悪さの目立つ貴公子であった。また、能信の同母兄である頼宗《よりむね》についても、すでに凶悪な行為の一つを紹介している。もちろん、頼宗の悪行もそれだけではない。さらに、能信の同母弟である長家も、藤原実資の従者たちとの一件に明らかなように、兄たちと似たり寄ったりの不品行な貴公子であった。

ちなみに、中将長家に睨《にら》まれた紀元武および高扶明は、事件の後、しばらくは長家からの報復を心配しなくてはならなかった。実際、元武・扶明の両名は、長家の前に出なければならない職務について、主人の実資に免除を願い出てさえいるのだ。彼ら二人は、心底から長家を恐れていたようである。

むろん、これには実資も相当に困惑した。が、彼には従者たちの気持ちがわからないではなかっただろう。というのも、実資自身、長家から難癖《なんくせ》をつけられていたからである。

しかも、その難癖というのは、例の武行という従者が元武・扶明に暴行されたために寝たきりになってしまったという、バレバレの嘘《うそ》であった。先に触れたように、実資は武行の負傷の有無を確認していたのである。しかし、そうした見え見えのでっちあげで難癖をつけるほどに、長家は元武・扶明が武行を拘束したことを根に持っていたのだろう。

こうした長家の態度は、幼稚と評されてもしかたがない。確かに、この事件が起きたとき、長家はまだ十五歳の少年であった。が、彼の態度は十五歳の少年のものとしても幼過《おさなす》ぎる。しかも、その幼さは、他家に仕える二人の従者を殺してしまいかねなかった。結局、藤原長家という貴公子の凶悪さは、彼の幼稚さに由来するものだったのである。

そして、この幼さゆえの凶悪さは、彼の兄弟の多くに共通して見られるものなのではないだろうか。

これまでに紹介した頼宗・能信・教通が責任を負うべき暴力沙汰《ざた》には、一つとして不可避のものはなかった。彼らがしかたなしに暴力に訴えたことなど、一度としてないのである。むしろ、彼らが起こす暴力事件は、いつでも、幼稚で身勝手な都合に原因を持っていたのだ。

もはや、疑うべくもない。王朝時代の御曹司たちに見られる行状の悪さは、彼ら自身の幼さに起因するものだったのである。

素行の悪い御曹司たちの不品行な従者たち

では、どうして御曹司たちは幼稚な貴公子に育ってしまったのだろうか。

彼らが御曹司として生きていく基盤を築いた法興院摂政兼家の場合、右大臣師尹の従者たちに邸宅を破壊された安和二年（九六九）、すでに四十一歳にもなっていながら、官職はまだ中納言にすぎなかった。しかも、彼はその年にようやく中納言になったばかりだったのである。

ところが、兼家の末息子《すえむすこ》の道長は、父親が摂政となるや、二十二歳にして権中納言に就任する。また、その道長の息子たちが権中納言となった年齢は、やや劣った扱いを受けた源明子《あきこ》所生の頼宗・能信・長家でも十九歳から二十四歳までの間であり、後継者として優遇された源倫子《ともこ》所生の頼通《よりみち》・教通では十八歳という弱冠であった。

つまり、法興院摂政兼家から権力者の座を継承した御堂関白道長の息子たちは、揃《そろ》いも揃って、若い頃から何の苦労もなしに高い地位にあったのである。道長の息子たちの昇任に継ぐ昇任は、どうかすると光源氏のそれをも上回るような勢いであった。

しかし、物語の主人公である光源氏とは異なり、彼らには生まれついての賢明さなどというものはなかった。そのため、彼らは自身で賢明さを身につけていかなければならなかったのである。だが、彼らの大半は、そうはしなかった。そんなことをせずとも、父親の持つ権力がいくらでも高い地位を与えてくれたからである。

かくして、御堂関白藤原道長の息子たちの多くは、賢明さをかけらも持ち合わせていないような、幼稚な貴公子へと成長したのであった。

ところで、そんな彼らに共通しているのは、幾度も暴力沙汰を起こしておきながら、けっして自分自身の手は汚さず、つねにすべてを従者たちにやらせていたという点である。この点は、これまで紹介してきた数々の事例から、すでに明らかであろう。そして、藤原実資が長家の従者たちを「不善の者」と呼んだように、御曹司たちの従者には、著しく素行の悪い輩《やから》が少なくなかった。御曹司たちの手先となって暴力を行使していたのは、いわゆる「ごろつき」のような連中だったのである。

これに関しては、父親の道長から政権を引き継いだ宇治関白《うじかんぱく》頼通が、おもしろいことを言っている。すなわち、道長の息子たちの中でただ一人の良識人であった彼は、治安《じあん》元年（一〇二一）の二月、賢人実資を相手に、「教通に仕える者たちは、誰も彼も悪人である。私なら、絶対に従者たちに悪事を働かせたりはしない」とこぼしているのだ。同母弟の教通に仕えるごろつきのような従者たちの悪行に、頼通もほとほと困り果てていたのだろう。

また、頼通の異母弟である頼宗の従者たちも、「気が違っているかのようだ」と評されるような輩であった。長和元年（一〇一二）の五月、実資の従者が三位中将《さんみちゆうじよう》頼宗の従者たちからひどい侮辱《ぶじよく》を受けるという事件があり、これに関して実資が、「彼《か》の中将《ちゆうじよう》の従者《じゆうしや》は狂乱《きようらん》せるが如《ごと》し」との感想を日記に記しているのだ。

なお、右の事件に際して、実資は頼宗を「暗闇《くらやみ》を前にした盲人《もうじん》」と評したが、それは、頼宗が自家の従者たちの不品行をまったく取り締まろうとしないのを批判してのことであった。頼宗に限らず、御曹司たちは、ごろつきのような従者たちを野放しにしていたのである。

だが、幼稚な御曹司たちが自身に仕える従者たちの行状の監督を怠《おこた》っていたとしても、それだけならまだよかったのだ。法興院摂政兼家を祖父として御堂関白道長を父親とする御曹司たちには、「不善の者」「悪人」と評される従者たちにみずから命令を発し、「狂乱に似たり」と評されるような暴力沙汰を引き起こすことさえ珍しくなかったのである。

藤原道長、寺院造立のために平安京を破壊する

そうして、法興院摂政藤原兼家の家系は、ついには王朝国家の都である平安京を破壊しはじめた。

すでに触れたように、道長の「御堂関白」という号は、彼の臨終の場となった法成寺《ほうじょうじ》に由来する。そもそも、その法成寺という寺院は、道長の末期《まつご》の場とするため、道長一門が総力を挙げて建立したものなのである。

そして、法成寺の造立《ぞうりゅう》は、平安京という都市を破壊することと引き替えに完遂された、当時としては最も大規模で最も罪作りな事業であった。法興院摂政兼家の嫡流《ちゃくりゅう》となった道長の一門は、王朝国家の都を犠牲にしてまで、道長の最期を飾ろうとしたというわけだ。

藤原実資の記すところでは、治安三年（一〇二三）の六月八日、法成寺の堂舎の一つとして新たに大規模な薬師堂《やくしどう》が造立されるとのことで、平安京に隣接した賀茂川《かもがわ》の河川《かせん》敷《じき》の広大な一郭《いつかく》を占める法成寺の境内に、数多くの岩石が運び込まれた。これらの岩石が薬師堂の柱を支える礎石《そせき》となるのである。

しかし、大型の堂舎の礎石となるほどの岩石がそうそう見つかるはずはない。ましてや、それを平安京の周辺で調達するとなると、かなりの無理をしなくてはならない。

そして、道長一門の考えついた無理は、平安京内の建造物の礎石をいただいてしまうことであった。いや、平然とやってのけたところを見ると、それは彼らにとっては無理なことではなかったのかもしれない。

ともかく、関白頼通や内大臣教通をはじめとする御堂関白家の御曹司たちの指揮のもと、平安京内のさまざまな建造物を支えていた数多《あまた》の礎石が、法成寺に新堂を造立するという目的で、次々と奪い去られていった。当然、礎石強奪の実行犯は、一門に仕えるごろつきのような従者たちであったろう。

実資によれば、平安京の正門である羅城門《らじようもん》・御苑《ぎよえん》である神泉苑《しんせんえん》の門・離宮《りきゆう》である乾臨閣《けんりんかく》といった平安京内の大型施設の他、左右京職《きようしき》・穀倉院《こくそういん》などの京中に点在する官司や、さらには、大内裏《だいだいり》の中にあるいくつかの官司までが、礎石を持ち去られたらしい。

確かに、この頃には、羅城門は久しく倒壊したまま再建されずにいたはずであり、また、神泉苑の門や乾臨閣なども破損したまま放置されていたものと思われる。したがって、これらの諸施設の礎石ならば、建造物を破壊することなしに持ち去ることもできただろう。

しかし、羅城門・神泉苑・乾臨閣のいずれも、朝廷の威信を内外に示すための重要な施設だったはずである。道長にせよ、頼通や教通にせよ、本来、そうした施設の再建を図《はか》らなくてはならない立場にあった。だが、現実には、礎石を奪い去ることにより、彼らはそれらの再建を阻《はば》んでしまったのだ。羅城門・神泉苑・乾臨閣などに止《とど》めを刺したのは、間違いなく、このときの道長一門の暴挙であった。

そして、彼らに礎石を奪取された多くの官司についても、これと同様のことが言えるだろう。もしも、それらの諸官司の庁舎がすでに倒壊して再建されないままになっていたのだとしても、朝廷の枢要《すうよう》の地位にある者が庁舎跡から礎石を持ち去るなど、とんでもないことである。そんなことをすれば、それぞれの庁舎の再建はさらに遠退《とおの》いてしまうのだ。

ましてや、倒壊も破損もしていない庁舎を破壊してその礎石を奪い取るようなことがあったのだとしたら、それは言語道断の所業である。が、あの道長一門の面々ならば、それくらいのことは平気でやってのけたかもしれない。

藤原道長、自邸の庭の造営のために平安京を破壊する

こうして、法成寺に新しい堂舎が造られるたびに、道長一門を挙げての平安京の破壊が繰り返された。

例えば、万寿《まんじゅ》元年(一〇二四)の三月二十七日、今度は仏塔《ぶっとう》および十斎堂《じっさいどう》が建立《こんりゅう》されることになり、またしても関白頼通をはじめとする道長一門の貴公子たちの指揮で数多くの岩石が法成寺に運び込まれていったが、その供給源は今回も平安京内の諸施設や諸官司であった。これを伝え聞いた藤原実資は、その日記に「神泉苑の東門や乾臨閣の他、穀倉院や諸々の官司には、もう礎石はまったく残されていないのではないだろうか」との所感を書きつけている。道長一門にしてみれば、平安京内の施設や官司には、もはや礎石の採掘場としての意味しかなかったのだろう。

だが、道長一門が平安京を破壊したのは、寺院を建立するためばかりではなかった。彼らは、法成寺の建立を開始する以前から、すでに平安京を壊しはじめていたのである。

寛仁《かんにん》二年(一〇一八)の六月二十六日、この日の平安京は騒然《かまびす》としていた。まず、京中を通行する多くの人々が、次々と駆《か》り集《あつ》められては、大きな岩石を運ぶ重労働を強いられていた。さらに、岩石が運ばれる道筋に立ち並ぶ民家は、容赦なく解体され、岩石を運ぶ道具とするため、その柱やら戸やら壁板やらが無数に掠奪《りゃくだつ》されていった。また、そうやって運ばれた岩石は、おそらく、平安京内の各所から掠奪されたもの

であったろう。

こんなことが王朝時代の平安京で起きていたとは、にわかには信じがたい。それは、少なくとも『源氏物語』に描かれた都とは、まったく無縁の出来事である。また、清少納言の『枕草子』にも、このようなひどい出来事は記されていない。しかし、白昼の強制労働や強制徴用というのも、王朝時代の平安京に見られる現実の一つであった。

そして、このような無法を行っていたのは、他でもない、法興院摂政兼家の嫡流となった御堂関白道長の一門である。京中を往還《おうかん》する人々を強制労働に駆り立てたのも、沿道の民家を破壊して建材を強制徴用したのも、道長やその息子たちに仕えるごろつきのような従者たちであった。

では、これだけの無法をしでかした彼らの目的は何だったのだろうか。

藤原実資によれば、それは、道長の所有する邸宅の庭の造営であった。

「土御門第《つちみかど》」というのは、道長が土御門大路《つちみかどおおじ》と京極大路《きようごくおおじ》とに面した地に所有していた大邸宅だが、南北二百四十メートル×東西百二十メートルほどの広大な敷地を持つ土御門第には、当然、巨大な庭が附属していた。そして、道長の御曹司《おんぞうし》たちは、その大きな邸宅の大きな庭を整備するため、平安京を破壊しつつ、いくつもの大きな岩石を土御門第へと運んだのであった。

『源氏物語』の主人公である光源氏も、「六条院《ろくじょういん》」と呼ばれる巨大な邸宅を造営する。

その六条院は大きさにおいて道長の土御門第をはるかに凌《しの》ぐものであったが、物語世界では、その大邸宅を造るために光源氏が平安京を破壊することはなかった。しかし、現実世界の光源氏たちは、そんなことを平然とやっていたのである。

かつて為《な》す術《すべ》もなく自宅を破壊されたことのある故法興院摂政藤原兼家は、自身の嫡流となった御堂関白道長の一門が私寺の造立や私宅の庭の造営のために平安京を破壊していく様子を、草葉の陰から見ていたのだろうか。また、見ていたとしたら、彼はどのような想いを抱いたのだろうか。

8　花山法皇、門前の通過を許さず

花山法皇、検非違使に包囲される

一条《いちじょう》天皇が即位して十二年目となる長徳《ちょうとく》三年（九九七）の四月十七日のこと、貴族社会の誰もが自分の耳を疑いたくなるような非常事態が発生した。すなわち、花山《かざん》法皇の住む「花山院《かざんいん》」と呼ばれる邸宅が、検非違使《けびいし》によって取り囲まれたというのだ。

花山院は近衛大路《このえおおじ》と東洞院大路《ひがしのとういんおおじ》とに面する左京一条四坊三町《さきょういちじょうよんぼうさんちょう》に位置したが、そこは当時の平安京における高級住宅街のど真ん中である。同院の周辺には、藤原道長《みちなが》の「土《つち》御門《みかど》第」や「枇杷《びわ》第」の他、源倫子《ともこ》（道長の妻）の「鷹司《たかつかさ》第」・藤原頼通《よりみち》の「高倉《たかくら》第」・藤原実資《さねすけ》の「小野宮《おののみや》第」など、最上級貴族たちの住む邸宅が立ち並んでいた。

そうした事情も手伝ってのことであろうか、検非違使が花山院を包囲したという情報は、たちまちにして貴族社会を駆けめぐったらしい。藤原実資が事件のあらましを知ったのも、その日のうちのことであった。当日の『小右記《しょうゆうき》』が、「或《あ》る者《もの》」から伝え聞いた不確かな話としてではあるものの、いくらか狼狽《ろうばい》した筆致によって、花山院包囲の一件を伝えているのである。

ここで花山院を取り囲んだとされる「検非違使」というのは、当時の朝廷によって保有されていた警察力の一つであった。平安京の治安の悪化に手を焼いていた朝廷は、衛《え》門府《もんふ》や兵衛府《ひょうえふ》に属する武官の一部に治安維持の責任と権限とを与え、これを警察力として用いたのである。

その検非違使が犯罪捜査や犯人逮捕の実行力として用いたのは、官人の身分を持たない「放免《ほうめん》」と呼ばれる人員であった。「放免」という呼称は、彼らが監獄《かんごく》から釈放《しゃくほう》された身であることを意味する。つまり、検非違使という警察力は、前科者たちを指揮して平安京の治安維持にあたっていたのである。「毒《どく》を以《もっ》て毒を制《せい》す」といったところであろう。

ちなみに、当時の貴族社会の人々は、放免＝警察の手先となった前科者たちに対して、ある種の畏怖《いふ》の念《ねん》を抱いていたらしい。

内大臣藤原伊周《これちか》が花山法皇に矢を射かけた長徳二年の事件については、すでに第5章で詳しく紹介した。その一件で伊周は検非違使に追われる身となるわけだが、彼が自邸に立《た》て籠《こも》ると、その邸宅は多数の検非違使によって包囲される。このときに検非違使に率いられて伊周邸を取り囲んだ放免たちの姿は、『栄花物語《えいがものがたり》』という歴史物語によれば、王朝貴族の眼には「えもいわぬようなるもの（言葉にできないほど恐ろしい者）」として映ったのであった。

そして、長徳三年の夏、その放免を従えた検非違使が、花山法皇の住む花山院を取り囲むことになったのである。これには、花山法皇も少なからずたじろいだことだろう。

しかし、花山法皇といえば、十二年前に一条天皇に玉座《ぎょくざ》を譲るまでは天皇として世を治めていた人物に他ならない。その花山法皇の居宅を朝廷の警察力が包囲したというのだから、これ以上の非常事態はそうはないだろう。しかも、検非違使に花山院の包囲を命じたのは、花山法皇とは従兄弟《いとこ》の間柄にある一条天皇であった。

花山法皇、検非違使に従者を追い散らされる

なお、その日、花山院を包囲される以前に、花山法皇は公衆の面前で検非違使に従者を追い散らされるという目にも遭《あ》っている。

そもそも、長徳三年の四月十七日というのは、前日の賀茂祭《かもさい》に派遣された祭使《さいし》の一行が賀茂社《かもしゃ》から都《みやこ》へと戻ってくる「還立《かえりだち》」の日であった。そして、この還立の日にも、賀茂祭当日と同様、夥《おびただ》しい数の人々が祭使の行列の見物に繰り出すのが例となっていた。

賀茂祭使の行列についてはすでに第４章で説明したが、祭日に一条大路《いちじょうおおじ》を東進して賀茂社へと向かった祭使一行は、翌日の還立の日には道筋を変え、平安京北郊の紫野《むらさきの》を経て帰ってくることになっていた。そのため、賀茂祭使が都に帰還する様子を見物しようとする人々の多くは、紫野に出て行列見物に興じたものである。もちろん、長徳三年の

還立の日にも、紫野は多くの人出で賑《にぎ》わっていた。貴族層あるいは庶民層の老若男女が、都に帰ってくる賀茂祭使の行列を見物しようと、紫野に詰《つ》めかけたのである。

そして、そこには、花山法皇一行の姿もあった。むろん、花山法皇は牛車《ぎっしゃ》に乗っていたため、人々が直接に法皇の姿を見ることはなかったが、しかし、その一行が法皇の一行であることは、その場にいた貴賤男女《きせんなんによ》の誰の眼にも明らかであったろう。『大鏡《おおかがみ》』という歴史物語によれば、この日の紫野で人眼を惹《ひ》いたものの一つが、法皇の持つ数珠《じゅず》であった。すなわち、法皇の乗る牛車からは、いくつもの柑子《こうじ》（蜜柑《みかん》）の実を紐《ひも》に通してあつらえたという巨大な数珠がはみ出していたらしいのだ。こんなものを携《たずさ》えている貴公子がそうそういるはずもなく、この数珠が「花山法皇ここにあり」というアピールになっていたことは言うまでもなかろう。

また、花山法皇には従者として大勢の屈強な無頼漢《ぶらいかん》がつき随《したが》っていたが、彼らはそれぞれに異様な出《い》で立《た》ちをしていたらしい。例えば、『大鏡』によると、頼勢《らいせい》という名の従者は、異様に高い帽子を被《かぶ》っていたことから「高帽頼勢《こうぼうらいせい》」の異名をとってさえいた。こうした異形の従者たちの存在もまた、法皇の所在を強烈にアピールしたことだろう。

ところが、このとき、花山法皇の従者たちは、ある事件の容疑者として検非違使に追われる身だったのである。彼らは、本来、法皇の行列見物のお供などをしている場合ではなかったのだ。当然のことながら、紫野で悪目立《わるめだ》ちをしていた法皇一行のもとには、たちどころに放免を連れた検非違使たちが駆けつけることとなった。

そして、検非違使がやって来ることを知るや、花山法皇の牛車の周囲にいた多数の従者たちのほとんどは、一目散《いちもくさん》に逃げ去ってしまった。その様子について『大鏡』は「蜘《く》蛛《も》の子《こ》を風《かぜ》の吹《ふ》き払《はら》う如《ごと》くに」と記すが、つい先ほどまで無頼を気取っていた従者たちが、実に不甲斐《ふがい》ないことに、検非違使がやって来ると聞いただけで、風に吹かれた蜘蛛の子のように、いとも簡単に追い散らされてしまったのである。

これは、花山法皇にとっては大きな恥辱であった。貴族層から庶民層までの大勢の人々が見守る中で、自身の従者たちが検非違使を恐れて逃げ去ってしまったのである。しかも、恥ずかしさのために牛車の中で真っ赤になっていたであろう法皇は、よりにもよって、自家の従者たちを追い散らすことになった検非違使に送られて花山院に帰ったのであった。

そして、この日のうちに検非違使が花山院を取り囲むことになるのだが、花山法皇にしてみれば、それはまさに泣《な》きっ面《つら》に蜂《はち》の出来事であったろう。しかも、検非違使に花山院の包囲を命じた人物というのは、花山法皇から帝位を譲られた一条天皇に他ならなかった。

藤原公任・藤原斉信、花山院の門前にて襲撃を受ける

ただ、花山院包囲の一件は、天皇と法皇（上皇）との間に燻《くすぶ》っていた権力闘争が激化したといったような、いわゆる「政変」の類《たぐい》などではなかった。

このとき、一条天皇の命《めい》によって花山院を取り囲んだ検非違使は、何も花山法皇を捕らえようとしていたわけではなかった。彼らの目的は、暴力事件を起こした花山法皇の従者を逮捕することにあったのである。そして、検非違使が花山院を包囲したのは、花山法皇が罪を犯した従者を同院に匿《かくま》ったからに他ならなかった。

なお、その従者が起こした事件というのも、貴族社会の人々を狼狽させるようなものであった。

花山法皇の住む花山院が近衛大路に面していたことはすでに述べたとおりだが、その事件の現場となったのは、近衛大路に向かって開かれた同院の北門の周辺であった。また、事件が起きたのは、花山院が検非違使によって包囲された日の前日であった。

その日の夕刻、一輌の牛車が近衛大路を進んでいた。これに乗っていたのは、参議《さんぎ》藤原公任《きんとう》および参議藤原斉信《なりのぶ》の二人の貴公子たちである。彼らは土御門第に住む左大臣藤原道長のもとを訪れた帰りだったようだから、二人の乗る牛車は近衛大路を西に向かって進んでいたのだろう。

そして、土御門第を後にして近衛大路を西に向かう公任・斉信は、やがて花山法皇の

花山院の北門を左手に見ることになるわけだが、花山院の門前を通過しようとするや、二人を乗せた牛車は花山法皇の従者たちに取り囲まれてしまった。このとき、花山院からわらわらと出てきた従者たちの数は数十人にものぼったといい、しかも、彼らは手に手に「兵杖《へいじょう》」を携えていたという。

「兵杖」という言葉は弓矢や刀を意味することもあるが、ここで花山法皇の従者たちが手にしていたという兵杖は、後に紹介する身《み》の丈《たけ》ほどの長さの杖《つえ》であったかもしれない。が、いずれにせよ、公任・斉信の乗る牛車は、突如として武装した集団に包囲されてしまったのだ。王朝貴族の牛車には外の景色を見るための小さな窓がついていたが、もしもその窓から外の様子を見ていたとしたら、公任も斉信もさぞかし肝《きも》を潰《つぶ》したにちがいない。彼らは、まさに袋《ふくろ》の鼠《ねずみ》だったのである。

そして、袋の鼠となった二人の貴公子たちを襲ったのは、激しい投石であった。すなわち、公任・斉信の牛車を取り囲んだ数十人が、次々に石を投げつけはじめたのである。これが公任にも斉信にも大きな恐怖を与えたであろうことは想像に難《かた》くない。今度は窓から外を覗《のぞ》くまでもなかっただろう。

また、この間、公任・斉信の牛車に随行していた牛飼《うしかい》は、花山法皇の従者たちに拘束《こうそく》され、花山院のどこかに監禁されてしまった。さらに、それ以外の公任・斉信側の従者たちも、拉致《らち》・監禁まではされなかったものの、それなりにひどい目に遭わされたらしい。というのも、事件の直後に公任から事件の詳細を聞いた藤原実資が、その日記に「其《そ》の間《あいだ》の濫行《らんこう》は云《い》うべからず」と記しているからだ。公任・斉信が牛車の中で投石に怯《おび》えている間に「濫行」の対象となったのは、牛車に随行していた従者たちであったろう。

いずれにせよ、この事件でかなりの恐怖を味わったであろう公任・斉信の二人は、当分の間、花山院の門前を通ろうとは思わなかったにちがいない。また、彼らの体験を伝え聞いた人々も、しばらくは花山院に近づこうとは思わなかったことだろう。

藤原隆家、花山院の門前で花山法皇と争う

そもそも、当時の貴族社会では、藤原公任と藤原斉信とがひどい目に遭う以前から、花山院にはなるべく近づかないようにすることが常識となっていたのかもしれない。少なくとも、賢明な貴公子ならば、同院の門前を通ることには慎重であったものと考えられるのだ。

というのも、歴史物語の『大鏡』が、次のような話を伝えているからに他ならない。

おそらくは、兄の内大臣藤原伊周とともに花山法皇に矢を射かけるという大事件を起こして失脚してしまう以前のこと、藤原隆家《たかいえ》は花山法皇から挑戦状を叩《たた》きつけられたことがあった。すなわち、法皇が「いかにそなたであっても、わが花山院の門前を無事に

通り抜けることはできまいよ」と言って隆家を挑発したというのだ。

これに対する隆家の返事は、「この隆家、どうして通過できないことがありましょうか」というものであった。つまり、隆家は法皇の挑戦を受けて立つことにしたのである。そして、隆家は選びに選んだ牛車で花山院へと向かった。彼は「逸物《いちもち》の御車牛《おんくるまうし》」に「輪《わ》強《こわ》き御車《おんくるま》（車輪の頑丈な車両）」を牽《ひ》かせていたという。また、その牛車には、五十人あるいは六十人もの従者たちがつき随《したが》っていた。

だが、そうして意気揚揚《いきようよう》と花山院に赴《おもむ》いた隆家も、同院の近くまで牛車を進めただけで敗北を宣言しなければならなかった。花山院の周囲の様子を見た隆家は、たちどころに戦意を喪失してしまったのである。

このとき、隆家を待ち受ける花山法皇は、「えもいわぬ勇幹幹了《ゆうかんかんりよう》の法師《ほうし》ばら（言葉では表現できないほどに勇敢で獰猛《どうもう》な僧侶《そうりよ》たち）」を中心に、あわせて七十人とも八十人ともいう多数の従者たちを花山院の四囲に配置していた。どうやら、花山法皇に仕《つか》える従者の中には、法皇と同じ僧形の者が少なくなかったらしい。ただし、『大鏡』が「えもいわぬ勇幹幹了の」と評する彼らは、主人の法皇に合わせて僧侶の姿をしてはいても、その実態においては、御堂関白一門の従者たちと同様、ごろつきのような連中であっただろう。

そして、花山法皇に仕える僧形のごろつきたちは、隆家の一行を迎えるにあたり、手に手に「五六尺《ごろくしやく》ばかりなる杖《つえ》」と「大きなる石」とを握っていたという。おそらく、彼らが手にしていた身《み》の丈《たけ》ほどの長さの杖は、隆家の従者たちを追い散らすためのものであったろう。また、もう一方の手に握られていた大きな石は、隆家の牛車に投げつけるためのものであったにちがいない。

もし強硬に花山院の門前を通過しようとしていれば、隆家の乗る牛車には、大きな石が方々《ほうぼう》から雨霰《あめあられ》のように降り注いだことだろう。そして、その牛車を守るべく随行していた隆家の従者たちは、蜘蛛の子のように追い散らされてしまったはずである。そう、花山院の門前で隆家を待ち構えていたのは、前節において藤原公任・藤原斉信の実体験として紹介したような、袋の鼠となって味わう投石の恐怖だったのである。そして、隆家が早々《はやばや》と敗北を認めたのは、そうした状況に身を置く覚悟ができなかったためであった。

それにしても、花山法皇の側は手慣れたものである。どうすれば門前の通過を阻止できるかを、法皇やその従者たちは完全に心得ていたかのようだ。おそらく、彼らが花山院の門前を通過する貴公子の一行を撃退したことは、一度や二度ではなかったのだろう。

花山法皇が隆家を挑発したのも、それまでの経験によって、誰一人として自邸の門前を通過させないという自信を持っていたからにちがいない。そして、当時の貴族社会においても、花山法皇の住む花山院の門前は、名立たる難所として知られていたのではないだろうか。

花山法皇の奇行

花山法皇と一条天皇とが従兄弟《いとこ》の間柄にあったというのは、花山法皇の父親の冷泉《れいぜい》上皇と一条天皇の父親の円融《えんゆう》上皇とが、村上《むらかみ》天皇を父親とする兄弟だったためだ。したがって、花山法皇および一条天皇は、ともに村上天皇の孫にあたることになる。

村上天皇といえば、平安時代を代表する賢君の一人であり、また、紫式部《むらさきしきぶ》が光源氏《ひかるげんじ》の父親の桐壺《きりつぼ》帝のモデルにした天皇たちの一人でもある。村上天皇が当時としては珍しく摂政《せっしょう》や関白《かんぱく》を置かない親政《しんせい》を行ったことは、後世の人々から高く評価されることとなり、在位していた時代の年号にちなんで「天暦《てんりゃく》の治《ち》」と呼ばれるその治世《ちせい》は、聖代として崇《あが》められるようにさえなった。

その村上天皇の孫の一人である一条天皇は、祖父に似て英明な人物であったらしい。その治世を「寛弘《かんこう》の治《ち》」と呼ばれることがあるように、彼は祖父に劣らぬ賢君として後代に名を残している。ちなみに、清少納言《せいしょうなごん》の『枕草子《まくらのそうし》』からは私生活における一条天皇の人物像の一端《いったん》をうかがい知ることができるが、清少納言の眼に映った一条天皇は、気さくさと慎み深さとを兼ね備えた理想的な貴公子であった。

それに比べて、一条天皇の先代の天皇であった花山天皇は、どんなに贔屓目《ひいきめ》に見ても、

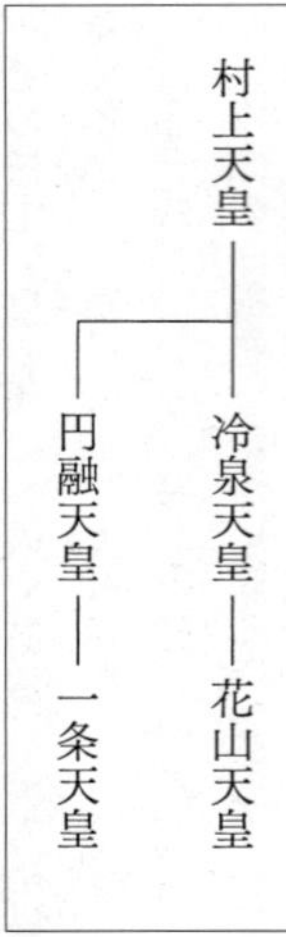

花山法皇を中心とした系図①

賢君や英主などと評されるべき人物ではない。彼の場合、その政治手腕については評価の下しようがないだろう。即位から二年足らずで退位してしまったからである。しかし、たとえ為政者として優れた才能を持っていたとしても、この花山天皇（花山法皇）には、「奇行」としか言いようのない行為があまりに多かった。

例えば、永観《えいかん》二年（九八四）の十月十日、皇太子師貞《もろさだ》親王が円融天皇から帝位を譲られて花山天皇となる即位式の最中《さなか》、その式に参列していた人々が眼にしたのは、儀式の途中で王冠を脱ぎ捨てる新帝の姿であった。藤原実資の『小右記』によれば、「王冠が重くてしかたがない。今にものぼせてしまいそうだ。だから、この冠《かんむり》は脱いでしまうよ」、花山天皇はそう言い放って王冠を頭から下ろしてしまったらしい。

もちろん、これは前代未聞の珍事であった。そして、王冠を嫌がった花山天皇は、幼帝として即位したわけではない。このとき、花山天皇はすでに十六歳にもなっていた。当時としては、十分に大人としてふるまうべき年齢に達していたわけである。

それゆえ、同じ即位の日、花山天皇は「大人」ならではの奇行にも走っていた。すなわち、即位の儀式がはじまる以前のこと、これから自分のものとなる玉座において、女官の一人と性交に及んだというのだ。これは、大江匡房《おおえのまさふさ》という平安時代後期の学者の談話を集めた『江談抄《ごうだんしょう》』の伝えるところである。

さらに、こうして即位した天皇がそれから二年もしないうちに唐突に「法皇」となったときにも、貴族社会の人々は帝王の奇行に驚かされたことだろう。花山天皇の退位と出家とは寵愛《ちょうあい》する妃《きさき》の死を契機とするものであったが、そのような事情で天皇が位を下りてしまうなど、やはり、王朝貴族たちにとっては前代未聞のことであった。

そんな人物であったから、天皇や皇太子よりも行動の自由が大きい法皇の身になって以降、その奇行は増えるばかりであった。そして、花山法皇の数々の奇行の中でも、とくに貴族社会を困惑させたものの一つが、花山院の門前における暴力的な通行妨害だったのである。

藤原斉信、方々で投石に遭う

しかしながら、その門前を通ろうとすると無数の石が飛んでくるという邸宅は、何も花山法皇の花山院ばかりではなかった。どうやら、花山院と同様の難所は、王朝時代の平安京の此処彼処《ここかしこ》に見られたようなのだ。

例えば、右大臣藤原顕光《あきみつ》の住む「堀河院《ほりかわいん》」と呼ばれる邸宅の門前では、寛弘六年（一〇〇九）の正月三日、そこを通り過ぎようとした牛車《ぎっしゃ》が、顕光の従者たちに石を投げつけられている。藤原行成《ゆきなり》の日記である『権記《ごんき》』によれば、その牛車には権中納言《ごんのちゅうなごん》藤原斉《なり》信《のぶ》と春宮権大夫《とうぐうごんのだいぶ》藤原頼通《よりみち》とが乗っていた。年始のあいさつのために皇太子居貞《いやさだ》親王のもとを訪れようとしていた二人は、その途中で堀河院の西門の前を通ってしまったらしい。

なお、藤原頼通といえば、御堂関白《みどうかんぱく》藤原道長《みちなが》の御曹司《おんぞうし》である。その御曹司が他家の従者たちに石を投げつけられたのである。にもかかわらず、この一件がことさらに取《と》り沙《ざ》汰《た》されることはなかった。また、これについて記す行成の筆致も実にあっさりとしている。こうした点からすると、右大臣藤原顕光の住む堀河院の門前を通ろうとして投石に遭うというのは、当時の貴族社会の人々にとっては、あまりにもありきたりの出来事だったのだろう。

また、頼通とともに堀河院の門前で石を投げつけられた牛車に乗っていた権中納言藤原斉信は、かつて藤原公任とともに花山院の門前においてたっぷりと投石の恐怖を味わった、あの藤原斉信である。すでに花山院の門前で石を投げられたことのあった彼は、堀河院の門前で投石を受けた折《おり》、同乗する頼通に対して何か有効な助言をすることができただろうか。そうできたならば、頼通の父親の御堂関白藤原道長の手前、彼は株を上げることにもなっただろう。

それにしても、藤原斉信という人物は、よくよく投石に縁があったようだ。というのは、彼が平安京のあちこちで何度も同じような目に遭っているからである。参議のときに花山院の門前で石を投げられた斉信は、右に紹介したように、権中納言になってからも堀河院の門前で同じ経験をしている。そして、大納言《だいなごん》に昇任した後の万寿《まんじゅ》四年（一〇二七）の四月にも、彼は中納言《ちゅうなごん》源師房《もろふさ》の邸宅の門前を通った折に激しい投石に遭っているのだ。

藤原実資の『小右記』によれば、それは賀茂祭《かもさい》の行われた四月十五日のことであった。この日、斉信は弟の尋光僧都《じんこうそうず》とともに牛車に乗って外出した。おそらく、賀茂祭使の行列を見物するためであったろう。そして、その途次、中納言源師房の邸宅の門前を通り過ぎようとしたところで、斉信・尋光の乗る牛車は石の雨を降らされることになったのである。

ただ、二人の牛車に石を投げつけたのは、必ずしも師房に仕える従者たちではなかったかもしれない。というのは、当時、師房の邸宅には、藤原道長の妻の一人である源明子《あきこ》が住んでいたらしいからである。したがって、投石の下手人《げしゅにん》は、明子の従者たちだったかもしれないのだ。もちろん、この邸宅に師房も住み続けていたのだとすれば、投石に及んだのは、師房・明子の双方の従者たちであったろう。

いずれにせよ、『小右記』に「上下雑人《じょうげぞうにん》の出《い》で来《き》たりて」と見えることからすれば、師房邸にいた従者たちは、その大半を動員して斉信と尋光との乗る牛車に石を投げつけたのだろう。王朝貴族は自分たちに仕える従者たちを「雑人」と呼ぶことがあったが、このときの師房邸からは、上級の従者から下級の従者までを含む大多数の従者たちが、わらわらと門外に出てきては、次々に石を投げはじめたのである。そして、この動員のすばやさからは、彼らが頻繁に門前の通過者に対して投石を行っていたことがうかがい知られるのではないだろうか。

門前の礼儀

こうして明らかになったように、王朝時代の平安京にはいくつもの難所が存在していた。ここで「難所」と呼んでいるのは、ただそこを通っただけで激しい投石に遭わなければならないような危険な場所のことである。

そうした難所というのは、これまでに見てきたところからすれば、いずれも最上級貴族として扱われるべき人々の住む邸宅の門前であった。花山法皇や右大臣藤原顕光が最上級貴族であることは言うまでもない。もちろん、左大臣源高明《たかあきら》の娘で御堂関白藤原道長の妻となっていた源明子も、最上級貴族の一人である。

さらに、小野宮《おののみや》右大臣として知られる藤原実資も最上級貴族と見なされるべき人物であるが、「賢人右府《けんじんうふ》」と評される彼の住む小野宮第の門前でさえ、ときには京中の難所の一つとなることがあったらしい。

万寿元年（一〇二四）の四月十三日のこと、その日の正午頃、左少将《さしょうしょう》源師良《もろよし》の乗る牛車が、右大臣藤原実資の居宅である小野宮第の北門の前を悠々と通り過ぎて行った。それを見た藤原実資の従者たちは、かつて花山法皇や藤原顕光の従者たちがそうしたように、師良の牛車に向かって石を投げつけようとしたのであった。

そして、実資によれば、彼らにはそうした行動をとるべき正当な理由があった。

この日の『小右記』によると、貴族社会において守られるべき礼儀の一つとして、「たとえ大臣の地位にある者であっても、他の大臣の居宅の門前を通ってはならない」というものがあった。すなわち、王朝貴族たちの間では、大臣の居宅の門前を通過することは、それだけで無礼な行為と見なされたのである。

したがって、この日の師良の行為は、右大臣の実資に対して著しく礼を欠くものであったことになる。そして、実資の従者たちが師良の牛車に石をぶつけようとしたのは、そうした事情を踏まえてのことであった。大臣の居宅の門前における礼儀を守ろうとしない者たちへの制裁が、大臣家の従者たちによる投石だったのである。

もちろん、絶対に「大臣の居宅の門前を通ってはならない」というのでは、平安京内の交通に支障が出てしまう。そして、ここで実資が「通ってはならない」と言っているのは、厳密には「牛車に乗ったままで通ってはならない」という意味においてである。したがって、王朝貴族社会においても、牛車から降りさえすれば、大臣の居宅の門前を通過することは可能であった。確かに、右大臣藤原顕光の住む堀河院の門前で投石を受けたとき、藤原斉信と藤原頼通とは牛車に乗ったままであった。

そして、当然のことながら、大臣に対して守られる礼儀が、大臣より上位の皇族や摂政・関白に対して守られないはずはない。だからこそ、花山法皇の住む花山院の門前を牛車に乗って通り過ぎようとした藤原公任と藤原斉信とが、激しい投石に見舞われたのである。

また、摂政や関白の妻妾《さいしょう》や子弟の住む邸宅の門前というのも、同様の礼儀が守られねばならない場所になっていたのだろう。藤原斉信とその弟の尋光とが源明子の住む源師房邸の門前で投石に遭ったのは、そのためであったにちがいない。

おそらく、最上級貴族の邸宅の門前というのは、すべからく「牛車に乗ったままで通ってはならない」という礼儀の守られるべき場所になっていたのだろう。そして、この礼儀が守られなかったとき、そこは、激しい投石の襲う難所と化したのではないだろうか。

藤原実資、従者たちに門前での投石を禁ず

だが、左少将源師良を乗せた牛車は、右大臣藤原実資の住む小野宮第の門前を、まったく何の支障もなしに通り抜けることができた。大臣の邸宅の門前を牛車に乗ったままで通り過ぎるという無礼を働いたにもかかわらず、彼には一石さえ投じられなかったの

である。

『小右記』によれば、師良の牛車の通過に気づいた実資の従者たちは、一度は石を投げつけようとしたらしい。しかし、彼らはそれを思いとどまってしまったのである。そして、彼らが投石を断念したのは、後で主人の実資から叱責《しっせき》されることを恐れたためであった。

おそらく、それ以前には実資に仕える従者たちも、他家の従者たちのように、主人の邸宅の門前を通過する無礼な牛車には容赦なく石を投げつけていたのだろう。だが、いつの頃か、その投石について実資より厳しく叱責されたことがあったにちがいない。さすがは「賢人右府」と賞される実資、どうやら、自身の従者たちに小野宮第の門前での投石をやめさせたようなのだ。

ということは、王朝貴族の邸宅の門前における投石というのは、その邸宅の主人が意図したものではなく、そこに仕える従者たちの意思によるものだったのかもしれない。

確かに、これまでに見てきた『小右記』『権記』の伝える事例では、どの家の従者たちも、門前の通過者を発見するや、ただちに投石を開始しており、そこに主人の命《めい》を待っていた形跡はない。彼らは、彼ら自身の判断により、門前を通り過ぎようとする牛車に投石による制裁を加えていたのである。

もちろん、花山法皇の場合には、みずから指揮を執って藤原隆家が花山院の門前を通るのを阻止しようとしたことがあった。すでに紹介したように、『大鏡』の伝えるところである。しかし、この事例で意図された投石は、無礼に対する制裁などではない。このときの法皇と隆家とは、双方が納得したうえで門前の通過を賭《か》けた対決に興じていたのである。そもそも、この事例は他の事例とは一線を画したものとして扱われるべきであった。

一方、藤原公任と藤原斉信との乗る牛車が花山院の門前で受けた投石は、やはり、花山法皇に仕える従者たちの意図したものであったろう。彼らは、花山院の門前を通る牛車を見つけるや、自らの意思で無礼者に対する制裁を開始したものと思われる。また、藤原顕光の堀河院の門前の投石や源師房邸の門前の投石も、まったく同様のものであったろう。

王朝貴族たちに仕えた従者たちにしてみれば、自分の主人の権威は、高ければ高いほどよかったにちがいない。主人の権威が高ければ、それだけ自分の格も上がるというものだ。それゆえ、彼らは、主人に無礼を働いてその権威を貶《おとし》めるような者があれば、みずからの手でその無礼者に制裁を加え、主人の権威を知らしめようとしたのではないだろうか。

そして、そうした理由での制裁であったからこそ、それは投石にとどまっていたのかもしれない。

公任・斉信の一行が花山院の門前で花山法皇の従者たちに襲撃された折、死者や重傷者が出ることはなかった。また、この一件で誰かが刀傷《かたなきず》や矢傷《やきず》を受けたという記録もない。やはり、法皇の従者が手にしていた兵杖《へいじょう》というのは、弓矢や刀のような殺傷力の高い武器ではなく、『大鏡』に見えるような「五六尺《ごろくしゃく》ばかりなる杖《つえ》」だったのだろう。

ちなみに、『大鏡』によれば、藤原隆家との対決に際して、花山法皇は従者たちに弓矢や刀を持たせないように配置していた。少し意外なことではあるが、奇行の多い法皇でも、遊興的な対決で死人を出してはまずいという判断をすることはできたようである。

花山法皇、騎馬による門前の通過も許さず

なお、平安京における最悪の難所であった花山院の門前では、そこを牛車に乗ったままで通過しようとする者の他、馬に乗ったままで通過しようとする者も、暴力的な制裁を受けることになったらしい。

平安時代後期の十二世紀に『今昔物語集《こんじゃくものがたりしゅう》』という説話集が編纂《へんさん》されるが、その『今昔物語集』巻第二十八第三十七の「東人《あずまびと》、花山院《かざんいん》ノ御門《みかど》ヲ通《とお》ル語《こと》」という話では、うっかりと騎馬《きば》で花山院の門前を通りかかってしまった東国人《とうごくじん》が、花山法皇の従者たちに馬ともども身柄を拘束されてしまうのだ。

王朝時代に平安京で暮らしていた人々にとって、東国人――坂東《ばんどう》諸国から都に上って

きた人々——というのは、田舎者の代名詞であった。また、当時の都人がイメージした東国人というのは、何よりもまず、無知な人々であった。そのため、『今昔物語集』に登場する東国人も、しばしば無知ゆえの失敗をしでかすことになる。

その一例が「東人、花山院ノ御門ヲ通ル語」という話の東国人である。そこが名立《なだ》たる難所であることを知らなかった彼は、よりにもよって、花山院の門前を馬に乗ったままで通過しようとしてしまうのだ。すると、花山院から大勢の人々がわらわらと出てきて、東国人はたちまちにして彼らに捕らわれてしまう。このとき、東国人は携えていた弓を取り上げられてもいる。

もちろん、その東国人を拘束して武装解除させたのは、花山法皇の従者たちである。そして、ここでの従者たちの行為は、彼らの主人である花山法皇の意に適《かな》うものであったらしい。花山院の門前を騎馬で通過しようとした者があったことを知った法皇は、「どうして花山院の門前を馬に乗ったままで通過することが許されようか」と怒りをあらわにしたというのである。法皇が騎馬での門前の通過を無礼な行為として理解していたことは間違いあるまい。

そして、この花山法皇の理解は、おそらく、王朝貴族社会の人々の間で広く共有されていたものであったろう。

すでに見たように、「たとえ大臣の地位にある者であっても、他の大臣の居宅の門前を通ってはならない」というのが、王朝貴族社会における門前の礼儀であった。そして、この場合の「通ってはならない」というのは、厳密には「牛車に乗ったままで通ってはならない」ということであったわけだが、おそらく、そこには「馬に乗ったままで通ってはならない」という意味も含まれていたのだろう。牛車での通過を許さない人々ならば、当然、騎馬での通過をも許さなかったはずである。

とすれば、花山院の門前に限らず、都の難所として知られていた京内各所の門前のいずこにおいても、そこを馬に乗ったままで通り過ぎようとした者は、『今昔物語集』の東国人のように、わらわらと出てきた従者たちに捕らえられるという目に遭っていたことだろう。そして、最上級貴族に仕える大勢の従者たちに拘束されて大邸宅の門内へと連行された人々は、相当に怖い思いをしたにちがいない。

ただし、そうした人々も、生命《いのち》を落としたり重傷を負ったりという深刻な被害を受けることはなかったものと思われる。今のところ、そのような事例についての記録は見出《みいだ》されていないのだ。何より、『今昔物語集』に見る限りでは、あの花山法皇や法皇の従者たちでさえ、囚《とら》われの東国人に対して、激しい暴行を加えるようなことはしていないのである。

9　花山法皇の皇女、路上に屍骸を晒す

花山法皇の皇女、路上の屍骸となって犬に喰われる

王朝時代の貴族社会で起きた数々の暴力的な事件の中でも、最もスキャンダラスな背景を持つものは、やはり、万寿《まんじゅ》元年（一〇二四）の十二月に花山《かざん》法皇の皇女《こうじょ》が殺された一件ではないだろうか。小野宮《おののみやう》右大臣《だいじん》藤原実資《さねすけ》の日記である『小右記《しょうゆうき》』の同月八日条は、その事件について次のように記している。

「一昨日のこと、花山法皇の皇女が盗賊《とうぞく》に殺害されて路上で死んだ。その遺骸《いがい》は夜中に犬に喰《く》われた。異常なことだ。その皇女は、太皇太后《たいこうたいごう》藤原彰子《あきこ》様に仕《つか》えていらっしゃった。また、ある者は『これは盗人《ぬすびと》の仕業《しわざ》ではない。誰かが皇女を太皇太后様の御所《ごしょ》の外の路上に誘い出して殺したのだ』と話しているとか」。

これによれば、事件が起きたのは、万寿元年十二月六日の晩であった。その夜、花山法皇の皇女が盗賊に殺害され、その遺骸が路上に放置されたのである。そして、路上に棄《す》て置《お》かれた彼女の亡骸《なきがら》は、京中をうろつく野良犬《のらいぬ》たちの餌食《えじき》となってしまった。

朝になって誰かに発見されたとき、殺された皇女は、文字どおりに変わり果てた姿に

なっていたことだろう。それを思うと、野良犬たちに喰い散らかされた屍骸《しがい》が彼女のものであることが判明したのは、せめてもの慰《なぐさ》めであった。おそらく、身にまとっていた衣裳《いしょう》が、無残な遺骸の身元を示したのだろう。

この事件で路上に惨《むご》たらしい屍骸《しがい》を晒《さら》すことになった皇女は、本来、太皇太后藤原彰子の邸宅にいるはずであった。後に詳しく説明するが、法皇を父親として生まれていながらも、彼女は女房《にょうぼう》として彰子のもとに出仕《しゅつし》していたらしいのだ。ところが、彼女の無残な屍骸が発見された場所は、京中の往来《おうらい》であった。殺人犯が盗賊であったとすれば、彼女は彰子邸から拉致《らち》されたうえで殺されたのかもしれない。

ただ、実資の耳に入った一説によれば、皇女は誰かに誘われてみずから彰子邸の門を出たのであり、また、犯人は盗賊などではなかった。つまり、被害者の顔見知りによる犯行である可能性が、すでに事件の直後からまことしやかに囁《ささや》かれていたのである。

この事件の場合、被害者が法皇の皇女であったことともに、その遺骸があまりにも酷《むご》い仕打《しう》ちを受けたことが、王朝貴族たちに非常に強い衝撃を与えた。そのため、この一件は貴族社会において長く語り継がれることになり、ついには後世の『今昔物語集《こんじゃくものがたりしゅう》』にこの事件に取材した話が収められることにさえなったのであった。

しかし、王朝貴族社会は、公式には事件の全貌《ぜんぼう》を明らかにしなかった。が、まず間違いなく、当時の貴族社会の人々はすべてを知っていた。すなわち、皇女が殺害されるという重大事件であったにもかかわらず、王朝貴族たちは真相を隠蔽《いんぺい》することを選んだのである。

したがって、被害者の身元や屍骸の無残さなどは、この事件の表層にすぎない。そもそも、それらが事件のすべてであったとすれば、この一件がスキャンダラスな事件として扱われることもないだろう。この事件が当時の貴族社会における最大のスキャンダルであったことを理解するには、その深層にまで立ち入る必要があるのだ。

そして、そこに足を踏み入れたとき、われわれは、王朝貴族社会の暗部《あんぶ》のいくつかに触れることになるだろう。いや、それらは、「暗部」ではなく「恥部《ちぶ》」と呼ばれるべきかもしれない。

花山法皇の無軌道な女性関係

ところで、路上で犬の餌食となった皇女は、薄幸の人生を約束されて生まれてきたような女性であった。そして、そんな余計な約束をとりつけたのは、彼女の無節操な父親であった。すなわち、花山法皇の放埒《ほうらつ》な女性関係こそが、不幸な皇女を誕生させたのである。

花山天皇の在位期間は、丸二年にも満たない。が、そのほんの二年足らずの間に、この天皇の後宮には、上級貴族の令嬢たちが次々に召《め》し出《だ》されていった。

最初に花山天皇の女御《にょうご》となったのは、関白太政大臣《かんぱくだじょうだいじん》藤原頼忠《よりただ》の娘の藤原諟子《ただこ》であった。しかし、この入内《じゅだい》は頼忠の思惑《おもわく》のみで実現したものであったらしく、天皇が諟子を格別に寵愛《ちょうあい》するということにはならなかった。

その花山天皇が最初に厚く寵愛したのは、式部卿為平《しきぶきょうためひら》親王の娘の婉子《よしこ》女王である。歴史物語の『栄花物語《えいがものがたり》』によれば、諟子に満足していなかった天皇は、「いみじううつしうおわします」という婉子女王の評判を聞きつけるや、一面識もない女王にすっかり夢中になったらしい。そのため、為平親王のもとには、毎日のように天皇からの手紙が届くようになった。もちろん、女王の入内を催促する手紙である。そして、ついに女御として花山天皇の後宮に入った婉子女王は、「かいありてめでたし」と評されるほどに天皇の厚い寵愛を受けたのであった。

とはいえ、婉子女王が天皇の寵愛を長く独占し続けることはなかった。花山天皇は、婉子女王をほどほどに寵愛しながらも、またもやその美貌《びぼう》に関する噂《うわさ》を聞きつけてか、今度は大納言《だいなごん》藤原朝光《あさてる》の娘の姫子《ひめこ》に興味を示しはじめたのである。そして、朝光が姫子を女御として入内させると、花山天皇はその新しい女御を「さま悪《あ》しく」と言われるほどに寵愛したのであった。

ところが、しばらく経つと、天皇は姫子には完全に飽《あ》きてしまう。その頃でも婉子女王がほどほどには寵愛されていたのとは異なり、姫子はまったく寵愛を受けられなくなってしまったのである。そして、その姫子に代わって天皇の興味を惹《ひ》いたのは、大納言藤原済時《なりとき》の娘の娍子《すけこ》と大納言藤原為光《ためみつ》の娘の忯子《よしこ》とであった。彼女たちの入内を望む天皇は、昼も夜もなくしきりに手紙を送り、済時や為光に娘を差し出すように求めたという。

これに対して、済時は慎重な態度をとり続けた。というのも、朝光の娘である姫子の前例があったからである。あっという間に天皇に飽きられてしまった姫子は、当時、貴族社会の笑い者になっていたのだ。そして、そうした事情を見てきた済時は、寵愛の移《うつ》ろいやすい天皇などに大事な娘を入内させる気にはなれなかった。

だが、同様の危惧《きぐ》を抱きながらも、為光は娘の忯子を花山天皇の後宮に入れた。そして、為光にとっても、忯子にとっても、それは正しい判断であった。女御となった忯子は天皇から「いとさま悪《あ》しう」と評されるほどに寵愛されることになり、しかも、その寵愛が彼女の一生に渡って継続したのである。といっても、彼女はほどなく没することになる。そして、この忯子との死別こそが、花山天皇に出家を思い立たせたのであった。

こうして最愛の女御の死を悲しんで出家したはずの花山法皇であったが、やがて、自身が出家の身であることなど忘れてしまったかのように、また、自分の出家の契機など忘れてしまったかのように、再び次々に新しい女性を求めるようになる。この男の猟色家《りょうしょくか》ぶりは、まさに病的なものであった。そして、出家後の彼が相当に異常なかたちで関係を持った女性の一人が、件《くだん》の皇女を産むことになるのである。

花山法皇の気の毒な皇子女たち

すでに第5章に見たように、花山法皇は出家の身でありながら一条太政大臣《いちじょうだじょうだいじん》藤原為光の四女を愛人としていたが、それ以前にも、法皇は一条摂政《いちじょうせっしょう》藤原伊尹《これまさ》の娘と男女の関係にあった。その女性は伊尹の九女だったのだろうか、『栄花物語』は彼女を「九《きゅう》の御《おん》方《かた》」と呼んでいる。また、その九の御方の住む邸宅は、「東《ひがし》の院《いん》」と呼ばれていた。

ところが、この東の院に出入りするうち、法皇は九の御方に仕える「中務《なかつかさ》」という女房《にょうぼう》に手をつけてしまう。しかも、九の御方にとってはまったくばつの悪いことに、九の御方よりも中務の方が法皇に厚く寵愛されたうえに、中務は九の御方の住む東の院において法皇の寵愛を受け続けたのであった。そして、九の御方の扱いに困った法皇は、異母弟《いぼてい》の為尊《ためたか》親王が九の御方を愛人とするように取《と》り計《はか》らったという。

こうして花山法皇の愛情を独占することになった中務は、実は、法皇には乳母子《めのとご》にあたる女性であった。かつて乳母《めのと》として花山法皇を育てたのは若狭守《わかさのかみ》平祐之《たいらのすけゆき》の妻であったが、その祐之の妻の産んだ娘が中務だったのである。「乳母子」というのは、乳母の産んだ子供のことである。その意味では、九の御方のもとで出会う以前より、法皇と中務とは親しい間柄にあったことになろう。

花山法皇を中心とした系図②

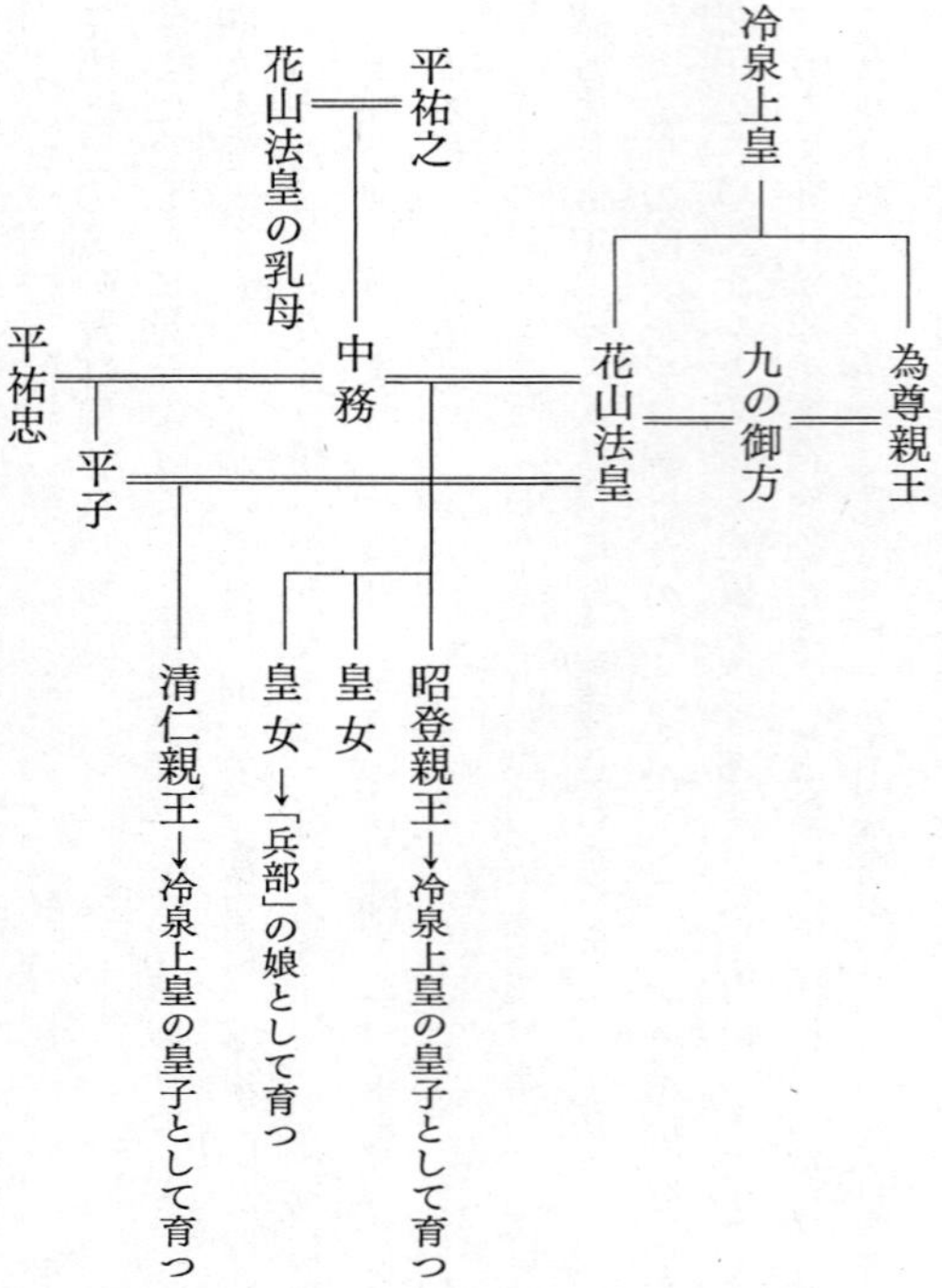

しかし、その中務一人では花山法皇の性欲を満たすことはできなかったらしく、法皇は中務と同時にもう一人の女性を愛人とすることになる。そして、そのもう一人の愛人というのは、あろうことか、中務の実の娘であった。

法皇の愛人となる頃まで夫婦関係が続いていたかどうかはわからないが、中務という女性は普通の結婚をしたこともあった。相手は若狭守平祐忠《すけただ》という中級貴族であり、その祐忠と中務との間には平子という名の娘が生まれている。そして、母親の中務と同時に法皇の寵愛を受けることになったのは、この平子という女性であった。

もちろん、母と娘とが同時に一人の男性の愛人になるというのは、王朝貴族社会の人々にとっても、あまりにも異常なことであった。しかし、花山法皇を取り巻く異常な事態は、これだけでは収まらなかった。中務と平子とを同時に寵愛していた法皇は、ついには母と娘とを同時に妊娠させてしまったのである。

こうして、中務は昭登《あきなり》親王を、また、平子は清仁《きよひと》親王を、それぞれが花山法皇の皇子として産むことになった。が、出家の身である法皇が皇子を儲《もう》けたとあっては、あまりにも世間体が悪い。そこで、昭登親王・清仁親王の二人の皇子は、花山法皇の父親である冷泉《れいぜい》上皇の皇子として育てられることになった。とはいえ、そうした工作をしたところで、昭登親王・清仁親王の出生の事情など、公然の秘密でしかなかった。

それでも、花山法皇には何ら反省するところはなかった。この後も、法皇は少なくとも二度に渡って中務を妊娠させるのだ。そして、その二度の妊娠で生まれたのは、いずれも女児であった。すなわち、中務は花山法皇の皇女をも二人も産んだことになるのである。

しかしながら、中務が産んだ二人の皇女のうちの妹の方は、花山法皇の指示により、生まれてすぐに「兵部《ひょうぶ》」と呼ばれる女房のもとに里子《さとご》に出されてしまう。つまり、この皇女には、どうしたわけか、皇女としての人生が与えられなかったのである。

そのため、この気の毒な皇女は、女房の家庭で女房の娘として育てられることになる。そして、やがて太皇太后藤原彰子に仕える女房の一人となった彼女は、ある夜のこと、平安京の路上において哀《あわ》れな最期《さいご》を迎えたのであった。

路上で犬の餌食となった姫君

『今昔物語集』というのは、平安時代後期の十二世紀に編纂《へんさん》された説話集である。そこには千を超える多数の奇談珍談が収められているが、その中には王朝時代の実話を題材としたものも少なくない。そして、王朝貴族社会に語り継がれていた花山法皇皇女殺害事件から生まれたのが、『今昔物語集』巻第二十九第八の「下野守為元《しもつけのかみためもと》ノ家ニ入《い》リタル強盗《ごうどう》ノ語《こと》」という話である。

その表題のとおり、この話では、夜分に下野守《しもつけのかみ》の藤原為元《ためもと》という人物の邸宅に強盗が押し入る。為元は三条大路《さんじょうおおじ》と西洞院大路《にしのとういんおおじ》とが交差する辺りに邸宅を構えていたとされるが、その為元邸に強盗が入ったのは、ある年の十二月の末のことであったという。

しかし、為元邸に押し入った強盗は、ほとんど何も盗《と》らずに退散するしかなかった。強盗の侵入に気づくや、為元邸の人々が大きく騒ぎ立てたからである。しかも、その騒ぎは次々と近隣の家々にも伝播《でんぱ》していったらしいのだ。

王朝時代の強盗の多くは、貴族層の人々の邸宅に押し入った場合、女性の身につけている衣裳《いしょう》を強奪した。例えば、『紫式部日記』が伝えるように、寛弘《かんこう》五年（一〇〇八）の大晦日《おおみそか》、一条天皇の仮の御所となっていた一条院《いちじょういん》で強盗事件が起きたが、このとき、二人の女房が強盗に衣裳を奪われて裸にされている。また、『小右記』によれば、長徳《ちょうとく》三年（九九七）の四月二十五日に藤原朝経《あさつね》の住む「閑院《かんいん》」と呼ばれる邸宅に押し入った二人組の強盗も、女性たちの身体から「衣裳《いしょう》を剝《は》ぎ取《と》る」という行為に及んでいる。

そして、あわてて為元邸を後にしようとする強盗も、せめて女房の衣裳を一領《いちりょう》なりともと思ったようなのだが、とにかく彼には時間がなかった。そこで、その強盗は、為元邸を離れてから衣裳だけをいただくつもりだったのだろう、手近にいた少し身分の高そうな女性を拉致《らち》して逃走したのであった。『今昔物語集』の語り手は、その女性を「姫君《ひめぎみ》」と呼んでいる。

そうして何とか為元邸から逃げ出した強盗は、三条大路と大宮大路《おおみやおおじ》との辻《つじ》に至ると、掠《さら》ってきた女性から容赦なく衣裳を引き剝がした。そして、その姫君自身に対しては本当に何の興味もなかったらしく、彼は剝ぎ取った衣裳だけを抱えてどこへともなく逃げ去ったのである。

しかし、被害に遭った姫君にとって、それは、不幸中の幸いでも何でもなかった。強盗が去った後、彼女は寒さのために生命《いのち》を落とすことになるのだ。

路上に放り出された姫君は、誤って大宮大路に沿った水路に転落してしまう。現代とは違って街灯《がいとう》などというもののなかった時代である。彼女はそこに水の流れがあることに気づかなかったのだろう。それでも、何とか水路から這《は》い上《あ》がった姫君は、保護を求めて近隣の家々の門を敲《たた》く。が、それに応じる者は誰もいない。強盗が跋扈《ばっこ》していた当時、真夜中に不意の訪問者を迎え入れようという家などありはしなかったのである。そして、ずぶ濡《ぬ》れになった裸の姫君は、師走《しわす》の寒空の下、路上にて寂しい最期を迎えるのであった。

しかも、夜が明けるまでの間に、彼女の亡骸《なきがら》は犬の牙《きば》によってずたずたにされてしまったという。路上に転がる屍骸《しがい》は、夜の平安京を徘徊《はいかい》する無数の野良犬たちにとって、まさに格好の餌食だったのである。『今昔物語集』によれば、その場に原型を留《とど》めて残っていたのは、黒くて長い毛髪と血塗《ちまみ》れの頭部と紅色の袴《はかま》とだけであった。

荒三位、口説き落とせなかった姫君を殺害する

もっとも、このように紹介しただけでは、この哀れな姫君が花山法皇の皇女であるということは、少しばかり納得してもらいにくいかもしれない。いや、件《くだん》の姫君が下野守の藤原為元の邸宅から掠われたと語られている点を踏まえると、むしろ、『今昔物語集』の姫君＝花山法皇皇女と見ることを疑いたくもなるのではないだろうか。『小右記』によれば、花山法皇の皇女は、太皇太后藤原彰子の邸宅にいたはずである。そもそも、『今昔物語集』は、件の姫君について、花山法皇の皇女と同様に屍骸を路上に晒《さら》して犬の餌《え》食《じき》になったことを語ってはいても、その身元を明かしてはいないのだ。

しかし、『今昔物語集』の伝える気の毒な姫君の話は、最も肝心な点において、花山法皇皇女殺害事件と符合する。

『今昔物語集』によれば、姫君の事件が起きるや、世間の疑いの眼は、「荒三位《あらざんみ》」と呼ばれる人物に向けられたらしい。「荒三位は犬に喰《く》われた姫君に想いを寄せていたが、姫君は荒三位の気持ちに応《こた》えなかった。それで……」というのが、この事件に関する当時の世評であったというのだ。とすれば、強盗に拉致されて路上に放置された末に凍死したはずの姫君は、実は、自分に想いを寄せる顔見知りの男性に殺されたということになる。

ここで姫君殺害の真犯人とされる「荒三位」について、『今昔物語集』はその名前を

明かそうとはしない。が、王朝時代の貴族社会において「荒三位」と呼ばれていた人物といえば、あの貴公子しかいないだろう。そう、中関白《なかのかんぱく》藤原道隆《みちたか》を祖父とする藤原道雅《みちまさ》である。すでに第1章で紹介したように、従三位《じゅさんみ》という高い位階を持つ貴公子でありながらも他家の従者を半殺しにするほどに素行の悪かった道雅は、いつしか「荒々しい三位」を意味する「荒三位」と呼ばれるようになっていたのである。

そして、『小右記』によれば、確かに、花山法皇皇女殺害の黒幕として藤原道雅の名が挙がったことがあったのだ。

花山法皇の皇女が殺された万寿元年（一〇二四）の十二月から三ヵ月余りを経た万寿二年の三月、検非違使《けびいし》の任にあった右衛門尉《うえもんのじょう》平時通《ときみち》が皇女殺しの下手人《げしゅにん》を捕らえた。時通が逮捕したのは、隆範《りゅうはん》という名の僧侶《そうりょ》の姿をした男である。

その隆範が検非違使の尋問に答えて言うには、犯人は彼一人ではなかった。皇女が殺された夜、彼女のいた邸宅には複数の盗賊が侵入したようなのだ。そこで、隆範の共犯者をも捕らえて皇女殺害事件の全貌《ぜんぼう》を明らかにしようと、検非違使は隆範を尋問し続けた。が、この隆範という男の口は、相当に堅かったらしい。

よく知られるように、王朝時代の朝廷は、現在の日本政府とは異なり、どのような重罪犯をも死刑に処そうとはしなかった。ところが、その反面、当時の朝廷は、容疑者を拷問《ごうもん》にかけることについて何の疑問も持っていなかった。したがって、何とかして隆範に口を割らせようとする検非違使は、容赦なく拷問を行ったことだろう。だが、それでも、検非違使が彼の口から新たな情報を引き出せたのは、逮捕から四ヵ月も後のことであった。

しかし、検非違使が苦労の末に開かせた隆範の口からは、とんでもない供述が繰り出された。すなわち、万寿二年の七月二十五日のこと、皇女殺害犯として取り調べを受けていた隆範は、花山法皇の皇女を殺したことについて、左三位中将《さ　さんみのちゅうじょう》藤原道雅の意向があったと言い出したのだ。

藤原道雅、皇女の殺害を指示する

このような事実からすれば、『今昔物語集』の姫君というのは、やはり、花山法皇の皇女と同一人物であろう。今や、姫君と皇女との共通点は、路上に転がる屍骸となって犬に喰い散らかされたことだけではないのだ。『今昔物語集』によれば、世人は荒三位（＝藤原道雅）が姫君を殺したことを疑ったが、藤原実資の『小右記』によれば、法皇皇女の殺害についても藤原道雅（＝荒三位）の指図があったことが疑われたのである。

しかし、花山法皇の皇女を殺したのは、本当に藤原道雅だったのだろうか。

当時の貴族社会が出した公式の結論によれば、三位中将藤原道雅という貴公子は、花山法皇皇女殺害事件とは何の関係もなかった。隆範の衝撃的な供述から三日の後、皇女殺害の首謀者と称する者の自首があったのだ。

その男が言うには、彼こそが花山法皇の皇女を殺害した盗賊の首領（「強盗《ごうどう》の首《おびと》」）であり、皇女をその手にかけたのも彼自身であった。そして、当時の貴族社会は、この男が事件の首謀者であったということを以《もっ》て、花山法皇皇女殺害事件に幕を引くことにした。すなわち、主犯が自首したことで事件は解決したことにするというのが、貴族社会の公式の立場だったわけである。

もちろん、そうした立場からすれば、一度は首謀者として名前の挙がった藤原道雅も、今や何らやましいところはないはずであった。実資が自分自身に言い聞かせたように、道雅は運悪く濡《ぬ》れ衣《ぎぬ》を着せられたにすぎなかったのだ。少なくとも、貴族社会の公式の見解では、そういうことになったのである。

ところが、そろそろ人々が事件のことを話題にしなくなっていたであろう万寿三年の四月、左三位中将藤原道雅は、突如として栄誉ある左近衛中将《さこのえのちゅうじょう》を解任される。とくに理由があるわけでもない、あまりにも唐突な解官《げかん》であった。

そして、その従三位道雅が新たに拝命したのは、右京権大夫《うきょうごんのだいぶ》という官職《かんしょく》である。右京権大夫というのは、本来ならば、右京《うきょう》（西京《にしのきょう》）の行政を取り仕切る右京職《うきょうしき》という官司《かんし》の長官に准《じゅん》ずる官職であった。が、この時代の右京権大夫は、実質的な職務権限のない閑職《かんしょく》に成り下がっていた。しかも、右京職の正規の長官である右京大夫であっても、元来、四位《しい》や五位《ごい》の位階《いかい》しか持たない中級貴族の就《つ》くべき官職にすぎない。従三位という高い位階を持つ上級貴族が右京権大夫に就任するなどというのは、前代未聞のことであった。

そう、藤原道雅は左遷されたのである。しかも、この後、道雅が近衛中将《このえちゅうじょう》のような栄職に就くことは二度となかった。

左遷といえば、道雅の父親や叔父《おじ》も、一度は左遷の憂き目に遭っている。花山法皇に矢を射かけるという大罪を犯したことにより、伊周《これちか》は内大臣から大宰権帥《だざいごんのそち》に遷《うつ》され、隆《たか》家《いえ》は中納言から出雲権守《いずもごんのかみ》に遷されたのである。が、この二人でさえ、後に上級貴族としての地位を回復する。隆家は最終的には再び中納言となり、また、内大臣への復任を許されなかった伊周でも、大納言以上の処遇を受ける「儀同三司《ぎどうさんし》」の地位を与えられたのである。

しかし、道雅の受けた左遷は、彼の上級貴族としての経歴を完全に断ち切るものであった。この左遷により、道雅は上級貴族としての人生を完全に失ってしまったのである。

言うまでもなく、これは懲罰《ちょうばつ》的な左遷であった。

そして、ここに藤原道雅という貴公子を襲った突然の左遷こそが、花山法皇皇女殺害事件の真相を語っているのではないだろうか。

王朝貴族社会が捏造した真犯人

ちなみに、たいへん不思議なことなのだが、花山法皇皇女殺害の首謀者として自首した男の名は、現代には伝わっていない。皇女を殺すという当時としては飛び抜けて大きな罪を犯したはずの人物の名が、まったく記録に残っていないのである。

いったい、公式に花山法皇皇女殺害の主犯とされたのは、どこの誰だったのだろうか。あるいは、そのような人物は、本当に存在していたのだろうか。

その謎の男が自首した日、実資のもとには、検非違使別当《けびいしべっとう》(検非違使の長官)として皇女殺害事件の捜査を指揮していた右兵衛督《うひょうえのかみ》藤原経通《つねみち》のもとより、一通の書状が届いていた。それは、すでに皇女殺しの罪を認めた自首犯をさらに拷問することについて、実資に意見を求めるものであった。

これに対して、かつて検非違使別当を務めたこともある実資は、「これまで自首してきた者が拷問された例はない」と返答している。そして、経通は「賢人右府《けんじんうふ》」と呼ばれる実資の意見を尊重したであろうから、皇女殺害の首謀者と称する男は、おそらく、たいした取り調べを受けることもなしに、花山法皇皇女殺害事件の主犯として認定されたことだろう。その場合、彼の自供が狂言である可能性はまったく考慮されなかったことになる。

しかも、この自首犯については、最終的に誰の裁定によって皇女殺しの主犯として認められたのかがはっきりしていない。

　確かに、その自首犯の身柄を預かっていたのは、当初は検非違使であった。だが、検非違使別当経通の顧問《こもん》のような立場にあった実資は、件《くだん》の自首犯の罪状は検非違使の裁量で決せられるべきではないと考え、その旨《むね》を書状で経通に伝えているのだ。したがって、もし経通が実資の見解に素直に従っていたとすれば、皇女殺しの主犯として自首した男の罪状を決したのは、当初に彼の身柄を預かっていた検非違使ではない。

　そして、現存する史料からでは、自首犯の罪状が誰の責任で決せられたのかはわからない。誰が裁定を下したのかを示す記録や文書がまったく存在していないのである。もちろん、これについては、それまでは事件に大きな関心を示していたはずの藤原実資さえも、その日記にまったく何も記していない。

　しかし、皇女殺害という重罪を自供した容疑者に関わる裁定が、まったく後世に伝わっていないのだから、これは実に奇妙な話だ。あるいは、この裁定に関しては、当時の貴族社会が意図的に記録を残さないようにしたのだろうか。とすれば、それはよほど後ろめたい裁定だったのだろう。『小右記』にさえ何も記されていないという事実からは、そうした結論を導き出したくもなる。

　また、『小右記』といえば、藤原実資が非常に重要なところで事件の解決に関わっていたにもかかわらず、彼の日記である『小右記』には、花山法皇皇女殺害の首謀者の名は一度も記されていない。公式には共犯者の一人にすぎないはずの隆範の名が書き留められている『小右記』に、より重要なはずの主犯の名が記録されていないのだ。これは、あまりにも不自然である。

結局のところ、こうした事実から明らかになるのは、当時の貴族社会が花山法皇皇女殺害事件の早期解決を切望していたということくらいであろうか。事件の首謀者として自首した男は、まず間違いなく、貴族社会が仕立てた偽物であったろう。王朝貴族社会の人々は、偽の首謀者を仕立て上げてまで、早々《そうそう》に事件に幕を下ろしてしまいたかったのである。

何もなかったことにしたかった貴族社会

少しばかり話を戻すことになるが、三位中将藤原道雅が花山法皇皇女殺害事件の首謀者であるという疑いが浮上したのは、皇女殺害犯の一人として検非違使に捕らえられた隆範という男が道雅の名前を出したためであった。そして、この隆範の供述は、貴族社会に激震を走らせた。『小右記』によれば、当時の貴族社会の盟主《めいしゅ》の地位にあった藤原道長・頼通の父子も、検非違使別当の藤原経通より報告を受けるや、「驚嘆」したという。

また、同じ情報を別の検非違使から得た藤原実資は、「虚実《きょじつ》は知《し》り難《がた》し」としながらも、「彼《か》の一家《いっか》の余殃《よおう》か。悲《かな》しむべし、悲《かな》しむべし」との感懐を日記に書きつけている。「余殃」というのは、先祖の悪業による災いのことである。また、「彼の一家」というのは、中関白家に他ならない。

すなわち、実資の思うところ、皇女殺害の黒幕として名指しされた道雅は、一族の悪業の報《むく》いとして濡《ぬ》れ衣《ぎぬ》を着せられたにすぎなかった。大事件の首謀者として道雅の名が挙がったとの報に接して狼狽《ろうばい》した実資は、そう思い込むことで何とか心を落ち着かせようとしたのである。そして、ここに見る実資の動揺は、当時の貴族社会の人々の多くに共有されたものであったろう。

もちろん、王朝貴族たちがあわてたのは、中関白藤原道隆という最上級貴族を祖父とする貴公子が、よりにもよって法皇皇女殺害などという大罪の容疑をかけられたからであった。当然、皇女殺しの重罪人は、厳罰に処されねばならない。しかし、その重罪人が最上級貴族やその子弟であるような場合には、与えるべき適切な刑罰が存在しなかったのだ。

かつて、花山法皇に矢を射かけた二人の貴公子は、左遷というかたちの事実上の流刑《るけい》に処された。このとき、藤原伊周《いころ》・隆家の兄弟は、法皇を射殺したわけではなく、法皇自身の身体には傷をつけてもいない。それでも、二人は流罪になったのである。

とすれば、法皇の娘を殺してしまった者は、流刑よりも厳しい刑に処されるべきだろう。だが、当時の貴族社会は、けっして死刑を行おうとはしなかった。また、貴族社会の慣習として、貴族の身分にある者が禁固刑に処させることはあり得なかった。したがって、もし道雅が皇女殺害の首謀者であった場合には、彼に与えるべき処罰をめぐって、貴族社会の秩序が揺らぎかねなかったのである。

しかも、皇女殺害事件とはいっても、殺された皇女というのが、すでに述べたように、皇女であることを公《おおやけ》にしかねるような生まれの女性であった。彼女の父親が花山法皇であることは、当時の貴族社会の人々の間で共有されていた公然の秘密の一つである。それゆえ、そのことについては、実際には誰もが知っていながら、公式には誰もが知らないふりをしなければならなかったのだ。そのため、この事件を公式に皇女殺害事件として扱うか否《いな》かということも、貴族社会の人々にとっては、社会の秩序に関わる大問題であった。

こうした幾重にも面倒な事情から、王朝貴族社会の人々は、この事件に関しては「何もなかったことにしたい」という心情になっていたことだろう。そして、そんな彼らが可能な限り何もなかったことにするためにとった措置というのが、それらしい主犯格の容疑者を捏《でっ》ち上《あ》げ、事件が無難に落着したように装《よそお》うことだったのではないだろうか。

10　小一条院敦明親王、受領たちを袋叩きにする

敦明親王、路上で前長門守高階業敏を虐待する

治安《じあん》三年（一〇二三）の四月十七日、この日、高階業敏《たかしなのなりとし》の王朝貴族としての面目は、公衆の面前において著しく傷つけられることになった。

大勢の無頼漢《ぶらいかん》に囲まれて、さんざんに殴る蹴《け》るの暴行を受ける。そのうえ、頭に被《かぶ》っていた烏帽子《えぼし》を奪われ、髻《もとどり》を丸出しにさせられる。しかも、剝出《むきだ》しの髻をぐしゃぐしゃに掻《か》き乱《みだ》されてしまう――小野宮右大臣《おののみやうだいじん》藤原実資《さねすけ》の日記が伝えるところによれば、治安三年四月十七日の高階業敏は、平安京北郊の路上において、貴族層から庶民層までの多くの人々が見守る中、こんな酷《むご》い目に遭《あ》わされたらしいのだ。

このときの業敏は、要するに、いわゆる「袋叩《ふくろだた》き」にされたのである。しかも、衆目《しゅうもく》の集まる路上において。このような仕打《しう》ちを受けることは、言うまでもなく、誰にとってもきわめて体裁の悪いことである。

だが、袋叩きにされたこと以上に業敏の体面を損なったのは、烏帽子を奪われて髻を露出させられたことであったろう。

「髻」というのは頭髪を束《たば》ねた丁髷《ちょんまげ》のようなものだが、第1章で説明したように、これを人前に晒《さら》け出《だ》すことは、王朝時代の成人男性にとって、非常に恥ずかしいことであった。だからこそ、彼らはつねに冠《かん》や烏帽子などを被っていたのである。したがって、烏帽子を奪われて髻を衆目に晒させられた業敏は、おそらく、公衆の面前で無理矢理にズボンを脱がされて下着を丸出しにさせられた現代人ほどに恥ずかしい思いをしたにちがいない。

この事件のしばらく前まで、高階業敏は長門守《ながとのかみ》の任にあった。長門守といえば、長門《ながとの》国《くに》を統治する長門国府《ながとのこくふ》の長官であり、王朝時代の中級貴族が憧《あこが》れたいわゆる「受領《ずりよう》」のポストに他ならない。業敏は受領を歴任する中級貴族の一人だったのである。

各国での徴税を主要な職務としていた受領は、税をピンはねする機会などにも恵まれた。そのため、才覚を持ち合わせた者であれば、受領となることで巨万の富を築くことも可能であったという。だから、権力とは無縁の中級以下の貴族の家に生まれた者たちは、摂政や関白の地位の代わりに、豊かな経済力を持ち得る受領の地位に憧れたのであった。

もちろん、長門守を務めたことのある高階業敏は、受領として富を得た豊かな中級貴族であったろう。また、当然のことながら、王朝時代に中級貴族の一人として生きた業敏は、王朝貴族社会の一員であり、「王朝貴族」と呼ばれるべき人物である。

そして、その王朝貴族の高階業敏に対して、衆人環視《しゆうじんかんし》の中でさんざんな虐待を加えたのは、「小一条院《こいちじょういん》」の院号《いんごう》を持つ敦明《あつあきら》親王という皇子であった。

路上で業敏を袋叩きにしたのは、あるいは、業敏から烏帽子を取り上げて彼の髻を掻き乱したのは、小一条院敦明親王に仕《つか》える従者たちであった。そして、そうした従者たちの蛮行は、まず間違いなく、その主人である敦明親王の意図したものであったろう。桐壺《きりつぼ》帝を父親とする光源氏《ひかるげんじ》が生まれついての貴公子であったように、三条《さんじょう》天皇を父親に持つ敦明親王も生まれつきの貴公子である。もし貴公子の条件が生まれにあるのだとすれば、天皇を父親として生まれる皇子たち以上に貴公子らしい貴公子など、王朝貴族社会にも存在するはずはない。しかし、小一条院敦明親王は、公衆の面前で王朝貴族社会の一員を虐待するような、凶悪さと残忍さとを持ち合わせた皇子であった。

敦明親王、賀茂祭使の行列を見物する人々を追い回す

ところで、敦明親王が治安三年の四月十七日に起こした事件は、右に紹介した前長門守高階業敏に対する集団暴行だけではなかった。

藤原実資の『小右記《しょうゆうき》』によれば、この日には、親王に率いられた多くの従者たちが、次から次へと暴力沙汰《ざた》に及んでいたのである。業敏が袋叩きにされたことなどは、敦明親王の一行が引き起こしたいくつもの騒動の一つでしかなかったのだ。

そもそも、この日は、前日の賀茂祭《かもさい》に派遣された祭使《さいし》の一行が賀茂社《かもしゃ》から都《みやこ》へと戻っ

てくる還立《かえりだち》の日であった。そのため、この日の紫野《むらさきの》には、貴族層・庶民層を問わず、多くの老若男女が、都に帰ってくる賀茂祭使の行列を見物するために三々五々に集まっていた。当然、そこには、お祭りにふさわしい華やいだ空気が満ちていたことだろう。

だが、小一条院敦明親王が多くの従者を引き連れて登場するや、それまでお祭り気分に浮かれていた紫野の雰囲気は一変してしまう。気がつけば、行列見物に集まっていた人々は、恐怖に駆られて散《ち》り散《ぢ》りに逃《に》げ惑《まど》うことになっていた。そう、敦明親王の多数の従者たちが、周囲の見物人たちを相手として、見境《みさかい》なしに暴力をふるいはじめたのである。

小一条院家の従者たちは、手当たりしだいに見物人たちに殴る蹴るの暴行を加えた。そして、さらには、彼らは、彼らの暴力から逃れようとする人々を執拗《しつよう》に追いかけ回した。

敦明親王の従者たちの暴力を恐れて逃げ惑った人々の中には、不幸にも騎馬《きば》で追い回された者さえあった。むろん、人間の脚力では馬を相手に逃げ切れるはずもなく、その不幸な男は、思いあまって付近にあった知足院《ちそくいん》という寺院に逃げ込んだ。しかし、彼を追っていた親王の従者は、その知足院にまで追い入ってきた。しかも、その従者は、逃げ回る男を追うことに夢中になり、騎乗したままで知足院の僧坊《そうぼう》内を走り回ったらしい。

この追跡劇によって知足院はずいぶんな損害を蒙《こうむ》ったというが、もちろん、敦明親王一行の暴挙によって最もひどい目に遭ったのは、直接に追い回されて暴力をふるわれた人々であろう。幸いにして死人が出ることはなかったものの、どれほど多数の人々が被害を受けたことだろうか。この日の敦明親王一行の所業は、明らかに常軌《じょうき》を逸《いっ》していた。

そして、その異常な暴力は、貴族層に属する者にまで向けられた。すなわち、先に紹介したように、前長門守高階業敏が酷い虐待《むご》を受けたのである。この業敏に対する虐待を直接に取り仕切ったのは、小一条院家の執事《しつじ》を務めていたと思《おぼ》しき高階在平《ありひら》という者であったらしい。詳しいことはわからないが、彼は業敏の縁者であったかもしれない。

いずれにせよ、この日の大騒動の発端《ほったん》は、おそらく、敦明親王がのんびりと行列見物を楽しめるだけの場所を確保しようとしたことにあったのだろう。牛車《ぎっしゃ》に乗ったままで祭使の行列を見物できるよう、親王は自家の従者たちに周囲の見物人たちを追い散らさせたものと思われる。そして、その程度のことならば、かなり横暴で悪質な行為であるにしても、王朝時代の御曹司《おんぞうし》たちの起こす暴力沙汰としては取り立てて珍しいものではなかった。

だが、この日に敦明親王が自家の従者たちに行使させた暴力は、あまりにも度が過ぎていた。親王の従者たちは、一行の周囲にいた見物人たちを追い払うだけでは飽き足らず、その場から逃げ去った人々を追い回してまで執拗《しつよう》に暴行を続けたのだ。敦明親王の一行は、暴力行使の目的を完全に見失ってしまっていたように思われる。

ちなみに、藤原実資の治安三年四月十七日の日記には、「ろくでもない事件の多くは、小一条院に原因がある」という一言が記されている。

小一条院敦明親王

もしその公式の地位を問題にするならば、王朝時代に実在した貴公子たちの中で最も光源氏に近い存在であったのは、「小一条院」の院号を持つ敦明親王であろう。

『源氏物語』という王朝物語の主人公である光源氏は、桐壺帝の第二皇子として誕生するも、幼い頃に父帝より「源」の姓と臣下としての人生とを与えられ、死ぬまで帝位に即《つ》くことはなかった。しかし、彼は後に准太上天皇《じゅんだいじょうてんのう》の地位を得ることになる。「太上天皇」というのは、いわゆる「上皇」のことであり、その上皇に准ずる待遇を約束されるのが、准太上天皇という地位である。すなわち、光源氏という皇子は、帝位に即くことがなかったにもかかわらず、かつて天皇であった者だけが得られるのと同等の地位を得たのであった。

そして、王朝時代に実在した敦明親王という皇子も、ついに天皇となることはなかったにもかかわらず、准太上天皇の地位を得た人物であった。一般に、彼は小一条院として知られるが、本来、「院」というのは上皇の別称である。「小一条院」というのは、敦明親王の院（上皇）としての呼び名（院号）であった。

ただ、光源氏と小一条院とでは、准太上天皇の地位を手に入れた事情がずいぶんと異なっていた。

光源氏に准太上天皇の地位を与えたのは、桐壺帝の第十皇子として帝位に即いた冷泉帝である。

この冷泉帝の母親は、桐壺帝の寵愛《ちょうあい》を独占して光源氏を産んだ桐壺更衣《きりつぼのこうい》の死後、桐壺更衣によく似ているということで桐壺帝が入内《じゅだい》させた藤壺中宮《ふじつぼのちゅうぐう》であり、したがって、光源氏と冷泉帝とは、公式には異母兄弟《いぼきょうだい》の間柄にあることになっていた。しかし、それは、あくまで表向きのことにすぎない。というのも、光源氏こそが冷泉帝の本当の父親だったからである。光源氏と藤壺中宮との密通によって誕生した不義《ふぎ》の子、それが冷泉帝であった。

この秘密が冷泉帝自身の耳に入ったのは、すでに彼が帝位に即いて後のことであったが、真実を知ってしまった冷泉帝は、実の父親を臣下として扱うことの罪深さに懊悩《おうのう》する。そして、悩める帝は、光源氏に准太上天皇の地位を与えることにしたのである。

一方、敦明親王が准太上天皇の地位を手にしたのは、藤原道長の圧力に屈して皇太子の地位を辞退する見返りとしてであった。

敦明親王の場合、幼くして源姓の臣下となった光源氏とは異なり、一度は皇太子として将来の帝位を約束されたこともあった。長和《ちょうわ》五年（一〇一六）の正月、故一条《いちじょう》上皇

敦明親王を中心とした系図①

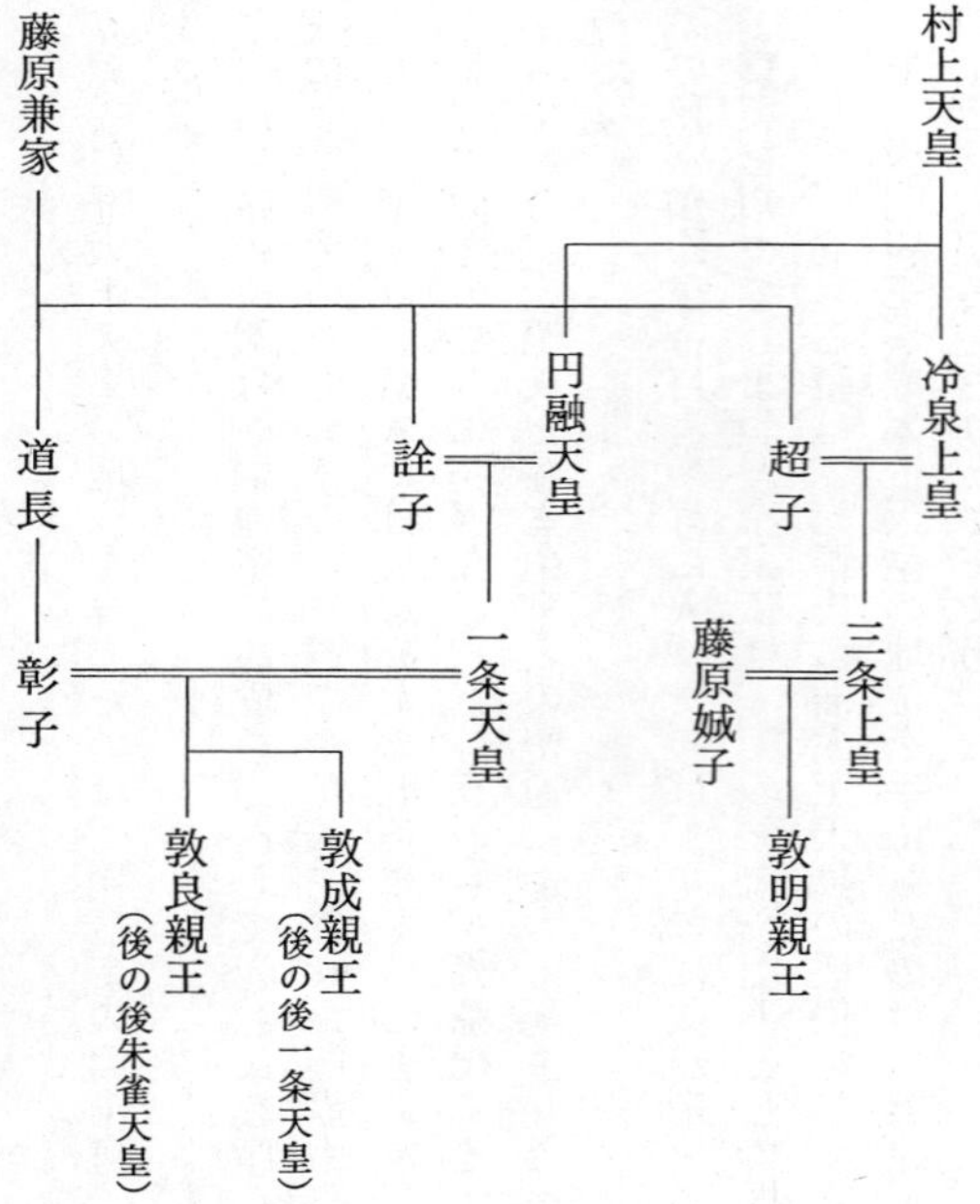

の第二皇子で藤原道長の外孫である敦成《あつひら》親王が即位して後一条《ごいちじょう》天皇となると、後一条天皇に帝位を譲った三条上皇の強い意向により、二十三歳の敦明親王が皇太子に立てられたのである。

しかし、この立太子《りったいし》は、事実上の最高権力者であった藤原道長の望むものではなかった。敦明親王が道長の近縁者ではなかったからである。そして、故一条上皇の第三皇子で道長の外孫である敦良《あつなが》親王の立太子を望む道長は、さまざまに圧力をかけて敦明親王に皇太子の地位を諦《あきら》めさせようとしたのであった。

やがて、寛仁《かんにん》元年（一〇一七）の五月に三条上皇が没すると、その三ヵ月ほど後、孤立無援の敦明親王は、ついにみずから皇太子の地位を辞退することを余儀《よぎ》なくされる。が、敦明親王という皇子は、父親が与えてくれた皇太子の地位を、ただで手放すことはなかった。彼は、二十四歳という若さに似ない巧みな交渉により、藤原道長という老獪《ろうかい》な奸臣《かんしん》を相手に、自尊心も経済力もともに保つことのできる准太上天皇の地位を約束させたのである。

敦明親王、野外で紀伊守高階成章を虐待する

しかしながら、光源氏とはあまりにも異なる経緯で准太上天皇となった敦明親王は、光源氏とはあまりにも異なる准太上天皇であった。天皇になり損ねながらも結果的に准

太上天皇になったという点を除けば、光源氏・敦明親王の二人の皇子がそれぞれに歩んだ人生は、あまりにも懸け離れたものであったように思われる。

治安元年（一〇二一）の十一月八日、この日というのは、高階成章《なりあき》にとっては生涯で最悪の日となったことだろう。

頭髪を乱暴につかまれて、無理矢理に地面に這《は》いつくばらされる。そして、大勢に囲まれて、四方八方からさんざんに蹴飛《けと》ばされる。また、そうした暴行が苛烈《かれつ》を極めたためであろうか、身につけていた衣裳《いしょう》はずたずたのぼろぼろになってしまう——小野宮右大臣藤原実資の日記によれば、治安元年十一月八日の高階成章は、東寺《とうじ》（教王護国寺《きょうおうごこくじ》）に近い平安京の南のはずれの野外において、かなり激しい虐待を受けていた。

と、本章の冒頭に見た前長門守高階業敏が袋叩きにされた事件と同じような感じで紹介してみたのだが、実は、この虐待事件の被害者となった紀伊守《きいのかみ》高階成章という人物は、業敏の実の弟なのである。

そして、この治安元年に起きた高階成章虐待事件というのも、この一年半ほど後に起きることになる高階業敏虐待事件と同様、小一条院敦明親王の企《くわだ》てたものであった。したがって、東寺付近において成章に激しい暴行を加えた集団というのは、小一条院家の従者たちに他ならない。

もちろん、現職の紀伊守であった高階成章は、王朝貴族社会において富裕を謳《うた》われた受領の一人であり、かつ、中級貴族の一人として「王朝貴族」と呼ばれるべき存在であった。ところが、准太上天皇として小一条院の院号を持つ敦明親王は、その王朝貴族の高階成章を、いとも簡単に袋叩きにしてしまったのである。

これによって成章の王朝貴族としての面子《メンツ》が丸潰《まるつぶ》れになったことは言うまでもない。そして、王朝貴族社会の一員であった成章にとっては、虐待されたことそれ自体よりも、虐待されて面目を失《しっ》したことの方が、大きな痛手となったことだろう。「王朝貴族」と呼ばれる人々の地位は、貴族としての体面を保つことによって成り立っていたのである。そして、高階成章という王朝貴族の面子を潰したのは、敦明親王という准太上天皇であった。

『源氏物語』の主人公である光源氏という皇子は、若い帝《みかど》を後見《うしろみ》する准太上天皇として、事実上、貴族社会の秩序の中心に位置していた。『源氏物語』に描かれた貴族社会は、光源氏という中心があってこそ、その秩序を保つことができたのである。

それに対して、敦明親王という皇子は、むしろ、貴族社会の周縁に位置して社会の秩序を脅かす存在であった。

王朝時代の貴族社会の事実上の中心は、言うまでもなく、天皇と皇太子とを外孫としていた藤原道長である。そして、小一条院となった敦明親王は、その道長の画策《かくさく》により、貴族社会の本来の中心である天皇になる機会を永遠に奪われてしまった。彼は、道長の支配する貴族社会において、限りなく中心に近いところから放逐されてしまったのである。

そうして貴族社会の周縁へと追いやられた敦明親王には、社会の秩序を乱すような不品行が少なくなかった。高階業敏や高階成章を虐待して公衆の面前で大きな恥辱を与えたことなどは、実のところ、氷山の一角でしかなかったのである。

憂さを晴らす敦明親王

ときに、藤原実資の『小右記』によれば、高階成章虐待事件の現場が平安京南郊の東寺近くの野外などであったのは、その事件が起きたとき、敦明親王は宇治《うじ》の地から平安京へと帰ってきたところであったからに他ならない。なぜそこに成章がいたのかはよくわからないものの、彼はそこで宇治からの帰途にあった敦明親王と出会い、そのまま虐待事件が起きたのであった。

このとき、敦明親王は馬に乗っていたというが、もちろん、その前後左右には大勢の従者たちがつき随《したが》っていた。親王の命を受けて成章を袋叩《ふくろだた》きにしたのは、その従者たちである。そして、従者たちに成章を嬲《なぶ》らせておいて、敦明親王自身はといえば、おそらく、馬に跨《また》がったままで、文字どおりに高見《たかみ》の見物《けんぶつ》をしていたことだろう。

ここで敦明親王が従者たちを使って存分に虐待した高階成章は、これより以前、すでに親王が皇太子の辞退を余儀なくされた頃から、藤原道長の圧力に屈した敦明親王にとって、非常に不愉快な存在であったものと思われる。さらに言えば、成章の実の兄で治安三年の還立の日に敦明親王に虐待されることになる高階業敏も、弟の成章と同様、敦明親王が将来の帝位を諦めさせられた寛仁元年（一〇一七）より、小一条院の院号を与えられた皇子の不興を買っていたことだろう。

というのは、業敏・成章兄弟の父親である高階業遠《なりとお》が、長い間、後一条天皇となった敦成親王に忠実に仕えていたからに他ならない。

寛弘《かんこう》七年（一〇一〇）に没するまで、高階業遠は長く敦成親王の執事のような立場にあった。その敦成親王という皇子は、言うまでもなく、藤原道長の大事な外孫の一人である。そして、業遠が敦成親王に忠実に仕えていたのは、業遠が道長の意向に忠実であったからだ。すなわち、高階業遠という人物は、藤原道長の忠実な手駒《てごま》の一人だったのである。藤原実資が寛仁二年十二月七日の日記に記したところによれば、業遠は道長の手駒として「無双《むそう》の者《もの》」でさえあったらしい。

とすると、業遠の息子である業敏・成章の兄弟もまた、藤原道長に忠実な存在であったろう。そして、道長にしてみれば、業遠の息子たちは大事な手駒であったにちがいない。

実は、兄の業敏の方について言えば、彼が長門守在任中に何か非常にまずいことをしでかしてしまった折《おり》、道長は事件の隠蔽《いんぺい》を謀《はか》っているのである。寛仁二年十二月七日の『小右記』によると、本来ならば業敏には相当に重い処罰が科されたかもしれないところを、道長が業敏の長門守の任を解いただけで事件についての詮議《せんぎ》を終了する決定を下したため、業敏の起こした重大事件の真相は闇に葬られてしまったのだ。この一件だけからでも、道長と業遠の息子たちとがいかに強く結びついていたかがうかがい知られよう。

だが、そうした結びつきがあったからこそ、高階業敏・高階成章の二人は、小一条院敦明親王から激しく嫌われることになったのであった。藤原道長に皇太子の地位を奪われた敦明親王は、当然、道長のことを非常に不快に思っていたことだろう。そして、業敏・成章の兄弟は、父親の代から、その道長に忠実に仕えていたのである。

しかも、敦明親王が藤原道長への忿懣《ふんまん》をぶつけるには、業敏や成章はまさに手頃な相手であった。准太上天皇の地位にあった敦明親王ならば、朝廷の事実上の最高権力者である道長には手出しができずとも、一介《いっかい》の受領にすぎない業敏や成章に対しては、殺さない程度に虐待を加えるくらいのことは可能だったのである。

復讐する敦明親王

しかしながら、敦明親王が紀伊守の高階成章を袋叩きにしたのは、藤原道長に皇太子の地位を奪われたことで溜《た》まりに溜まっていた憂《う》さを晴らすためだけではなかった。どうやら、敦明親王の起こした高階成章虐待事件の背後には、成章が治めていた紀伊国における荘園《しょうえん》の権益《けんえき》に関する問題があったようなのだ。

藤原実資の日記によれば、右の虐待事件というのは、しばらく以前から、起きることが予想されていたものであった。荘園に関することで成章を恨んでいた敦明親王は、かねてより成章に制裁を加える機会をうかがっていたらしいのだ。そして、その噂《うわさ》を伝え聞いていたのであろうか、狙われていた成章の方でも、いずれは敦明親王の企てによってひどい目に遭わされるであろうことを覚悟していたのだという。

残念ながら、『小右記』も詳しいことまでは伝えてくれていないのだが、おそらく、この頃、敦明親王が紀伊国に持っていた荘園をめぐり、荘園領主の親王と紀伊守の成章との間で、何か大きな軋轢《あつれき》があったのだろう。もしかすると、成章が国司の権限で親王の荘園の権益を大きく損なうようなことをしてしまったのかもしれない。そうしたトラブルが頻発するというのが、この時期における地方の実態であった。

もちろん、一介の受領にすぎない成章が准太上天皇である敦明親王の荘園に手を出すようなまねをしたのは、最高権力者の藤原道長が成章の後ろ盾となっていたからであろう。そのため、敦明親王・成章のいずれに理があったにせよ、敦明親王は自身の荘園の権益を成章による侵害から守り通せなかったにちがいない。

ちなみに、その小一条院敦明親王は、准太上天皇という尊い地位にありながら、藤原道長を後ろ盾とするような有力な受領たちからは、完全になめられていた。

例えば、寛仁三年（一〇一九）の十月に敦明親王が近江国《おうみのくに》の石山寺《いしやまでら》に参詣《さんけい》した折のこと、近江守《おうみのかみ》の源経頼《つねより》は、かねてより参詣途次の親王一行を接待することになっていたにもかかわらず、当日、「国司《こくし》は一事《いちじ》も奉仕《ほうし》せず」という挙に出た。そのため、親王の執事を務める藤原能信《よしのぶ》は、近江国の在地の有力者たちを捕らえ、力ずくで親王を接待させねばならなかったという。これは『小右記』の伝えるところである。そして、ここで親王を蔑《ないがし》ろにした経頼は、道長の妻である源倫子《ともこ》の甥《おい》であり、道長を後ろ盾とする受領の一人であった。

こんな状況であったから、当然、紀伊守の高階成章も、任国である紀伊国においては、敦明親王を領主とする荘園の権益に配慮することはなかっただろう。そして、親王の荘園が成章によって侵害されたとしても、成章の背後に道長の権力がある限り、敦明親王にはどうしようもなかったのである。

そして、そんな敦明親王のせめてもの抵抗が、自己の権益を侵した成章自身を袋叩きにすることだったのだろう。また、こうした思い切ったことでもしない限り、小一条院敦明親王という貴公子は、高階成章のような受領たちに対して、自身の准太上天皇としての面目を保てない立場に置かれていたのではないだろうか。

なお、これはまったくの推測にすぎないのだが、ことによると、敦明親王が前長門守の高階業敏を袋叩きにした背景にも、何か荘園の権益をめぐる問題があったのかもしれない。本来は国司を解任されるだけではすまないほどの悪事さえ働いたという業敏ならば、もし敦明親王が長門国にも荘園を持っていたとすると、その荘園に対しては、成章が紀伊国で行った以上の権益侵害を行っていたのではないだろうか。

敦明親王、藤原実資の従者を拉致しようとする

ところで、しばしば世間を騒がせた小一条院敦明親王の暴力は、小野宮右大臣藤原実資の周辺にも及ぶことがあった。すなわち、万寿《まんじゅ》四年（一〇二七）の六月二日のこと、藤原実資に「家工《いえのたくみ》」として仕えていた姓不明の豊武《とよたけ》という者が、敦明親王の従者たちに自宅に踏み込まれ、危《あや》うく拉致《らち》されそうになったというのだ。

「家工」というのは、おそらく、特定の何かを作ることを仕事とする職人のような従者を意味する言葉であろう。そして、その家工として藤原実資に仕えていた豊武は、実資の住む小野宮第の近隣の家宅に住んでいたという。

小野宮第の周囲には、実資が自家の従者たちに貸し与えるために用意した小家《こいえ》がいくつも立ち並んでいたと考えられるが、件《くだん》の豊武が住んでいたのも、そうした実資家の宿舎のような家々の一つであったろう。つまり、小野宮第の近隣には実資の従者たちが集

住する一帯があり、そこに豊武の居宅があったと考えられるのである。

　そして、そんな豊武宅に押し入って豊武を拉致するという大胆なまねをしたのが、小一条院敦明親王の命《めい》を受けた小一条院家の従者たちであった。しかも、その人数はわずか五人にすぎなかったにもかかわらず、豊武をその自宅から引きずり出した彼らは、堂々と小野宮第の北門の前を通って敦明親王のもとへ帰ろうとしたというのだ。

が、この手口は、あまりにも大胆にすぎるというものであろう。王朝時代の平安京において最上級貴族宅の門前がどのような場所であったかは、すでに第8章に見たとおりである。

　当然のことながら、実資家の従者たちは、たちまちに事件が起きたことを知ることになる。そして、敦明親王の五人の従者たちが豊武を連行して小野宮第北門の前を通り過ぎようとしたとき、そこには実資に仕える従者の幾人かが駆けつけたのであった。

　そこに登場した実資の従者というのは、馬あるいは牛の世話を仕事として「廏舎人《うまやとねり》」もしくは「牛飼《うしかい》」と呼ばれた者たちであったが、牛飼のうちの少なくとも一人は、敦明親王の従者たちと対峙《たいじ》して刀を抜いてしまったらしい。といっても、親王の従者たちの中にも刀を抜いた者がいたというから、どちらが先に抜刀に及んだかはわからない。

　しかし、そうして騒ぎが大きくなったどさくさに、豊武は敦明親王の従者たちから逃れることに成功する。そして、その結果として、双方が刀を抜くほどの状況に陥《おちい》っていたにもかかわらず、この一件で死傷者が出ることはなかった。明らかに任務に失敗した親王の従者たちが、やむなく主人のもとへと引き上げて行ったのである。

このときに敦明親王が豊武の身柄を確保したがっていた理由はよくわからない。ただ、『小右記』によれば、これ以前より、親王は実資に対して豊武の身柄を引きわたすように要求していたらしい。おそらく、豊武は何かしら敦明親王を怒らせるようなことをしてしまったのだろう。

だが、実資は敦明親王の要求を即座に聞き入れるようなことはしなかった。むしろ、私的な制裁を嫌う実資は、公式の場での解決を望み、検非違使庁《けびいしちよう》に裁定を求めたのである。そして、検非違使庁の下した裁定によれば、豊武には非は認められなかった。すなわち、敦明親王の主張は全面的に棄却《ききやく》されてしまったのである。

とはいえ、それでおとなしく引き下がるような敦明親王ではなかった。そして、何が何でも自身の主張を通そうという親王は、貴族社会の秩序などに構うこともなく、ついには実力を行使して現職の右大臣の従者を拘束《こうそく》しようとしたのであった。

職人に腹を立てる敦明親王

では、家工《いえのたくみ》の豊武のような身分の低い者は、もし小一条院敦明親王のような残酷な貴公子を怒らせて身柄を拘束されてしまったとしたら、どんなひどい目に遭わされることになるのだろうか。

この点については、『今昔物語集《こんじやくものがたりしゅう》』巻第二十八第十三の「銀鍛冶ノ延正《しろがねのかじのぶまさ》、花山院《かざんいん》ノ勘当《かんどう》ヲ蒙《こうぶ》ル語《こと》」という話が、いい手がかりを与えてくれるだろう。寛和《かんな》元年（九八五）の二月、藤原実資は延正という銀鍛冶（銀細工職人）に銀食器を作らせているが、『今昔物語集』に登場する「銀鍛冶ノ延正」は、おそらく、実資に使われたこともある実在の人物である。そして、『今昔物語集』においては、その延正という職人が花山《かざん》法皇（花山院）から受けた虐待の様子が、具体的に述べられているのである。

この話でも、銀鍛冶の延正が花山法皇を怒らせることになった次第は語られていないが、ともかく、延正は憤激する花山法皇に拘束されてしまう。そして、法皇によって検非違使庁へと身柄を預けられた延正は、検非違使の手で特別に虐待されることになる。花山法皇より「吉《よ》ク誡《いまし》メヨ」との特命を受けた検非違使が、冬の最中《さなか》にあたる旧暦の十一月に、大きな壺《つぼ》の中で水に浸《つ》かって一晩を過ごすことを、囚《とら》われの延正に強制したのだ。

もちろん、これは説話集に見える話であるから、ここに語られているすべてを史実として理解するわけにはいかない。が、右に見えるような水責《みずぜ》めは、王朝時代にしばしば行われていた虐待の一つだったのではないだろうか。そうでなければ、この話の読み手や聞き手は、ここに語られる虐待に恐怖を感じることはなかっただろう。

なお、右の話で銀鍛冶の延正に腹を立てて彼を虐待させたことになっている花山法皇は、小一条院敦明親王の父方の伯父《おじ》である。花山法皇と敦明親王の父親の三条上皇とは、ともに冷泉《れいぜい》上皇を父親とする異母兄弟であった。

とすると、本当に花山法皇が銀鍛冶の延正を虐待したことがあったのだとすれば、法皇の甥《おい》にあたる敦明親王は、そのときの虐待の手口を詳しく聞き及んでいたかもしれない。そして、親王の聞いていた虐待の方法が『今昔物語集』の語るような水責めであったとすれば、豊武という職人に腹を立てていた敦明親王もまた、豊武を捕らえた場合に

敦明親王を中心とした系図②

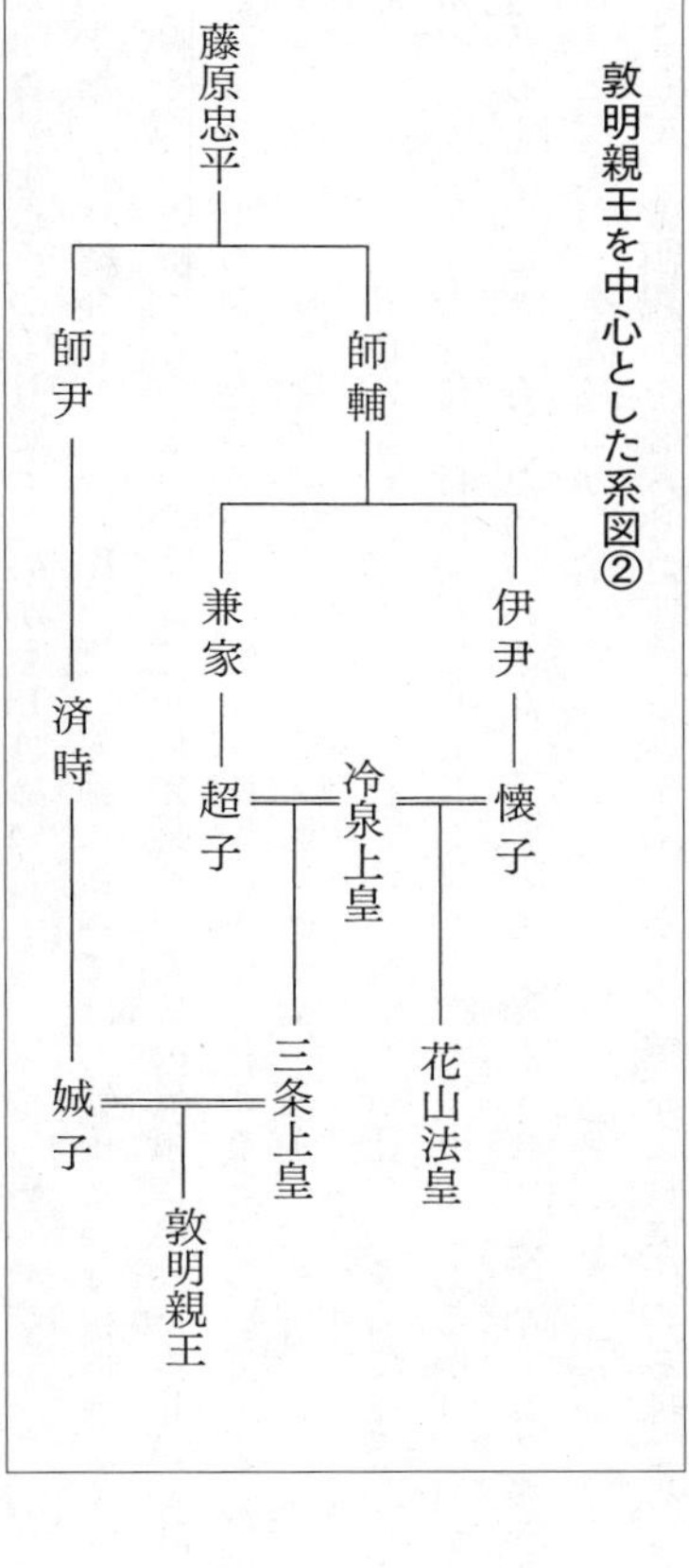

は水責めを行うつもりだったのかもしれない。

また、右に紹介した『今昔物語集』の話においては、延正という銀鍛冶が花山法皇の不興を買った原因は、どうやら、延正の銀鍛冶としての仕事にあったらしい。詳しいことはまったくわからないのだが、延正が法皇に虐待されたことについて、『今昔物語集』は「鍛冶《かじ》ノ徳《とく》ニ憂《う》キ目《め》ヲ見《み》テ」と語っているのである。

しかし、仮に花山法皇が銀鍛冶として召《め》し使《つか》っていた延正に腹を立てたという史実があったとして、なぜ延正は法皇を怒らせてしまったのだろうか。あるいは、何か注文を違《たが》えるようなことでもしたのだろうか。それとも、預かっていた銀をちょろまかすようなことでもしたのだろうか。

そして、敦明親王を怒らせた豊武も「家工」として藤原実資に仕える身であったことからすれば、その豊武が敦明親王の感情を損ねた原因というのも、豊武の職人としての仕事にあったのかもしれない。豊武が何を専門とする職人であったかはわからないが、彼が実資に仕える傍らで敦明親王からの注文にも応じていたとすれば、その仕事ぶりによっては、親王が豊武に腹を立てることもあったことだろう。

11　式部卿宮敦明親王、拉致した受領に暴行を加える

敦明親王、加賀守源政職の拉致・監禁・虐待を企てる

長和《ちょうわ》三年（一〇一四）の六月十六日のこと、白昼の平安京において、王朝貴族社会の誰もが驚くような事件が起きた。その頃にはまだ権大納言《ごんのだいなごん》であった藤原実資《さねすけ》は、この日の日記に「これは尋常のことではない。いまだかつてこんなことはなかった」とさえ記している。

その事件というのは、加賀守《かがのかみ》源政職《まさもと》が衆人環視《しゅうじんかんし》の中で拉致《らち》されたというものであった。だが、政職が拉致に遭《あ》った場所は、自宅であったかもしれず、出先であったかもしれず、あるいは、路上であったかもしれない。残念ながら、この拉致事件が発生した現場がどこであったかはわかっていない。

とにかく、この日に京中の人々が目撃したのは、数人の男たちに取り囲まれた源政職が、自分の足で歩くことを強いられながら連行される姿であった。現任の加賀守であった政職は、富裕で知られる受領《ずりょう》の一人であり、「王朝貴族」と呼ばれる人々の一人である。したがって、公衆の面前で徒歩《かち》を強いられることは、政職にとっては堪《た》えがたい恥

辱であった。王朝貴族というのは、罪人として連行される場合でさえ、牛車《ぎっしゃ》に乗ることを許されるものだったからだ。

そして、この拉致事件の首謀者は、あの敦明《あつあきら》親王であった。王朝貴族の一人を白昼に堂々と拉致するという大胆なことをしたのは、敦明親王の命《めい》を受けた親王家の従者たちだったのである。前章に見たように、この親王は後に公衆の面前で受領たちを袋叩《ふくろだた》きにするという事件を起こすことになるが、それ以前の長和三年、彼はすでに受領を拉致するという騒ぎを起こしていたのであった。

しかも、この事件はたんなる拉致事件では終わらなかった。

この頃、敦明親王は右大臣藤原顕光《あきみつ》の娘の一人と結婚していたため、源政職が親王の従者たちに拉致されて連れて行かれた先は、顕光の所有する「堀河院《ほりかわいん》」と呼ばれる邸宅であった。当時の貴族社会では、若い貴公子が妻の実家で暮らすというのは普通のことだったのである。そして、敦明親王の住む堀河院へと連行された政職は、ある舎屋に監禁されたうえで、さんざんに暴行されたのだという。

そのときに政職が受けた仕打《しう》ちを、実資の『小右記《しょうゆうき》』は「調凌《ちょうりょう》」と表現している。ということは、政職が連れ込まれた堀河院では、袋叩きが行われたのだろう。敦明親王のもとに監禁された政職は、親王家の幾人もの従者たちから、殴る蹴《け》るの暴力をさんざんに浴びせられたにちがいない。

その後、源政職という人物は、この事件から六年半ほど後の寛仁《かんにん》四年（一〇二〇）の閏《うるう》十二月まで生存している。ということは、さすがの敦明親王も、王朝貴族の一人である政職を相手に、生命《いのち》に関わるほどの傷を負わせるようなことはしなかったのだろう。だが、そもそも、王朝貴族の拉致・監禁・虐待を企てたというだけでも、このときの敦明親王の所業は尋常なものではない。しかも、そんな凶行に及んだ敦明親王は、今《きん》上《じよう》帝の第一皇子であった。右の事件が起きた長和三年、帝王の玉座にいたのは、敦明親王の父親の三条《さんじよう》天皇だったのである。とすれば、この事件の報に「これは尋常のことではない。いまだかつてこんなことはなかった」と驚いたのは、藤原実資だけではなかったにちがいない。

このとき、正暦《しようりやく》五年（九九四）生まれの敦明親王は、二十一歳の青年皇子であった。

敦明親王の岳父、「愚か者の中の愚か者」と蔑まれる

この頃、敦明親王はまだ皇太子になってはいなかった。彼が皇太子に立てられるのは、三条天皇が退位した後であり、三条天皇在位中の敦明親王は、式部卿《しきぶきよう》の地位に置かれていた。式部卿というのは、文官の人事を司《つかさど》る式部省《しきぶしよう》という官司の長官である。といっても、王朝時代の式部卿はいわゆる「お飾り」にすぎず、敦明親王が式部卿として式部省の実務にあたっていたわけではない。が、式部卿の官職を帯びていた頃の敦明親王は、

とりあえず、「式部卿宮《しきぶきょうのみや》」あるいは「式部卿親王《しきぶきょうしんのう》」と呼ばれていた。

ときに、その式部卿宮敦明親王が加賀守源政職を拉致・監禁・虐待するという凶悪事件を引き起こした際、王朝貴族社会の人々が最も強く非難したのは、敦明親王その人ではなく、また、その父親の三条天皇でもなかった。この件によって最も多く非難の矛先《ほこさき》を向けられたのは、敦明親王を娘の婿《むこ》としていた右大臣藤原顕光だったのである。

すでに触れたように、この時期の敦明親王は、婿として顕光の堀河院で暮らしていた。そのため、当時の貴族社会における通念として、敦明親王という若い皇子の行動を監督する責任は、舅《しゅうと》として生活をともにする顕光こそが負わねばならなかったのである。それに加えて、顕光自身は年配の右大臣として朝廷の重鎮となるべき立場にあった。とすれば、顕光が敦明親王を諫《いさ》め諭《さと》す役割を担《にな》わされるのは、当然のことであったろう。顕光を上司と仰《あお》ぐ立場にあった権大納言藤原実資も、その日記の中で顕光の責任を強く追及している。

しかしながら、顕光を責め立ててもしかたがないというのが、実資の本音であった。いや、そう思っていたのは、実資だけではない。本当のところは、当時の貴族社会の人々の誰もが、顕光などに敦明親王の面倒が見られるはずはないと踏んでいたのである。

敦明親王が事件を起こした日の『小右記』を見ると、右大臣藤原顕光の責任を問う言葉を見つけることができるが、それとともに、顕光自身についての「もともと賢くない」「愚か者の中の愚か者」といった評価をも見出《みいだ》すことができる。すなわち、実資の眼から見て、敦明親王の岳父《がくふ》であった顕光は、何の役にも立たない愚鈍《ぐどん》な人物だったのである。

実際、藤原顕光の無能さは、王朝貴族社会の誰の眼にも明らかであった。

例えば、長和五年の正月には、顕光はみずから進んで後一条天皇の即位に関わる重要な儀式の一つを取り仕切ったものの、その儀式は顕光自身の不手際によって大失敗に終わっている。『小右記』によれば、この失態を受けて、後一条天皇の外祖父の藤原道長《みちなが》は相当に機嫌を悪くしたが、他の公卿《くぎょう》たちは顕光のあまりの無能ぶりに笑いをこらえきれなかったという。このときにも、実資は顕光を「愚か者の中の愚か者」と酷評《こくひょう》している。

また、そんな顕光は、嘲笑《ちょうしょう》されたことに腹を立てて、実資を呪詛《じゅそ》するという挙《きょ》に出たことがあった。寛仁元年（一〇一七）の十一月のことだ。しかし、自分一人だけが顕光に恨まれるというのは、実資にはまったく納得できないことであった。実資によれば、顕光というのは、「貴族社会の誰もが嘲笑している。世の人々は嘲笑するのを当然のこととしている」「子供の頃から今に至るまで、万人《ばんにん》に軽《かろ》んじられてきた」と評されるような人物だったのである。そして、実資の言うことは間違っていなかった。現に、嘲笑に立腹して呪詛を行うなど、王朝貴族社会においては、言語道断の愚行だったのである。

当時の法律では、呪詛は殺人に准《じゅん》ずる重大犯罪であった。

こうした調子であったから、藤原顕光に敦明親王を監督する役割を期待したところで、それはまったく無意味なことであった。そして、当時の貴族社会の人々の誰もが、そのことを十分に承知していたことだろう。

藤原顕光、丹波掾伴正遠の拉致・監禁・虐待を命じる

そもそも、敦明親王の事件に先立つ長和元年（一〇一二）には、藤原顕光自身が、後に親王が起こすのとまったく同様の事件を引き起こしていた。

同年の九月十六日のこと、平安京内の白昼の路上にて、丹波掾伴正遠《たんばのじょうとものまさとお》が右大臣藤原顕光の従者たちに拉致された。被害者の伴正遠は、騎馬《きば》で藤原実資のもとに向かっていたところを、にわかに大勢に取り囲まれ、馬から引きずり下ろされたのだという。ずいぶんと乱暴な手口であるが、こうして拉致された正遠は、そのまま藤原顕光の堀河院へと連行され、そこに監禁されたのであった。

藤原実資が事件の発生を知ったのは、彼に正遠の「調凌《ちょうりょう》の由《よし》」を報じる者があったためであった。おそらく、それは正遠の従者であったろう。眼の前で主人を拉致された従者が、有力者である実資に助けを求めてきたものと思われる。

このとき、正遠の従者が実資に伝えたのは、正遠の「調凌の由」であった。というこ

とは、正遠の従者も居合わせた拉致の現場において、「調凌」と表現されるほどの暴力が行使されたのだろう。

正遠を馬から引きずり下ろしたというだけでも、藤原顕光の従者たちの行為は十分に乱暴である。だが、彼らの正遠に対する仕打ちは、それだけではなかった。馬から引きずり下ろされた正遠は、その場で殴る蹴るの暴力を浴びせられたのだろう。そして、そのうえで、彼は顕光の堀河院に連行されて監禁されたのである。とすれば、正遠が堀河院において暴行を受けることがなかったとは考えにくい。おそらく、そこでも正遠に対する虐待が行われたことだろう。

ここで拉致・監禁・虐待の被害者となった伴正遠は、かろうじてではあるものの、「王朝貴族」と呼ばれる人々の一人であった。丹波守《たんばのかみ》の指揮下で丹波国《たんばのくに》の行政にあたる丹波掾というのは、おおむね、下級貴族が就《つ》くべき官職《かんしょく》の一つである。したがって、その丹波掾の官職を帯《お》びる伴正遠は、下級貴族としてではあれ、一応は王朝貴族社会の一員だったのである。

そして、王朝貴族の一人である伴正遠を拉致・監禁・虐待するという凶悪事件は、明らかに、右大臣藤原顕光の意向によって引き起こされたものであった。顕光家の従者たちが正遠を拉致したのは、顕光の命を受けてのことだったのである。

だが、顕光が目的としていたのは、けっして、正遠に危害を加えることそのものではなかった。その証拠に、正遠が一枚の念書《ねんしょ》を書き上げるや、顕光はそれだけでただちに正遠の身柄を解放しているのだ。このときの顕光の目的は、おそらく、正遠に念書を書かせることにあったのだろう。

ちなみに、ここで正遠が書いた念書というのは、浅井有賢《あさいのありかた》という人物に対する債務《さいむ》の速《すみ》やかな返済を約束するものであった。そして、ここに登場する浅井有賢というのは、藤原顕光家の執事の一人であった。

どうやら、この頃の正遠は、右大臣家の執事を務める有賢に対して少なからぬ額の債務を負っていたらしい。そして、有賢の側では、正遠に対する債権の回収にてこずっていたのだろう。ことによると、正遠には誠実に債務を履行《りこう》する意思がなかったのかもしれない。そうだとすれば、彼が顕光に拉致・監禁・虐待されたのはまったくの自業自得であった。

こうして、藤原顕光の起こした事件には相応の背景があったことが判明したわけだが、そうすると、敦明親王の事件というのも、たんなる暴力事件ではなかったのかもしれない。

王朝貴族の債権回収

ところで、路上で右大臣藤原顕光の従者たちに拉致《らち》されたとき、丹波掾伴正遠が向かっていたのは、権大納言藤原実資のところであった。正遠は債務の返済のために実資のもとに赴こうとしていたのである。そして、正遠が実資に対して負っていた債務というのは、丹波掾への推挙《すいきょ》の手数料であった。

実は、正遠が丹波掾の官職を得ることができたのは、実資の推挙があったためであった。そのため、正遠は実資に推挙の手数料を支払わねばならなかったのである。この手数料を王朝貴族たちは「任料《にんりよう》」と呼んだが、実資のような公卿が正遠のような下級貴族を丹波掾などの下級の官職に推挙して任料を得ることは、この当時にはすでに公式の制度として確立していた。丹波掾のような下級の官職は、売り買いされるものになっていたのである。

それはともかく、実資を通じて丹波掾の官職を購入した正遠は、あの日、丹波掾の任料を納めるために実資のもとに向かっていたのであった。しかし、その一方で、正遠は浅井有賢に対する債務の返済を滞《とどこお》らせていた。それは、丹波掾の任料の工面《くめん》が精一杯で有賢への返済にまでは手が回らなかったためかもしれないし、また、そもそも有賢に対する債務を誠実に履行しようという意思がなかったためかもしれない。

いずれにせよ、債権者の有賢にしてみれば、正遠は悪質な債務者であった。だからこそ、有賢の側は、拉致・監禁・虐待という暴力的な手段を使ってまで正遠に債務の速やかな履行を約束させねばならなかったのであろう。

そして、王朝時代の貴族社会においては、債権の回収に暴力が用いられるというのは、それほど珍しいことではなかった。むしろ、相手が右の伴正遠のような悪質な債務者である場合には、王朝貴族たちは躊躇《ちゅうちょ》することなく暴力に訴えたようである。

例えば、東三条院《ひがしさんじょういん》藤原詮子《あきこ》の執事を務めた藤原有親《ありちか》などは、長徳《ちょうとく》元年（九九五）の二月のこと、主人の持つ債権を回収しようとして、集団乱闘に発展するような暴力をも行使しているのだ。

東三条院藤原詮子といえば、一条《いちじょう》天皇の生母として当時の朝廷に対して強い影響力を持っていた女性である。そして、その詮子に対する債務の履行を怠《おこた》るという思い切ったことをしたのは、藤原顕盛《あきもり》という中級貴族であった。この顕盛は、かつて下総守《しもうさのかみ》として受領《ずりょう》を務めたこともあり、当然、それなりの財産を持っていたはずである。だが、彼には、詮子への負債を返済しようという意思はまったくなかった。

その頃、中宮《ちゅうぐう》として一条天皇の寵愛《ちょうあい》を受けていた藤原定子《さだこ》は「二条北宮《にじょうきたのみや》」と呼ばれる邸宅を在所としていたが、何とかして債務を免れようとする顕盛は、その二条北宮へと逃げ込んだ。おそらく、彼は定子に近い立場の人間だったのだろう。そして、藤原実資によれば、顕盛は二条北宮に幾日にも渡って籠《こも》り続けたのである。

確かに、天皇の寵姫《ちょうき》の住む邸宅などに入り込まれては、天皇の生母の執事たちといえども、顕盛のもとに踏み込むわけにはいかなかった。したがって、そこに籠っている限り、顕盛は取り立てから自由でいられるはずであった。

ところが、東三条院詮子の執事の一人である藤原有親は、主人や自身の従者たちを数多く引き連れて、中宮定子の二条北宮に乗り込もうとしたらしいのだ。もちろん、そんな無茶なことを、定子の従者たちが黙って許すはずはない。そして、その結果として、詮子側の従者たちと定子側の従者たちとの間で、大規模な「闘乱《とうらん》」が起きてしまったのである。

禎子内親王の執事、源政職の妻の財産を差し押える

このように、王朝貴族たちの行使した暴力は、しばしば債権の回収と結びついていたわけだが、結論から言ってしまえば、敦明親王による加賀守源政職の拉致・監禁・虐待なども、政職に債務を履行させる目的で行われたものであったかもしれない。どうやら、政職という受領は、敦明親王や彼に近い立場の人々にとってはかなり悪質な債務者だったようなのだ。

『御堂関白記《みどうかんぱくき》』というのは御堂関白藤原道長の日記であるが、その『御堂関白記』によれば、長和四年（一〇一五）の七月二十三日、兵部少輔《ひょうぶのしょう》平為忠《ためただ》が「少将《しょうしょう》」と呼ばれる女房《にょうぼう》の自宅を検封《けんぷう》するという事件が起きている。「検封」というのは、要するに、今で言う差《さ》し押《おさ》えのことである。すなわち、この日、少将という女房は、自宅およびそこに

あった家財や財産のすべてを、平為忠によって差し押えられてしまったのである。

そのため、少将は藤原道長に泣きついた。おそらく、彼女は道長に近い立場にあったのだろう。しかも、訴えを受けた道長が即座に為忠を呼びつけて事情を説明させているところを見ると、少将の存在は道長にとってかなり重要なものだったにちがいない。

本書の本来の関心からは少し話が逸《そ》れるが、『御堂関白記』に「少将」として登場する女房は、『紫式部日記《むらさきしきぶにっき》』に「小少将《こしょうしょう》」として登場する女房と同一の女性かもしれない。もしそうだとすれば、彼女は、左大臣源雅信《まさのぶ》の孫娘であり、道長の妻である源倫子《ともこ》の姪《めい》である。また、紫式部の親友であった彼女は、紫式部と同じく、道長の娘で一条天皇の中宮となった彰子《あきこ》に仕えていた。そうした立場の女性であってみれば、道長が少将という女房を大事にしたことも、まったく当然のことであるように思われる。

では、なぜその少将が自宅を検封されるようなことになったのだろうか。

それは、道長に呼びつけられて事情の説明を求められた平為忠によれば、彼女が加賀守源政職の妻になっていたためであった。どうやら、この頃、政職は禎子《よしこ》内親王に対する債務の履行を滞らせていたらしいのだ。そして、政職の妻である少将の自宅を検封した平為忠というのは、禎子内親王の執事の一人であった。

要するに、少将が自宅や財産を差し押えられたのは、彼女の夫である源政職が債務の返済を怠っていたためだったのである。そして、禎子内親王の執事である平為忠が少将の自宅を検封したのは、政職に対して債権を有する禎子内親王の代理人として、悪質な債務者である政職から何とかして債権を回収しようとしてのことであった。

　このとき、源政職は現役の受領であった。彼は、現職の加賀守だったのである。したがって、その彼に債務を返済する能力がなかったとは考えにくい。とすれば、彼が債務の履行を滞らせていた理由は一つしかない。すなわち、彼には禎子内親王に対する債務を履行する意思がなかったのである。

　そして、禎子内親王というのは、三条天皇の皇女であった。そう、加賀守源政職に対する債権の回収にてこずっていた内親王は、あの敦明親王の妹だったのである。とすれば、敦明親王が政職を拉致・監禁・虐待したことも、彼らと禎子内親王との関係から説明できるのではないだろうか。

　もしも、敦明親王が源政職に対して行使した暴力が、政職に禎子内親王に対する債務の履行を促《うなが》すためのものであったとすれば、この時代の風潮からして、敦明親王の行為はそれほど不当なものではなかったように思われる。彼は、ただ妹を助けたかっただけなのだ。

源政職、鉾に貫かれて果てる

　せっかくなので、ここで少しばかり源政職という人物についても話を広げておこう。

というのも、この政職が王朝貴族にはあるまじき最期《さいご》を遂げているからだ。

寛仁四年（一〇二〇）の閏《うるう》十二月二十五日のこと、前加賀守の源政職は、京の自宅において、その身体《からだ》を鉾《ほこ》に貫かれて死んだ。すなわち、彼は鉾で突き殺されたのである。藤原実資の伝えるところでは、政職の生命《いのち》を奪ったのは、その晩に政職宅に押し入った強盗たちの一人であったらしい。

当然、政職が息を引き取った辺りは、一面の血の海になっていたことだろう。しかも、政職の従者が賊の一人を射殺《いころ》したというから、政職の屍骸《しがい》からそう遠くないところに、もう一つ、矢の突き立った屍骸が転がっていたのである。それは、王朝貴族の死の光景としてはきわめて異例のものだったはずだ。

しかし、前加賀守源政職を殺した犯人は、本当にたんなる強盗だったのだろうか。

これより後のことになるが、治安《じあん》三年（一〇二三）の十二月、丹波守藤原資業《すけなり》の京中の自宅は、十数人の「騎兵《きへい》」たちに襲撃され、かつ、彼らの放った火によって全焼してしまう。このとき、任国の丹波国にいたことで資業自身は難を逃れるのだが、その彼はこの一件をたんなる強盗放火事件として片づけようとする。

だが、どうやら、資業の邸宅を襲った「騎兵」たちというのは、丹波国の人々であるらしかった。すなわち、丹波守資業の苛酷《かこく》な徴税などに対して不満を爆発させた一団が、悪徳受領の資業への報復として、その本宅を焼き打ちしたようなのだ。むろん、そうした事情を、当の資業が知らなかったはずはない。が、任国での悪政を表沙汰《おもてざた》にしたくなかった彼としては、架空の強盗団に濡《ぬ》れ衣《ぎぬ》を着せて事件をうやむやにするしかなかったのである。

こうした事例もあったことからすれば、前加賀守源政職が強盗に殺されたという話についても、その真偽を少しばかり疑ってみてもいいような気がする。

実際、藤原道長の『御堂関白記』によれば、長和元年（一〇一二）の九月には、加賀国の「百姓《ひやくしょう》」たちが朝廷に加賀守政職の「非法《ひほう》」を訴え出るという出来事があった。このときに提出された訴状には、三十二箇条もの「非法」が列挙されていたという。しかも、政職自身が朝廷に訴えたところによれば、その頃の加賀国では、納税義務を負う人々が次々に逃亡してしまっていたらしい。おそらくは、政職の施政に不満を持つ者たちが、逃亡することによって反抗の意思を示していたのだろう。

このような事情からすると、源政職を鉾で突き殺した犯人が実はたんなる強盗ではなかったとしても、それは驚くべきことではない。むしろ、かつての悪政の報いとして加賀国からの刺客《しかく》に殺されたという方が、政職らしい最期であるようにさえ思われるのだ。

そんな源政職の悪辣《あくらつ》さは、加賀国においてのみならず、京の都においても発揮されていた。そのいい例が、禎子内親王に対する債務の不履行である。また、政職という受領は、朝廷への貢納をも怠っていた。『小右記』によれば、長和四年の四月、政職が加賀国に割り当てられていた貢納を滞らせていたことが問題となっているのである。

なお、これらは三条天皇の治世の出来事だが、ここに見える政職の態度は、彼が三条天皇をなめ切っていたことを示している。その頃、朝廷の事実上の最高権力者であった藤原道長の圧力により、三条天皇の退位は時間の問題となっていた。そのため、少将の夫として道長に近い立場にいた政職には、三条天皇は何の脅威にもならなかったのである。

藤原定頼、敦明親王の従者を殺して「殺害人」と呼ばれる

そうした頃、式部卿宮敦明親王が右中弁《うちゆうべん》藤原定頼《さだより》を殴りたがっているという、穏やかならぬ噂が流れたことがあった。

藤原定頼というのは、四条大納言《しじようだいなごん》藤原公任《きんとう》の嫡男であり、関白太政大臣藤原頼忠《よりただ》の孫である。したがって、この定頼という人物もまた、生まれついての貴公子であった。しかも、定頼の場合、御堂関白藤原道長の生まれに恵まれただけの幼稚で粗暴な御曹司《おんぞうし》たちなどとは異なり、「貴公子」と呼ばれるにふさわしい素養をいくつも持ち合わせていた。

この時代、漢詩・和歌・音楽・書道などが貴公子の嗜《たしな》むべき才芸とされていたが、定頼の父親の公任は、それらのいずれについても名人と認められた人物であった。『大鏡《おおかがみ》』

の伝えるところでは、藤原道長の催《もよお》した舟遊びにおいて、漢詩・和歌・音楽のそれぞれの名人たちが三艚《そう》の舟に分乗させられた際、公任だけは道長から三艚のいずれに乗ることも許されたのであった。また、『入木抄《じゅぼくしょう》』という室町時代の書道書によれば、公任や道長の時代の能書家としては三蹟《さんせき》の一人として有名な藤原行成《ゆきなり》がいたが、この行成さえいなければ、その頃の書道の第一人者とされるべきは公任その人であったらしい。

そして、この公任の息子として育ったため、定頼もまた、多芸多才の人物であった。父親の公任よりは少しずつ劣ったとの評価もあるが、漢詩・和歌・音楽・書道のいずれについても、定頼は非凡な才能を備えていたのである。あらゆる才芸に優れた貴公子などというと、『源氏物語』の主人公である光源氏《ひかるげんじ》のようだが、藤原定頼という貴公子は、才芸に関して言えば、まさに現実世界の光源氏のような存在であった。

ところが、長和三年（一〇一四）の十二月、その藤原定頼が「殺害人《さつがいにん》」と謗《そし》られるような事件が起きてしまう。

今となっては、どんなことが原因になったのかはわからない。ただ、とにかく、何かをきっかけとして、式部卿宮敦明親王の従者たちと右中弁藤原定頼の従者たちとの間で、激しい集団乱闘がはじまったらしいのだ。その「闘乱」の中で親王の従者の一人が袋叩《ふくろだた》きにされるが、定頼の従者たちによる「打《う》ち調《ちょう》ず」という暴行が相当に激しいものであったらしく、親王の従者は瀕死《ひんし》の重傷を負ってしまう。

この集団乱闘事件のことは『小右記』にも記録されているのだが、それによると、後日、そもそもの原因が定頼の側にあったことが判明する。日頃から敦明親王を疎《うと》ましく思っていた藤原道長も、当初は親王こそが「不善《ふぜん》」を為《な》したと思っていたものの、詳細が明らかになるにつけ、「不善」を為したのは定頼の方であることを認めざるを得なかったという。

しかも、事件から数日を経て、瀕死の重傷を負っていた従者が死んでしまう。すなわち、敦明親王の従者の一人が、定頼の「不善」のためにはじまった集団乱闘の中で定頼の従者に負わされた傷によって生命を落としてしまったのである。

こうして、現実世界の光源氏の一人は、「殺害人」と謗られる身となってしまう。当然、彼の従者たちの多くが、検非違使《けびいし》に追われることになった。また、彼自身も、当面の間、朝廷の重要な職務から外されてしまう。そして、敦明親王に恨まれることにもなった。

しかし、それも当然の報いであった。今上帝《きんじょう》の第一皇子を相手に集団乱闘に及ぶなど、王朝時代においては、とても尋常なこととは言えない。それは、敦明親王の父親である三条天皇を蔑《ないがし》ろにする行為である。そもそも、敦明親王家に対して「不善」を為したということだけを見ても、藤原定頼には三条天皇を侮《あなど》る気持ちがあったとしか思えないのだ。

12　三条天皇、宮中にて女房に殴られる

民部掌侍、悪霊に憑かれて三条天皇を殴る

天皇に殴りかかった女房がいた。
長和《ちょうわ》四年（一〇一五）の五月二十二日のこと、掌侍《ないしのじょう》の官職《かんしょく》を帯《お》びる「民部《みんぶ》」と呼ばれる女房が、三条《さんじょう》天皇の御前《ごぜん》において、突如として暴れ出した。天皇の傍らに控えていた童《わらわ》に襲いかかり、『小右記《しょうゆうき》』に「打《う》ち調《ちょう》ず」と記録されるような暴力を浴びせかけたのだ。

これを見た三条天皇は、とっさに童を庇《かば》おうとする。民部掌侍との間に割って入り、突然の暴行に怯《おび》える童を懐き抱《だ》えたのである。こうした行動からは、この天皇の人柄が偲《しの》ばれよう。使用人にすぎない童を身体《からだ》を張って庇う天皇など、そうそういるものではない。

ところが、これが民部の暴力をエスカレートさせることになってしまう。三条天皇が童を庇ったことに怒った彼女は、「忿怒《ふんぬ》」の表情を浮かべて、いっそう激しく童に暴行を加えたというのだ。殴りつけるだけではなく、足蹴《あしげ》にすることさえあったらしい。

　このとき、件《くだん》の童は彼を庇おうとする三条天皇の腕の中にあったわけだから、当然、民部の拳《こぶし》や足は天皇に当たることもあっただろう。蔵人《くろうど》の一人が民部を取《と》り押《おさ》えたために大事に至ることはなかったのだが、怒り狂った民部掌侍は、恐れ多くも、天皇に暴力をふるってしまったのである。これは、きわめて異例のことであった。

　しかし、この一件で民部掌侍が処分を受けることにはならなかった。なぜなら、彼女が三条天皇に暴行を加えたのは、悪霊に憑《つ》かれてのことだったからである。しかも、その悪霊というのは、本来、三条天皇に憑いていたものであった。すなわち、三条天皇を苦しめていた悪霊が、密教僧の加持《かじ》によって天皇の身体を追い出され、一時的に民部に憑いていたのである。このように理解していた王朝貴族たちからすれば、三条天皇を殴ったり蹴《け》ったりしたのは、民部掌侍という女房ではなく、彼女に憑いた悪霊に他ならなかった。

『扶桑略記《ふそうりやつき》』という歴史書は、康保《こうほ》元年（九六四）の十一月に没した浄蔵《じようぞう》という高僧の遺徳《いとく》を語る中で、悪霊に憑かれた男が刀を振り回して誰彼《だれかれ》となしに斬《き》りつけたという話を伝える。結局、その男は浄蔵の使う仏法の力によって取り押えられるのだが、『扶桑略記』は彼が「鬼病《きびよう》」という病気を患っていたとする。もしかすると、悪霊に憑かれて暴力をふるうという現象は、王朝時代の人々の間において、「鬼病」という病気の症状として理解されていたのかもしれない。

なお、藤原行成《ゆきなり》の『権記《ごんき》』によれば、御《み》堂関白《どうかんぱく》藤原道長《みちなが》も三条天皇と同じような目に遭《あ》っている。彼には、悪霊に憑かれて猛《たけ》り狂《くる》った女房と取っ組み合いをした経験があるのだ。

藤原道長が図《はか》らずも取っ組み合うことになったのは、彼の姉の東三条院《ひがしさんじょういん》藤原詮子《あきこ》に仕《つか》える女房の一人であった。長保《ちょうほ》二年（一〇〇〇）の十二月に道長が病床《びょうしょう》の姉を見舞った折《おり》、詮子のもとで「藤典侍《とうのないし》」と呼ばれていた女房が、詮子を病みつかせていた「邪《じゃ》霊《れい》」に憑かれてしまい、そこに居合わせた道長に不意につかみかかったのであった。

このとき、唐突に襲いかかられた道長は、心神を失いかけて「甚《はなは》だ怖《おそ》れ畏《かしこ》み給《たま》う」という様子であったらしい。ちょっとだらしないような気もするが、そのときの藤典侍は「忿怒《ふんぬ》すること謂《い》うべからず」という形相《ぎょうそう》であったというから、道長が腰を抜かしたのも無理はない。三条天皇を襲った民部掌侍も「忿怒」の表情を見せたと伝えられるが、悪霊に憑かれた人というのは、そうした顔になるものだったのだろうか。

居貞親王、藤原道長の従者を拘禁する

寛弘《かんこう》八年（一〇一一）の四月十日、一条《いちじょう》天皇の仮の内裏《だいり》となっていた一条院《いちじょういん》の前で藤原道長の従者たちが道路工事を行っていたところ、そこに現れた皇太子居貞《いやさだ》親王の従者が不意に道長の従者の一人を殴り倒した。そして、その道長の従者は、そのまま皇太子

もちろん、この事件は即座に藤原道長に報告されたが、これが彼を驚かせたことは言うまでもない。道長自身が『御堂関白記《みどうかんぱくき》』に記したところによると、彼は早急に従者の一人を皇太子居貞親王の邸宅に向かわせている。連れ去られた従者の様子を見に行かせたのだ。

そして、親王の邸宅から戻ってきた従者が言うには、例の従者は縛り上げられたうえで親王邸の廏《うまや》に拘留《こうりゅう》されていたのであった。これでは、道長の側から見れば、自家の従者が拉致《らち》・監禁されたに等しい。

こうした事態にあわてた道長は、ただちに居貞親王の執事《しつじ》を務める藤原懐平《かねひら》のもとに正式の使者を派遣する。自家の従者が居貞親王家に捕縛されていることについて、親王側の意図を問《と》い質《ただ》そうとしたわけだ。

ここに登場する皇太子居貞親王というのは、この二ヵ月ほど後に三条天皇として即位する人物であり、あの敦明《あつあきら》親王の父親でもある。貞元《じょうげん》元年（九七六）生まれの居貞親王は、このときにはすでに三十六歳にもなっていた。彼は、王朝時代には珍しい成人の皇太子だったことになる。

しかし、その大人の皇太子が、自家の従者を使い、朝廷の事実上の最高権力者である藤原道長の従者を拉致・監禁したのであった。しかも、道長の従者は、連れ去られるに際して、皇太子の従者から暴行を受けてもいる。いったい、何があったのだろうか。

皇太子家の執事である藤原懐平によれば、居貞親王の従者が道長の従者を拉致・監禁するようなことになったのは、その道長の従者が以前に親王の従者を殴ってケガを負わせていたためであった。どうやら、一条院の前で道長の従者を殴り倒して連行した男というのが、ケガをさせられた当人であったらしい。

したがって、居貞親王の側からすれば、親王の従者のしたことは、拉致・監禁などではなかった。居貞親王にしてみれば、例の道長の従者は、その犯した罪に対する当然の報《むく》いとして、逮捕・拘禁《こうきん》されたにすぎないのである。

その道長の従者の身柄はといえば、居貞親王から懐平へと引きわたされていたが、その際、懐平は「牢獄《ろうごく》に入れておくがよい」との命令を受けている。つまり、皇太子の居貞親王は、自家の従者を傷つけた道長の従者を、独自の判断によって禁固刑に処したわけだ。

これが私刑《しけい》(リンチ)であることは言うまでもない。公式の司法手続きを経ずに科される刑罰が私刑であるが、現代の日本では私刑は法律で固く禁じられている。現代の日本国においては、私刑は立派な犯罪行為である。

しかし、王朝貴族にとっては、私刑は正当な行為であった。自家の従者に対してはもちろん、他家の従者に対してさえも、王朝貴族は独自の判断によって処罰を与えていたのである。それは、王朝貴族にとって、貴族としての権利のようなものでさえあった。ただし、いくら権利を認められていたにしても、あの藤原道長の従者に対して私刑を行うとなると、それなりの覚悟が必要であったろう。そうした意味では、居貞親王というのは、なかなか豪胆な皇太子だったようである。

三条天皇

ときに、冷泉《れいぜい》天皇の女御《にょうご》として居貞親王を産んだのは、法興院摂政《ほこいんせっしょう》藤原兼家《かねいえ》の娘の藤原超子《とおこ》であった。三条天皇の母親は、藤原道長の姉の一人だったのである。したがって、三条天皇にとって、道長は母方の叔父《おじ》の一人であった。

三条天皇が即位した寛弘八年（一〇一一）には、彼の母方の祖父である兼家ははるか以前に他界しており、かつ、母方の伯叔父《おじ》たちも、道隆《みちたか》・道兼《みちかね》の二人はすでに亡く、健在なのは道綱《みちつな》・道長の二人だけであった。しかも、その二人のうちの一方は無能で知られる道綱であったから、三条天皇にはまったく選択の余地は残されていなかった。彼が自身の補佐役として頼むべきは、初めから道長ただ一人だったのである。

ところが、三条天皇はその藤原道長とうまくやっていくことができなかった。そして、三条天皇と道長との不仲の根本的な原因となったのが、第一皇子敦明親王の存在であった。

第一皇子の敦明親王を儲《もう》けたとき、三条天皇はまだ皇太子であったが、やがて三条天皇として即位した彼は、当然、将来は第一皇子の敦明親王を帝位に即《つ》かせたいと考えていた。しかし、皇太子居貞親王に嫁いで敦明親王を産んだのは、藤原済時《なりとき》の娘の娍子《すけこ》であった。つまり、三条天皇が将来の天皇にと考えた敦明親王は、藤原道長を外祖父としない皇子だったのである。もちろん、そんな敦明親王の皇位継承は、道長の了承を得られるものではなかった。

このような思惑《おもわく》の違いから、ついに三条天皇と道長との間に信頼関係が生まれることはなかった。それどころか、三条天皇が敦明親王の皇位継承に道筋をつけることを何としても阻止したかった道長は、さまざまなかたちで圧力をかけ、三条天皇に早期の退位を迫り続けたのである。

当然のことながら、こうした異常な事態は、王朝貴族社会の全体に好ましからざる影響を及ぼした。すなわち、貴族社会の人々の多くが、三条天皇やその皇子女たちを軽《かろ》んじるようになってしまったのである。

例えば、すでに第1章に見たように、長和二年（一〇一三）の四月には、中関白《なかのかんぱく》藤原道隆の孫である道雅《みちまさ》が、敦明親王の従者の一人を半殺しにしている。さらに、その翌年の十二月には、前章で紹介したように、四条大納言《しじょうだいなごん》藤原公任《きんとう》の息子の定頼《さだより》が、敦明親王の従者に重傷を負わせて死に至らしめてしまう。

これらの事例から、上級貴族の子弟が三条天皇家に対して尊崇《そんすう》の念を抱いていなかったことは明らかであろう。また、これも前章で見たように、一介《いっかい》の受領《ずりょう》にすぎない加賀《かがの》守《かみ》の源政職《まさもと》さえもが、三条天皇やその皇子女に対して不敬な態度をとり続けていた。おそらく、三条天皇家を侮《あなど》る風潮は、この頃の貴族社会のほとんど全体に蔓延《まんえん》していたことだろう。

しかも、三条天皇家を軽んじていたのは、貴族層の人々だけではなかった。従者や下《しも》部《べ》として貴族社会に関わっていた庶民層の人々までもが、三条天皇やその皇子女を蔑《ないがし》ろにする態度をとったのである。そして、そうした態度は、しばしばトラブルの原因となった。

例えば、長和四年の四月には、検非違使《けびいし》の使う下部たちが、三条天皇の第一皇子の住む堀河院《ほりかわいん》に踏み込むという不敬行為に及ぼうとして、即座に袋叩《ふくろだた》きにされている。『小右記』によれば、その下部たちが堀河院に入ろうとしたのは、そこに逃げ込んだ脱獄囚を捕らえようとしてのことであったらしい。だが、他人の家宅に無断で侵入することは、たとえ犯人を追捕《ついぶ》するためであったとしても、その家宅の主人を蔑ろにする行為だったのである。

王朝貴族の従者と主人の威光

ところで、堀河院で袋叩きにされた検非違使の下部は、全部で四人であった。看督長《かどのおさ》一人と放免《ほうめん》三人との合わせて四人である。「放免」というのは、すでに第8章において説明したように、検非違使の指揮下で犯罪捜査や犯人逮捕にあたる前科者たちだ。また、その放免たちを統率して検非違使の指示に従わせるのが、「看督長」の役割であった。

そして、『小右記』によれば、堀河院に踏み込もうとした看督長および三人の放免は、敦明親王あるいは藤原顕光《あきみつ》の従者たちの手で、かなりひどい目に遭わされたらしい。看督長が受けた仕打《しう》ちを藤原実資は「打《う》ち凌《りよう》ず」と表現しているから、この看督長がさんざんに殴られたことは間違いあるまい。敦明親王や顕光の大勢の従者たちは、よってたかって看督長を殴りつけたことだろう。さらに、三人の放免たちに至っては、縄で縛り上げられたうえで「打《う》ち調《ちよう》ず」という目に遭わされたという。すなわち、彼らの場合、まったく身を守ることもできない状態にされてから、よってたかっての暴行を加えられたのである。放免たちが容赦のない扱いを受けたのは、彼らが前科者であったためかもしれない。

こうして、三条天皇の皇子を軽んじて堀河院に踏み込もうとした看督長や放免は、たちどころにその報いを受けることになったわけだが、右に見たような暴力的な制裁は、おそらく、親王の従者たちが主人の指示を仰《あお》ぐ以前に自発的に執り行ったものであったろう。

もちろん、敦明親王自身も、自分を蔑ろにするような連中を許してはおかなかった。現に、藤原道長の『御堂関白記』によれば、事件の翌日、親王の命《めい》を受けた従者たちが、検非違使《けびいし》別当《べっとう》の藤原実成《さねなり》の自宅に乗り込んで大暴れしているのだ。親王としては、今回の件に関して、検非違使の長官である検非違使別当にも責めを負わせたかったのだろう。だが、看督長や放免が堀河院に踏み込もうとした際には、敦明親王がみずから制裁を指示するよりも早く、彼の従者たちが侵入者を厳しく罰して主人の権威を守ろうとしていた。敦明親王の従者たちに限らず、王朝貴族の従者たちというのは、主人の権威に傷をつけようとする者に対しては、容赦のない行動をとるものだったのである。

従者たちにしてみれば、自分の主人の権威というのは、高ければ高いほどよかったはずだ。主人の威光を嵩《かさ》にきるというのが、従者たちの常だったからである。主人の威光が大きければ、その分、従者たちも世間で大きく幅を利《き》かすことができたというわけだ。

その主人の権威や威光というものは、従者たちがしばしば夢中になった賭博《とばく》をめぐってさえ、有効な働きをすることがあったらしい。例えば、藤原実資によると、長元《ちょうげん》三年（一〇三〇）の六月に放火犯として追われていた藤井延清《ふじいののぶきよ》という男は、藤原道長の孫で、実資の婿《むこ》でもあった中将《ちゅうじょう》藤原兼頼《かねより》の従者であることを装《よそお》っていたが、それは、博打《ばくち》に負けて失った財物を取り返すためであった。最上級貴族に仕える従者たちには、その主人の威光を持ち出すことにより、賭博の負けを帳消しにすることさえもが可能だったのだろう。

また、敦明親王の従者たちの中には、主人の名前を使って右大臣藤原実資から財物を騙《だま》し盗《と》ろうとした者もあった。

長和四年（一〇一五）の閏《うるう》六月、式部卿宮《しきぶきょうのみや》敦明親王の使者が実資のもとを訪れて借財を申し入れた。が、翌日に実資が確認してみると、前夜の借り入れは親王の関知するところではなかった。それは、親王に仕える安倍真弘《あべのまさひろ》という者が勝手にやったことだったのである。しかも、その真弘は、実資の前では親王家の藤原式道《のりみち》という従者になりすましていたというのだ。真弘が主人の権威を利用して詐欺《さぎ》を働こうとしていたことは間違いない。

長和四年の内裏焼亡

しかしながら、敦明親王の従者たちが暴力に訴えてでも主人の権威を保とうとしていたにもかかわらず、結局、親王の権威の源泉であった三条天皇は、藤原道長からの圧力に抗し切れなくなり、長和四年の十二月、とうとう退位の意思を表明することになる。

そして、三条天皇に退位を決意させた直接の要因は、同年十一月に起きた内裏の火災であった。

同月十七日の夜、自宅にいた藤原実資は、従者から乾《いぬい》（北西）の方角に火が見えるとの報告を受けた。実資の住む小野宮第《おののみやてい》から見た乾といえば、何と内裏のある方角である。実資はあわてて屋外に出て京中の様子をうかがうが、どうやら、大きな炎を上げて燃えているのは、まさしく内裏の辺りのようであった。そして、実資が急いで内裏に駆けつけたときには、すでに内裏の殿舎の多くが火に包まれてしまっていたのだ。

このとき、三条天皇は早々《そうそう》に内裏を脱出して難を逃れていたが、火勢にあわてたためか、天皇は頭に被《かぶ》り物《もの》をつけるのを忘れていた。つまり、天皇の髻《もとどり》が人眼に晒《さら》された状態になっていたのである。現代の日本でも、火災の発生した家の住人が下着姿で飛び出してくることはあるだろうが、三条天皇の避難はそんな感じだったわけだ。

ここで気を利《き》かせたのは、父親の身を案じて避難先まで天皇を訪ねてきた敦明親王であった。三条天皇が被り物を忘れていることに気づいた彼は、自分の烏帽子《えぼし》を父帝に譲ったのである。そして、皇子が髻を丸出しにしているわけにもいかないと考えたからであろう、彼はその辺りにいた誰かの烏帽子を徴発《ちょうはつ》して自分の頭に被せたのであった。

ところが、不思議なことに、敦明親王のこの行為が、現代の歴史家の方々にはいたく不評であったりする。どうやら、歴史家の眼から見て、ここで敦明親王がやったことというのは、非常識なことであるらしいのだ。

だが、そうは言っても、この時代の身分秩序というものを考えるならば、敦明親王には他に選択肢はなかったのではないだろうか。

まず、天皇の頭に被り物がなかったことについては、敦明親王ならずとも誰もが不都合に感じたことだろう。そこで、速《すみ》やかに天皇に被り物を奉《たてまつ》る必要があったわけだが、滅多なものを差し上げてはかえって失礼というものである。その点、天皇自身の皇子が被っていた烏帽子ならば、そうそう悪いものではなかっただろう。しかし、天皇に烏帽子を奉ったからといって、皇子が髻を晒しておくわけにもいかない。とすれば、そこにいた誰かに被り物を差し出させるしかなかっただろう。

もちろん、敦明親王に烏帽子を提供して自分が髻を丸出しにするはめになった誰だかには深く同情するが、それでも、当時の貴族社会としては、後世に名前が伝わることもないような誰かが恥をかくことになったとしても、天皇や皇子が恥をかくことになるよりは、ずっとよかったのではないだろうか。少なくとも、この逸話《いつわ》を伝える実資の日記には、敦明親王を批判する言葉はまったく見られないのである。

なお、その実資の日記によれば、この日の敦明親王には、他にも目覚ましい活躍があったらしい。何と、内裏から避難する際、母親の皇后《こうごう》藤原娍子を抱えて走ったというのだ。基本的に、この敦明親王という皇子は、親兄弟に対しては厚い情を持っていたのである。

だが、皮肉なことに、敦明親王が家族思いの好青年ぶりを発揮したこの火事こそが、それまで道長の圧力に抗し続けていた三条天皇の意思を挫《くじ》くことになってしまったのである。実は、三条天皇が火災によって内裏を失ったのは、前年二月の内裏焼亡に続いて、すでに二度目のことであった。そのため、しきりに退位を迫る奸臣《かんしん》藤原道長への対応に疲れ切っていた三条天皇は、とうとう天命を失ったかのような気持ちになってしまったのだ。

三条天皇の悲願

とはいえ、三条天皇としても、無条件降服の白旗を上げたつもりはなかった。むしろ、このときの彼は、自身の退位と引き替えに、第一皇子の敦明親王に皇位を継承させる筋道をつけようとしていたのである。

三条天皇の皇太子は、故一条《いちじょう》上皇の第二皇子で藤原道長には外孫にあたる敦成《あつひら》親王であった。したがって、三条天皇が退位した後は、その敦成親王が後一条《ごいちじょう》天皇として即位することになるのだが、三条天皇が目論《もくろ》んでいたのは、道長の了解を得て、その後一条天皇の皇太子に敦明親王を立てることであった。三条天皇にしてみれば、自身の退位というのは、道長に敦明親王の立太子《りったいし》を認めさせるための餌だったのである。

しかし、道長が後一条天皇の皇太子にするつもりでいたのは、故一条上皇の第三皇子で道長の外孫でもある敦良《あつなが》親王であった。そんな道長が容易に敦明親王の立太子を認めるはずはなかったのだが、彼が敦良親王を皇太子に推《お》す表向きの理由を聞けば、誰でも思わず笑ってしまうだろう。藤原実資が伝え聞いたところでは、三条天皇が退位の意思を固める直前の長和四年十月、道長は天皇に向かって次のようなことを言ったらしいのだ。

「陛下（＝三条天皇）の皇子たちを皇太子に立てるというのは、いかがなものかと存《ぞん》じます。あの皇子たちは、天皇としての器量をお持ちではありません。しかしながら、故一条上皇の第三皇子（＝敦良親王）は、まさしく天皇となる器量を備えていらっしゃいます」。

このとき、道長が推す敦良親王というのは、まだわずか七歳の子供であった。しかも、それは数え年の七歳であるから、現代でいえば、幼稚園の年長組にいて然《しか》るべき六歳の幼児にすぎなかったのだ。そんないまだランドセルも背負っていないような子供に、本当に天皇の器などが見出《みいだ》せるものなのだろうか。

ついでに言えば、その時点で皇太子の地位にあった敦成親王というのも、数え年で八歳の子供であった。現代の日本に連れてくれば、まだまだお子さまランチが似合う小学校一年生の七歳児である。それでも、道長の意見に従えば、この小学生もまた、天皇としての器量とかいうものを持ち合わせていたのだろう。

言うまでもなく、これは、道長の言いがかりにすぎない。常識的に考えて、六つや七つの子供が相手では、天皇の器も何もあったものではないだろう。道長がただただ自分の外孫を帝位に即《つ》けさせたかっただけであることは明らかである。

だが、ここで一つ気になるのは、その藤原道長に器ではないと断じられた敦明親王が、本当に天皇としての器量を持っていなかったのか、ということだ。このときの敦明親王の年齢はといえば、さすがに器量の有無もはっきりしてくるであろう二十二歳に達していた。

実は、歴史家の多くは、道長の見解に賛成している。確かに、しばしば暴力沙汰《ざた》を起こしていた敦明親王は、帝王となるべき人物ではなかったかもしれない。そうだとすれば、この皇子を帝位にという三条天皇の願いは、たんなる親バカでしかなかったことになる。

しかし、前章で詳しく見たように、敦明親王の行使した暴力というのは、彼の気まぐれから出たものなどではなかった。彼が暴力沙汰を起こすには、それなりの必然性があったのである。したがって、少なくとも、藤原道長や彼の子息たちの起こした数々の暴力事件に比べれば、敦明親王の起こした事件はそれほど悪質なものではなかったのだ。

敦明親王の暴力は、むしろ、彼の行動力の証《あかし》であった。だから、もし三条天皇の悲願がかなっていたならば、王朝時代には珍しい行動力のある天皇が誕生していたかもしれない。

13　内裏女房、上東門院藤原彰子の従者と殴り合う

三条天皇の女房、宮中にて暴力沙汰を起こす

「内裏女房《だいりにょうぼう》」というのは天皇に仕《つか》える女房《にょうぼう》のことなのだが、長和《ちょうわ》四年（一〇一五）の七月十七日、その内裏女房の一人が、宮中において、「闘乱《とうらん》」に及ぶという騒ぎを起こした。

長和四年の七月というと、まだ三条《さんじょう》天皇が藤原道長《みちなが》の圧力に屈して退位を余儀《よぎ》なくされる以前である。したがって、右の騒ぎを起こした内裏女房というのは、三条天皇に仕えていた女房たちの一人であろう。

王朝時代に皇族や最上級貴族たちに仕えていた女房たちというのは、彼女たち自身、貴族社会の一員であった。すなわち、彼女たちの多くは、中級貴族の家庭に生まれ育った娘だったのである。紫式部《むらさきしきぶ》・清少納言《せいしょうなごん》・和泉式部《いずみしきぶ》といった有名どころの女房たちの父親は、いずれも受領《ずりょう》を務めた中級貴族であった。

ところが、そうした王朝貴族の一人であるはずの内裏女房でも、ときには暴力沙汰《ざた》を起こすことがあったらしい。

桜の花を見て浮かれたり、月を見て泣いたり、和歌を詠《よ》んだり、『源氏物語』を読《よ》み

耽《ふけ》ったり、貴公子を見てきゃーきゃー騒いだり、恋人からの手紙に一喜一憂《いっきいちゆう》したり、噂話《うわさばなし》に興じたり、琴《こと》を弾《ひ》いたり、主人に誉《ほ》められたことを自慢したり、貴公子に恋をしたり、日記に愚痴《ぐち》を書いたり、妄想《もうそう》を膨《ふく》らませたり、恋敵《こいがたき》に嫉妬《しっと》したり……。

われわれ現代人にとって、王朝時代の宮中に仕えた女房というのは、だいたいこんな感じの存在なのではないだろうか。人によってイメージに多少の差はあるかもしれないが、基本的に、われわれの思い描く「女房」というのは、暴力などとは縁のない暮らしを送る女性たちであろう。実際、かなりの程度に口の悪い女性として知られる紫式部や清少納言についてさえ、彼女たちが他人に殴りかかったなどという話は聞いたことがない。

しかし、三条天皇の女房の一人は、宮中で「闘乱」に及んだのだという。その事件を自身の日記に記録した藤原道長が「闘乱」という言葉を使っているのだから、彼女が引き起こしたのは、口ゲンカなどではなかっただろう。

そう、その内裏女房は、殴り合いのケンカをしたのである。しかも、男性を相手に。

彼女が殴り合った相手というのは、皇太后《こうたいごう》藤原彰子《あきこ》に仕える従者であった。道長の『御堂関白記《みどうかんぱくき》』に「下部《しもべ》」と表現されているから、その従者というのが男性であったことは疑いない。もしもそれが女性の従者であったならば、道長は「下女《げじょ》」とか「雑仕女《ぞうしめ》」とかいった言葉を使ったことだろう。したがって、三条天皇に仕える女房は、まず間違いなく、皇太后彰子を主人とする男性の従者と殴り合ったのである。

残念ながら、その殴り合いの勝敗がどうなったのかはわからない。『御堂関白記』によれば、事件の翌日、二人の検非違使《けびいし》が事件現場に赴いて何らかの捜査をしているくらいだから、この一件は当時の貴族社会に広く知れわたったはずである。それにもかかわらず、誰も「闘乱」の結末を記録していないということは、この暴力沙汰によって深刻な事態が生じることはなかったということであろうか。

いずれにせよ、王朝時代の貴族社会でも、女性が殴り合いの暴力事件を起こすことはあったわけだ。しかも、その女性が天皇に仕える内裏女房であることも、また、殴り合う相手が男性であることも、王朝貴族社会においては、あり得ないことではなかったのである。

一条天皇の女房、中宮藤原彰子の女房に無礼を働く

寛弘《かんこう》八年（一〇一一）の五月には、その当時は一条《いちじょう》天皇の中宮《ちゅうぐう》であった藤原彰子の居所において、一条天皇を主人とする内裏女房の一人が、彰子に仕える中宮女房を相手に何らかの「無礼《ぶれい》」を働いている。

これも藤原道長の『御堂関白記』が伝える事件なのだが、この一件の場合、内裏女房の働いた「無礼」というのが暴力的なものであったかどうかはわかっていない。しかし、

事件の翌日に下された処分の重さからすると、「無礼」を契機として、内裏女房と中宮女房との間で何らかの暴力的な行為のやり取りがあったのかもしれない。

道長によれば、この事件の翌日、内裏女房は「追放《ついほう》」に処され、中宮女房は「除籍《じょせき》」に処されたのである。「追放」というのは、おおむね免職のようなものだ。また、「除籍」というのは、だいたい長期の停職に相当しようか。

そして、ここで問題なのは、中宮女房までもが処分を受けたという事実である。道長の伝えるところでは、彼女は、内裏女房に「無礼」を働かれた被害者であったはずだ。しかし、実際には、その彼女も処分の対象にされたのである。ということは、内裏女房の「無礼」に反応して、中宮女房もまた、何かまずいことをしてしまったのだろう。

もしそうであったとして、その「まずいこと」として最も容易に想像されるのが、彼女が内裏女房に対して暴力による仕返しをしてしまったということである。件《くだん》の中宮女房は、何かの用事で中宮御所を訪れた内裏女房の傍若無人なふるまいに腹を立てて、殴りつけるようなことでもしてしまったのかもしれない。

その後、二人の女房たちは、さらに、殴り合いや取っ組み合いなどをはじめるに及んだのかもしれない。すでに見たように、当時の貴族社会には男性と殴り合う内裏女房もいたくらいであるから、女房どうしが殴り合ったり取っ組み合ったりすることがなかったとは思えないのだ。その翌日に二人に下された処分の重さからすれば、それくらいの騒動が起きていてもおかしくはない。

　では、そうした事件が起きていたとして、どうして藤原道長は騒動のすべてを日記に書き記さなかったのだろうか。この一件について彼が日記に書き留《かと》めたのは、内裏女房が「無礼」を働いたということ、そして、翌日になって二人の女房が処分を受けたということ、この二つだけなのである。また、道長の『御堂関白記』は、事件の発端《ほったん》となった「無礼」についても、何ら詳しいことを伝えていない。思えば、これも不自然なことである。

　とはいえ、それは不可解なことではない。というのも、事件を起こした二人の女房たちのいずれもが、道長にとっては最も大事な人々を主人としていたからだ。

　彼女たちのうちの一人は内裏女房であり、もう一人は中宮女房であったが、このときの天皇は道長を外叔父《そとおじ》とする一条天皇であり、その妃《きさき》である中宮藤原彰子は道長の実の娘であった。つまり、寛弘八年の事件を起こした女房たちの主人というのは、道長の外《そと》甥《おい》にあたる天皇と道長を父親とする中宮とだったのである。そして、藤原道長という政治家にとっては、この二人こそが、彼が朝廷の実権を握ることを正当化してくれる存在であった。

　一方、例の事件というのは、一条天皇や中宮彰子の体面を汚《けが》しかねないものではあっても、彼らの名誉になるようなものではなかった。とすれば、そんな事件についての詳細な情報を後世に伝えることは、道長にとってはまったく無益なことであったろう。だからこそ、彼の『御堂関白記』には、きわめて簡略な記述だけが残されたのである。

藤原彰子の立場

しかし、不思議なことに、三条天皇の女房が殴り合ったという「下部」も、一条天皇の女房が殴り合ったかもしれない中宮女房も、その主人としていたのは、後に「上東門院《じょうとうもんいん》」と呼ばれることになる藤原彰子であった。一条天皇の中宮であった彼女は、次の三条天皇の時代には皇太后になるわけだが、これまでに見てきたところからすれば、どうやら、その藤原彰子を取り巻く人々というのは、一条天皇の女房たちとも、三条天皇の女房たちとも、必ずしもうまくやっていけてはいなかったらしい。

藤原彰子というのは、一条天皇の第二皇子と第三皇子とを産んだ女性である。彼女の産んだ一条天皇第二皇子というのが、三条天皇の皇太子となり、やがて後一条《ごいちじょう》天皇として即位した敦成《あつひら》親王である。また、同じく彰子を母親とする一条天皇第三皇子というのは、敦明《あつあきら》親王に代わって後一条天皇の皇太子となり、後に後朱雀《ごすざく》天皇として即位した敦《あつ》良《なが》親王である。彰子の産んだ男子は二人だけであったが、その二人の皇子たちが二人とも天皇になったのであり、そのことが彰子の父親の道長や弟の頼通《よりみち》に権力をもたらしたのであった。

しかし、彰子の産んだ第二皇子・第三皇子が順次に帝位に即《つ》いた一方で、一条天皇の第一皇子は、ついに皇太子になることさえできなかった。その一条天皇第一皇子というのは皇后《こうごう》藤原定子《さだこ》の産んだ敦康《あつやす》親王であり、この皇子を産んだ定子こそが、一条天皇の最愛の妃であった。すなわち、一条天皇という天皇もまた、三条天皇と同様、最も愛する妃の産んだ皇子には皇位を継がせることができなかったのである。

そして、敦康親王の立太子《りったいし》を阻《はば》んだのは、やはり、藤原道長であった。敦康親王を産んだ皇后藤原定子というのは、道長の兄の故中関白道隆《なかのかんぱくみちたか》の娘である。したがって、敦康親王が即位するようなことにでもなれば、故道隆の息子として敦康親王には外伯叔父《そとおじ》にあたる伊周《これちか》や隆家《たかいえ》こそが、天皇の後見人として政権を握ることになっていただろう。が、悪辣《あくらつ》な道長は、さまざまに策動して、そうした事態になることを未然に防ぎ切ったのであった。

ただ、その代償として、敦康親王を蔑《ないがし》ろにした藤原道長およびその娘の彰子は、一条天皇の真情を熟知していた内裏女房たちを敵に回すことになってしまったのだろう。もちろん、その彼女たちも、一条天皇の難しい立場を慮《おもんぱか》り、平素は努めて道長や彰子とうまくやっていくようにしていたことだろう。だが、ふとした折に、彼女たちは敵意を見せてしまうことがあったのではないだろうか。内裏女房の一人が彰子のもとで働いたという「無礼」の裏には、そうした敵意があったものと思われる。

また、三条天皇の女房たちが道長や彰子に対して敵意を持っていたことは、あまりにも当然のことであった。自分の主人に退位を迫るような奸臣《かんしん》に好意を寄せる女房など、そうそういるはずがない。三条天皇に仕えた内裏女房たちにとっては、道長も、その娘の彰子も、敵以外の何かではあり得なかっただろう。

なお、『御堂関白記』によると、三条天皇の女房が彰子の従者と殴り合ったことには、彰子の執事《しつじ》を務めていた藤原庶政《ちかまさ》という人物の動向が関係していたらしい。何かよほどまずいことでもあったのか、これについても道長ははっきりとしたことを書き残していないのだが、この頃、庶政が三条天皇の不興を買っていたことが、例の事件につながったようなのだ。もしかすると、内裏女房と殴り合った彰子の従者は、その日、庶政につき随《したが》って内裏に参入していたのかもしれない。そして、その従者に何か非礼なふるまいでもあったとすれば、暴力沙汰《ざた》の一つや二つは容易に発生したことだろう。

後一条天皇の女房、息子たちの凶悪事件を揉み消す

ところで、内裏女房たちというのは、王朝時代の宮廷において、ずいぶんと幅を利《き》かせていたようである。天皇に仕える女房である彼女たちは、例えば、身内が何かかなりまずいことをしでかしてしまった場合でも、簡単に揉《も》み消《け》してしまうことができたらし

いのだ。

治安《じあん》三年（一〇二三）の十月というと、玉座《ぎょくざ》にあったのは後一条天皇であるが、その後一条天皇の時代の治安三年十月のある夕刻、二人の若者が宮中で派手な暴力沙汰を起こした。この二人は、天皇の寝所《しんじょ》である清涼殿《せいりょうでん》に無断侵入したところを蔵人《くろうど》に見咎《みとが》められ、警備の武士を相手に暴れたというのである。その際、一人は抜刀にも及んだという。『小右記《しょうゆうき》』に記されたところによると、藤原永職《ながもと》という蔵人が二人の若者に気づいたとき、その二人は清涼殿の御湯殿《おゆどの》の辺りにいた。天皇の住む清涼殿に入ることを許される男性は、公卿《くぎょう》・殿上人《てんじょうびと》・蔵人だけであるが、御湯殿の辺りをうろうろしていた二人の若者は、永職のまったく見知らぬ顔であり、公卿・殿上人・蔵人のいずれでもあり得なかった。

そこで、永職は二人に近づいて名を尋ねた。ところが、件《くだん》の二人の若者は、永職に名を答える代わりに、「放言《ほうげん》」によって永職を威嚇《いかく》した。要するに、永職に向かって大声で何かをわめき散らしたのである。これに怯《ひる》んだ永職は、ただちに警備の武士を喚《よ》びに走った。大声でわめかれただけで怯んでしまうというのもだらしがないが、自分では手に負えないと見て警備の武士を喚ぼうとしたというのは、まあ、妥当な判断であろう。

そうして、藤原友良《ともよし》という武士がその場に駆けつけることになる。そして、駆けつけた友良は、たちどころに二人のうちの一人を取《と》り押《おさ》えた。さすがの手並みである。

だが、いかに武士であろうとも、一度に二人のくせ者を捕らえることはできず、もう一人を取り逃がしてしまう。そこで、友良は先に捕らえた若者をそこらの柱に縛りつけてからもう一人を追おうとするのであるが、その間に一度は逃げたはずのくせ者が戻ってきた。捕まった仲間を取り戻そうというのである。そして、その手には抜き身《ぬみ》の刀が握られていた。不意の侵入者は、ついに抜刀に及んでしまったのだ。

しかし、これも武士である友良の敵ではなかった。そのとき先に捕らえたくせ者を押えつけて片手が塞《ふさ》がっていた友良は、残った片手だけで刀を抜いて襲ってくるもう一人のくせ者を取り押えたのである。これはすごい。

その後、さらに数名の武士たちが応援に駆けつけ、友良の捕らえた二人の侵入者たちは、二人ながら、清涼殿の柱に縛りつけられる。これで、ようやく一件落着であった。

と、そこへ、縛りつけられた二人の若者の母親が現れ、武士たちに二人の釈放《しゃくほう》を要求する。このとき、その母親は、自分のバカ息子たちの所業を棚に上げて、彼らを縛りつけた武士たちをさんざんに罵《ののし》ったという。

驚いたことに、この母親というのは、後一条天皇に仕える内裏女房の一人であった。彼女は「少将《しょうしょう》」と通称されていたが、この夜の事件は、その少将を迎えにきたバカ息子たちが起こしたものだったのである。清涼殿に無断で侵入したうえに刀を抜いて暴れるという凶悪事件を起こしたくせ者たちは、少将という内裏女房の息子だったのだ。

そのため、この事件は、たちどころに揉み消されてしまう。天皇の寝所である清涼殿で刀を抜いて暴れるという重大犯罪であったにもかかわらず、あっさりと勅免《ちょくめん》が下されたのだ。それは、当然、内裏女房である少将が後一条天皇に働きかけた結果であったろう。

内裏女房たちというのは、かくも侮《あなど》りがたい存在であった。

内裏女房のバカ息子たちの暴走

しかしながら、この一件は、これで落着したわけではなかった。

少将の二人の息子は、清涼殿での狼藉《ろうぜき》を咎《とが》められて一度は武士たちに捕縛されたものの、母親の力で後一条天皇の勅免を得て身柄を解放された。これで、とりあえずは、事件は揉み消され、その夜の清涼殿では何も起きなかったことになるはずであった。

ところが、少将の二人のバカ息子の一方は、縄を解かれるや否《いな》や、再び刀を抜いたのである。そして、蔵人の藤原永職に斬《き》りかかっていったのだ。

永職というのは、最初に少将の息子たちの清涼殿への不法侵入を見咎めた人物である。そのため、バカ息子は永職に恨みを集中したのだろう。あるいは、武士たちには勝てる気がしなかったため、最も弱そうな永職を相手に一矢《いっし》を報《むく》いようとしたのだろうか。

この不意をついた襲撃に、永職はさぞかしあわてたことだろう。いや、身体《からだ》が硬直してしまって狼狽《ろうばい》することさえもできなかったかもしれない。大声で威嚇されただけで怯んだという永職にとって、刀で斬りつけられることがどれほど恐ろしいことであったか。が、バカ息子の凶刃《きようじん》は、永職には届かなかった。永職と同じく蔵人の任にありながら検非違使《けびいし》の任にもあった平孝成《たかなり》という人物が、バカ息子の凶行を阻止したからである。この孝成という人物も、先ほどの友良に劣らぬ使い手であったようだ。孝成に弓で胸を突かれるや、バカ息子はその場で転倒してしまったらしい。

こうして藤原永職は危《あや》うく難を逃れたのであったが、それにしても、危ないところであった。もし平孝成が冷静にバカ息子の挙動を見ていなかったなら、永職の身はどうなっていたことか。

だが、ここで平孝成という検非違使が救ったのは、藤原永職という蔵人の生命《いのち》ばかりではなかった。

もし孝成が適切に対応していなかったならば、永職に斬りかかった少将のバカ息子は、宮中において殺人もしくは傷害を犯すことになっていただろう。そして、そうなってしまえば、内裏女房である母親の力を以《もつ》てしても、もはや、事件を揉み消すことはできなかったはずだ。また、その場合、母親の少将も、そのまま内裏女房を続けることはできなかったにちがいない。孝成の行為は、結果的に、少将のバカ息子が罪人となることを防ぎ、かつ、少将が立場を失うことをも防いだのである。

にもかかわらず、少将やそのバカ息子が、孝成に感謝することはなかった。何と言っても、この母子は、自分の息子たちの凶行を棚に上げて息子たちを捕縛した武士たちに罵声《ばせい》を浴びせた母親と、完全な逆恨《さかうら》みで蔵人に斬りかかった息子とである。そんな彼らが、人並みに恩義を感じるはずはなかった。孝成としても、何も期待してはいなかっただろう。

それにしても、これだけの騒動を起こしておきながら、結局、少将のバカ息子たちには何のお咎めもなかったというのだから、内裏女房というのは、本当にすごい力を持っていたのだろう。事件を揉み消す力に関して言えば、それは、御堂関白藤原道長の行使し得る力にも劣らなかったのではないだろうか。

ただ、右の事件が揉み消されたことについては、非難の声を上げた公卿や殿上人も少なくなかったらしい。おそらく、公卿や殿上人の中には、以前から内裏女房の専横《せんおう》に不満を持っていた者もあったことだろう。そして、そうした人々にしてみれば、今回の一件というのは、内裏女房たちへの非難を展開するのに格好《かっこう》の糸口であったにちがいない。

一条天皇の女房、強盗の人質になる

そんな内裏女房たちも、家庭に入って主婦としての人生を送るようになることもあった。

例えば、一条天皇の宮廷において「左衛門《さえもん》」と呼ばれる女房であった橘隆子《たちばなのたかこ》は、藤原行成《ゆきなり》の『権記《ごんき》』によると、一条天皇の退位に一年ほど先立つ寛弘《かんこう》七年（一〇一〇）の閏《うるう》二月、辞表を提出して女房勤めを引退するが、それは、藤原姓の男性を夫とする主婦の生活に入るためであったようだ。ただし、長元《ちょうげん》四年（一〇三一）に伊賀守《いがのかみ》に就任する藤原顕長《あきなが》が隆子の産んだ男子であることが推測されるから、橘隆子という女性は、内裏女房として働きながら藤原某《なにがし》と結婚して顕長を産み、その数年後にようやく家庭に入ったものと思われる。

しかし、藤原実資《さねすけ》の『小右記』によれば、遅くとも万寿《まんじゅ》元年（一〇二四）の三月には、隆子は備中守《びっちゅうのかみ》源行任《ゆきとう》という受領の妻になっていた。彼女の内裏女房引退から十年以上が経過しているので、この間に藤原某との離婚や死別があったとしても、そう不思議ではあるまい。とにかく、かつて左衛門という内裏女房であった橘隆子は、万寿元年三月の時点では、備中守源行任家の家政を切り盛りする主婦になっていたのだ。

その隆子の少なくとも二度目の結婚の相手となった源行任は、一条天皇の中宮であった藤原彰子の乳母《めのと》の子であり、若い頃から彰子の執事を務めていた。したがって、隆子と行任とは、一条天皇と彰子との関係を介して、古くからの顔見知りであったかもしれない。

また、橘隆子が源行任との夫婦生活を送った家には、隆子の兄弟である橘為経《ためつね》が寄住していたというから、それは、隆子の所有する家宅だったのかもしれない。王朝時代には、夫婦の暮らす家宅の所有者が妻であるというのも、ことさらに珍しいことではなかった。

ちなみに、その家宅には、強盗が押し入ったこともあった。厳密に言えば、他家での犯行が発覚したために検非違使に追われて逃亡していた強盗が、行き場をなくして逃げ込んできたのだ。藤原実資によれば、万寿元年の三月十日のことである。そして、それは、隆子にとっては、生涯で最も恐ろしい出来事のはじまりであった。

検非違使に追われて隆子宅に逃げ込んだ強盗は、おそらく、そこに籠城《ろうじょう》する覚悟を決めたのだろう。彼は、検非違使の動きを封じるため、隆子を人質にとったのである。もちろん、強盗などが隆子の人質としての価値を熟知していたとは思えないのだが、結果として、この強盗が隆子を人質に選んだことは大正解であった。かつて一条天皇の内裏女房であった隆子は、御堂関白藤原道長にとっても重要な人物であったらしく、彼女の安否《あんぴ》を最優先に考えた道長は、検非違使が隆子宅に突入することを最後まで許さなかったのである。

そうして、隆子宅の門を挟んで強盗と検非違使とが睨《にら》み合《あ》う状況となってしまったのだが、ここで事態を大きく動かしたのは、隆子の息子の藤原顕長であった。隆子にとっては先夫との子となる顕長は、母親に代わって自分が人質となることを申し出たのだ。

そして、この孝行息子の申し出は、さすがの強盗も否《いな》むことができなかった。検非違使を介《かい》して顕長の意向を伝えられた強盗は、人質の交代を了承したのである。

こうして隆子は九死に一生を得たのであったが、彼女の身代わりとなった孝行息子は、無傷ではすまなかった。馬での逃走を試みた強盗に向けて検非違使がいっせいに矢を放った際、強盗に連れられていた顕長にも矢が当たってしまい、彼は左手の親指を失ってしまったのだ。外見を重んじる王朝貴族にとって、それは、あまりにも大きな瑕疵《かし》であった。

だが、身体《からだ》を張って母親を守った顕長は、橘隆子にとっては自慢の孝行息子であったろう。同じ内裏女房の息子でも、例の少将のバカ息子たちとはずいぶんと違うものである。

紫式部の宿敵・紫式部の親友

ところで、かつて「左衛門」と呼ばれて一条天皇に仕えた橘隆子は、その頃の内裏女房たちの中でも、紫式部から最も嫌われていた女性であった。

『紫式部日記』によると、あるとき、一条天皇が内裏女房たちの前で紫式部を称賛したことがあった。『源氏物語』の設定の緻密《ちみつ》さに感心した天皇は、「この人は日本の歴史書をかなり読み込んでいるのだろう。本当に学識があるにちがいない」と言ったらしいのだ。

　だが、結果として、これは、紫式部にとって名誉な話にはならなかった。というのも、この件がきっかけとなって、彼女は「日本紀《にほんぎ》の御局《みつぼね》」という不快なあだ名をつけられてしまったからだ。この「日本紀の御局」というあだ名の意味するところは、要するに、「歴史オタクのウンチク女房」である。こんなあだ名をつけられて喜ぶ女房がいるはずがない。

　そして、このあだ名を考えたのが、内裏女房の左衛門であった。

　左衛門＝橘隆子の兄弟として彼女の家に寄住していた橘為経は、その名前から見て、文章博士《もんじょうはかせ》や大学頭《だいがくのかみ》を務めた学者として知られる橘広相《ひろみ》・橘公材《きんえだ》・橘好古《よしふる》などの子孫にあたる橘成経《なりつね》の兄弟であったかもしれない。そうだとすれば、橘隆子は学者の家系に生まれた女性だったことになるわけだが、それは、紫式部と同じ境遇であった。

　紫式部が学者の家の娘であったことはよく知られていよう。そして、学者の娘として生まれ育った紫式部は、男顔負けの深い学識を備えた女性であったらしい。とすると、同様の環境に生まれ育った橘隆子も、紫式部と同じような素養を身につけていたことだろう。だからこそ、左衛門＝橘隆子は、一条天皇から学識の深さを称賛された紫式部に、彼女の学識を当《あ》て擦《こす》ったような不愉快なあだ名をつけたのではないだろうか。

　どうやら、内裏女房の左衛門＝橘隆子は、母親としては実母を命懸けで守るほどの孝行息子を育てた賢母であったが、女としては非常に嫉妬深《しっとぶか》い嫌味《いやみ》な女性であったようだ。

一方、紫式部が最も好感を抱いた女房は、女としては可憐《かれん》で柔和な女性であったようだが、母親としては手のつけられないバカ息子を二人も育ててしまう愚母であった。

長和三年（一〇一四）の二月頃に没したかと思われる紫式部は、生前、一条天皇の妃として中宮あるいは皇太后となった藤原彰子に仕える女房であった。そして、その紫式部とともに彰子に仕えた女房たちの中に「小少将《こしょうしょう》」と呼ばれる女性がいたが、この小少将こそが、紫式部が女房たちの中で最も親しくなった女性であり、紫式部にとっては親友とも言うべき存在であった。

紫式部が『紫式部日記』に書き記したところによれば、小少将というのは、何かと気の毒なことの多い前半生を送った女性であったらしい。そのためか、彼女は、その上品さや美しさとは不似合いなほどに、つねに世をはかなんでいるような感じであったという。紫式部の見た小少将という女房には、どこか陰《かげ》のある貴婦人という趣《おもむき》があったようなのだ。

しかし、齢《よわい》を重ねるうちに彼女は変わっていったらしい。

「小少将」と呼ばれて藤原彰子に仕えていた彼女は、いつの頃からか彰子の産んだ後一条天皇に仕えるようになり、いつの間にか「小少将」ではなく「少将」と呼ばれるようになっていた。そして、後一条天皇の宮廷で「少将」と呼ばれる彼女は、かつて彰子のもとで「小少将」と呼ばれていた頃から比べれば、まったくの別人のようであった。

そう、宮中で抜刀して蔵人に斬りかかるほどのバカ息子を育てた少将という女房、それこそが、紫式部の同僚であり親友でもあった小少将の後の姿なのである。

14　後冷泉天皇の乳母、前夫の後妻の家宅を襲撃する

藤原教通の乳母、教通の従者を動員して藤原行成の叔母の家宅を襲う

寛弘《かんこう》七年（一〇一〇）の二月十八日のこと、権中納言《ごんのちゅうなごん》藤原行成《ゆきなり》のもとに前伊勢大掾宮道忠光《ぜんいせのだいじようみやじのただみつ》が血相を変えてやってきた。彼は行成の父方の叔母《おば》にあたる女性の執事《しつじ》を務める人物であったが、その忠光が行成のもとに馳《は》せ参《さん》じたのは、行成の叔母の居宅が左大将《さだいしよう》藤原教通《のりみち》の従者たちに襲撃されていることを報《しら》せるためであった。

ここに藤原行成の叔母として登場する女性というのは、行成の祖父にあたる故一条《いちじよう》摂政《せつしよう》藤原伊尹《これまさ》の九女のことであり、すなわち、花山《かざん》法皇に捨てられた後に法皇の異母《いぼ》弟《てい》の為尊《ためたか》親王の愛人となった「九《きゆう》の御方《おんかた》」のことである。そして、この不幸な女性は「鴨院《かもいん》」と呼ばれる邸宅を居所としていたのだが、この日、その鴨院が藤原教通に仕《つか》える三十人ほどの男女に襲撃されたのであった。

厳密に言えば、教通の従者たちが襲ったのは、鴨院の西対《にしのたい》であった。が、教通の従者たちはそこでさんざんに暴れたらしく、彼らが去った後に現場に駆けつけた藤原行成によれば、その西対の屋内はめちゃめちゃになっていた。

藤原行成の日記である『権記《ごんき》』によると、この鴨院西対に住んでいたのは、かつて花山法皇の執事を務めていた故源兼業《かねなり》の未亡人であった。残念ながら、この未亡人については源兼業の妻であったこと以外には何もわからず、したがって、彼女が鴨院西対を居所とした理由もまったくわからない。が、とにかく、鴨院という邸宅の西対には源兼業の妻であった女性が住んでいたのである。

そして、右の事件が起きた頃、鴨院西対には大中臣輔親《おおなかとみのすけちか》という男性が入《い》り浸《びた》っていた。というのも、そこに住む源兼業の未亡人が輔親の愛人になっていたからである。いや、藤原行成が輔親の鴨院西対への出入りを「寄宿《きしゆく》」と表現していることからすれば、兼業未亡人と輔親とは鴨院西対において夫婦としての生活を送っていたと見るべきかもしれない。

この大中臣輔親という男性は、祭主《さいしゆ》大中臣輔親として知られる著名な歌人である。彼の私家集にはさまざまな女性に贈った多数の恋歌が収録されているが、源兼業の未亡人も輔親から幾度も恋歌を贈られたことだろう。王朝貴族たちの恋愛がしばしば和歌の贈答からはじまるものであったことは周知の如くである。

しかし、源兼業の未亡人に突然の災厄《さいやく》をもたらしたのは、そうして築かれた大中臣輔親との甘い関係であった。

寛弘七年二月に彼女の住む鴨院西対を襲ったのは左大将藤原教通の男女の従者たちで

あったが、『権記』によれば、この襲撃の首謀者というのは、教通の乳母《めのと》で「蔵《くら》」と通称される女房《にようぼう》であった。つまり、藤原教通家の従者たちが鴨院西対をめちゃめちゃにしたのは、教通の乳母の立場にある女性の指示を受けてのことだったのである。

そして、その蔵という乳母が源兼業未亡人宅の襲撃を企《くわだ》てたのは、行成がはっきりと「嫉妬《しつと》」という言葉を使って伝えているように、大中臣輔親の後妻となった兼業未亡人に嫉妬してのことであった。

ちなみに、御堂関白《みどうかんぱく》藤原道長《みちなが》の御曹司《おんぞうし》である教通の乳母であった蔵は、『栄花物語《えいがものがたり》』によれば、後年、道長の娘の一人が産んだ後冷泉《ごれいぜい》天皇の乳母をも務めたらしい。しかし、右の事件のことを思えば、とんでもない女性が天皇の養育にあたることになったものである。

御堂関白家の女房、祭主大中臣輔親の居宅を襲撃する

それはともかく、藤原教通の乳母を務めた蔵という女房は、一度は大中臣輔親と夫婦になっていたらしい。ところが、源兼業の未亡人と関係を持って鴨院西対に「寄宿」するようになると、輔親は蔵のもとには寄りつかなくなってしまったのだろう。そして、兼業未亡人への嫉妬に狂った蔵は、御堂関白家の御曹司の乳母という立場を利用して、夫を奪った相手に強烈な一撃を与えたのであった。

藤原行成は右の一件を「極《きわ》めて非常《ひじょう》なり」と評しているが、確かに、蔵のやったことは常軌《じょうき》を逸《いっ》している。いかに激しい嫉妬に駆られたにしても、かつての夫の後妻の居宅を大勢で襲撃するなど、尋常のふるまいではなかろう。

しかし、蔵という女性は、一度ならず二度までも、そうした「極めて非常なり」としか言いようのない行為に走った。すなわち、藤原道長の『御堂関白記《みどうかんぱくき》』によれば、前回の事件から二年を経た長和元年《ちょうわがんねん》（一〇一二）の二月、大中臣輔親との関係に執着する蔵は、またしても、輔親の後妻への嫉妬から、大勢を動員しての派手な暴力沙汰《ざた》を起こしたのである。しかも、今回の襲撃に動員されたのは、藤原道長に仕える従者たちであった。

その日、藤原道長は内裏《だいり》に出仕《しゅつし》していたが、そこへ「祭主輔親宅《さいしゅすけちかたく》」が襲撃を受けているとの情報が入ってきた。しかも、その襲撃には道長家の従者たちが数多く加わっているというではないか。これにあわてた道長は、状況を確認しようと、ただちに内裏に連れてきていた従者の一人を現場に向かわせたという。

だが、その従者が事件現場から内裏へと戻ってきて報告するには、彼が目的地に到着したとき、そこにはもう誰も残っていなかった。襲撃犯たちは逃走し、襲撃の被害者たちもどこかへ避難していたのだろう。

結局、道長が事態を把握したのは、その後に行われた検非違使《けびいし》の調査によってであった。そして、検非違使からの報告は、さぞかし道長の気持ちを沈ませたことだろう。襲撃事件の実行犯は自家の従者たちだったのであり、かつ、その襲撃を企図《きと》したのは自家の女房だったのである。しかも、その女房というのは、かつて息子の乳母を務めたほどに道長家とは縁の深い女性であった。

そして、『御堂関白記』によれば、検非違使の調べたところ、この襲撃事件というのは、蔵という女房の「宇波成打」であった。道長が「宇波成打」と書いた言葉は、ウワナリウチと読まれ、王朝貴族は「後妻打」とも書いたらしい。その意味するところは、一人の男の妻の座をめぐって前妻が後妻を迫害することである。

とすると、この事件で襲われた「祭主輔親宅」というのは、正確には、大中臣輔親の所有する家宅などではなく、彼の後妻の居宅であったろう。輔親はそこには夫として「寄宿」していたのである。そして、輔親の前妻である蔵という女房は、激しい嫉妬心に突き動かされて、夫の「寄宿」する後妻の居宅を襲うというかたちで、王朝貴族の言う「後妻打《うわなりうち》」を敢行したのであった。

ただ、今回の事件で襲撃を受けた家宅が鴨院の西対であったかどうかはわかっていない。つまり、この長和元年の襲撃事件の被害者は、前回の寛弘七年の襲撃事件の被害者と同一の女性であるかもしれないが、しかし、そうでないかもしれないのである。いずれにせよ、蔵が長和元年に企てた襲撃が「後妻打」と呼ばれるならば、やはり、彼女が寛弘七年に起こした事件も「後妻打」と呼ばれて然《しか》るべきであろう。

源頼朝の古妻、新妻の居宅を破却させる

王朝時代の貴族社会においては、前妻が後妻に暴力的に迫害を加えるというのも、そうそう珍しいことではなかったのかもしれない。だからこそ、わざわざ「後妻打《うわなりうち》」などという言葉が存在していたのではないだろうか。

もちろん、そんな王朝貴族社会においても、夫と別れて前妻になった女性のすべてが、必ず前夫の後妻を迫害したというわけではないだろう。しかし、右に見た「後妻打」という行為は、貴族社会においてのみ見られるものではなかったようにも思われる。

また、一人の男性が複数の女性を同時に妻とすることが許されていた平安時代の日本では、同じ一人の男性をめぐって、後から妻になった女性＝新妻は、先に妻になっていた女性＝古妻によって迫害されることがあったのかもしれない。というのも、王朝時代からは少し隔《へだ》たりのある平安時代末期、都から遠く離れた坂東《ばんどう》において、王朝貴族を祖先とするある男性の妻となった女性が、その男性が新たに妻とした女性を激しく迫害したことがあるからだ。

後に鎌倉幕府の初代将軍となる源頼朝《みなもとのよりとも》は、普通には武士の棟梁《とうりよう》として知られるが、彼はまぎれもなく王朝貴族の末裔《まつえい》である。そして、この頼朝が伊豆国《いずのくに》で婚姻を結んだの

は、平政子《たいらのまさこ》という女性であった。彼女のことは、「北条政子《ほうじようまさこ》」という通称で呼んだ方がわかりやすいだろうか。それはともかく、その政子を妻として相模国《さがみのくに》の鎌倉に居を移して数年の後、頼朝は政子の他にも妻を持った。すなわち、「亀《かめ》」と通称される女性を小中太光家《こちゆうたみついえ》という者の家宅に寄住させ、彼女を寵愛《ちようあい》したのである。

だが、これが政子の逆鱗《げきりん》に触れることになった。政子と亀とをともに源頼朝という一人の男性の妻と見るならば、政子は古妻であり、亀は新妻である。そして、古妻の政子には、亀という新妻の存在を許すことができなかったのだ。

そこで、政子の激発を恐れた頼朝は、亀を伏見広綱《ふしみひろつな》という御家人《ごけにん》の家宅に隠《かく》し据《す》えた。が、寿永《じゆえい》元年（一一八二）の秋、頼朝が危惧《きぐ》したとおり、政子は亀を迫害するという挙《きよ》に出た。すなわち、牧宗親《まきむねちか》という御家人の一族と懇意《こんい》にしていた政子は、その宗親の一族を動員して、亀が匿《かくま》われていた広綱の家宅を破壊させたのである。

なお、この出来事を後世に伝えた『吾妻鏡《あずまかがみ》』という歴史書は、政子を頼朝の「妻」として扱い、亀を頼朝の「妾」として扱う。しかし、鎌倉時代の末期に政子の一族が主導する鎌倉幕府によって編纂《へんさん》された官撰《かんせん》の歴史書が『吾妻鏡』である。その『吾妻鏡』が政子と亀とを同列に扱おうとしないのは当然のことであろう。

また、「妻」「妾」の二つの言葉について言えば、源頼朝もその一員であった平安時代の貴族社会においては、この二つの言葉の間に決定的な意味の違いは存在していなかった。むしろ、王朝時代の貴族男性などは、自身と婚姻関係にある一人の女性を、「妻」とも「妾」とも呼んだのである。やはり、頼朝をめぐる政子と亀との関係は、古妻と新妻との関係として理解していいだろう。

そして、平安時代末期の坂東で確認されたような古妻による新妻の迫害は、おそらく、平安時代の日本において、かなり広汎《こうはん》に行われていたことだろう。一人の男性が複数の妻を持ったとすれば、古妻が新妻を疎《うと》ましく思うのは当然のことであった。そして、古妻の中には、その気持ちを暴力的に表現する者も少なくなかっただろう。もちろん、古妻が新妻を迫害するためにふるう暴力は、王朝貴族社会でもしばしば見受けられたにちがいない。

石清水八幡宮の神官および僧侶、山科新宮の殿舎を破壊して八幡菩薩像を強奪する

王朝貴族社会の女性たちがしばしば「後妻打《うわなりうち》」として行ったような暴力的な迫害は、当時、神官や僧侶《そうりょ》によっても行われることがあったらしい。

天慶《てんぎょう》元年（九三八）の八月十二日、石清水八幡宮《いわしみずはちまんぐう》の神官や僧侶が、近年になって平安京東郊の山科《やましな》の地で新たに八幡菩薩《はちまんぼさつ》を祀《まつ》りはじめた八幡新宮《はちまんしんぐう》を急襲した。この襲撃に加わった神官および僧侶の数は数千人にも及んだというが、『本朝世紀《ほんちょうせいき》』という歴史書によれば、彼らは殿舎を破壊したうえで八幡菩薩像を奪い去ったらしい。

王朝時代において、大きな神社や寺院というのは、権門貴族家と同じような存在であり、大社寺の上級の神官や僧侶というのは、貴族社会の一員として扱われるべき人々であった。したがって、石清水八幡宮という権門社寺の神官および僧侶の上層部は、王朝貴族社会に属する人々であったわけだが、天慶元年の八月に数千人を引き連れて山科八幡新宮を襲撃したのは、その彼らであった。

石清水八幡宮といえば、王朝時代の人々の尊崇《そんすう》を集めた社寺の一つである。とくに、毎年の八月十五日に同宮で行われた「石清水放生会《いわしみずほうじょうえ》」と呼ばれる祭礼は、朝廷から使者が派遣される勅祭の一つでもあり、貴賤《きせん》を問わぬ多くの人々の重大関心事となっていた。

ところが、承平《じょうへい》年間（九三一～九三八）のある頃、その石清水放生会に人々が集まらなくなったことがあった。

神とも仏ともつかない八幡菩薩を祀る同宮は、放生会の日、日中には都《みやこ》から音楽家を呼んで神楽《かぐら》を奉納し、夜間には他寺から僧侶を呼んで仏事を行っていた。そして、この神楽や仏事こそが、石清水放生会の目玉であり、多くの人々を同会に集めていたのである。

だが、承平年間のある頃から、石清水放生会の神楽や仏事は人々を楽しませることができなくなり、その結果、同会には人が集まらなくなってしまう。石清水放生会の神楽や仏事が魅力を失ったのは、優秀な音楽家や著名な僧侶が石清水放生会への参加を渋《しぶ》るようになったためであった。

その頃、八月十五日になると、山科の八幡新宮においても、「放生会」と呼ばれる祭礼が行われていた。そして、都の音楽家や他寺の僧侶の多くは、こちらの放生会への参加を望んだ。石清水八幡宮よりも、山科八幡新宮の方が、音楽家や僧侶に多額の報酬を出したからである。また、優秀な音楽家や著名な僧侶の多くが新宮放生会に参加するようになったことから、放生会の日に八幡宮に参詣《さんけい》しようとする人々の多くが、石清水八幡宮ではなく、山科八幡新宮へと足を運ぶようになっていった。

要するに、このときの石清水八幡宮は、古妻が新妻に夫の寵愛を奪い去られたような事態に陥《おちい》っていたわけだ。また、石清水八幡宮の神官や僧侶は、前夫と仲睦《なかむつまじ》い後妻に嫉妬する前妻の如く、多くの参詣者を集める山科八幡新宮に対して忿懣《ふんまん》を募らせていたのである。

そして、そうした石清水八幡宮の神官や僧侶の感情が激発したのが、天慶元年八月の放生会の直前であった。この年こそは石清水放生会を年来の姿に戻したいと考えた彼らは、ついに山科八幡新宮を暴力によって排除する挙に出たのである。

こうして石清水八幡宮から激しい迫害を受けた山科八幡新宮は、その後、再び放生会を行うことはなかった。殿舎を破壊されたうえに八幡菩薩像まで奪われてしまっては、もうどうにもならなかったのだろう。そして、石清水放生会には再び参詣者が戻ってきたという。石清水八幡宮の神官や僧侶による後妻打は、大成功を収めたのである。

県犬養永基、道吉常の妻を強姦して無理矢理に自分の妻にする

ところで、女性たちがしばしば後妻打《うわなりうち》の暴力をふるった王朝貴族社会では、男性たちも「後夫打」(どう読むべきかは筆者にもわからない)とでも呼ぶべき暴力をふるうことがあったようだ。

覚えておいでだろうか、第5章で紹介した「長徳《ちょうとく》の変《へん》」と呼ばれる事件のことを。この事件の発端《ほったん》は、内大臣藤原伊周《これちか》が花山法皇に矢を射かけたことにあった。そして、伊周がそのような愚挙《ぐきょ》に及んだのは、花山法皇に愛人を寝取《ねと》られたと勘違いしてのことであった。つまり、そのときの伊周の理解では、彼と花山法皇との関係は、前夫(もしくは古夫)と後夫(もしくは新夫)との関係だったのであり、また、伊周が法皇に向けて射た矢は、前夫(古夫)が後夫(新夫)に加えた制裁だったのである。

とすると、伊周にしてみれば、前夫(古夫)が後夫(新夫)に何か暴力的な制裁を加えるというのは、きわめて当然のことだったのだろう。そして、そうした考え方は、当時の貴族社会の男性たちの間で広く共有されていたものと思われる。現に、伊周が花山法皇に矢を射かけたときには、伊周の弟の隆家までもが、その行為に同調していたのだ。

とはいえ、王朝貴族社会のすべての後夫(新夫)が前夫(古夫)による後夫打を心配

しなければならなかったというわけでもない。

例えば、県犬養房実《あがたのいぬかいのふさざね》という下級貴族の息子などは、他人の妻を強姦《ごうかん》したうえで無理矢理に自分の妻にしてしまったが、彼には前夫からの後夫打を心配する必要がなかった。彼に妻を奪われて前夫となった男性が、庶民の一人にすぎなかったからだ。

県犬養房実の息子の永基《ながもと》が国仁町《くにのにまち》という女性を強姦して連れ去ったのは、延喜《えんぎ》十六年（九一六）の正月三日のことであった。以前から仁町に懸想《けそう》していたと見られる永基は、彼女の夫である道吉常《みちのよしつね》が遠方に出かけて仁町一人が自宅に残ったときを狙い、吉常・仁町夫婦の居宅に押し入ったのだ。そして、その場で仁町を強姦した永基は、彼女を自宅へと連れ帰り、そのまま自分の妻となることを強要したのであった。

その後、久しぶりに自宅に戻った道吉常は、妻の身の上に起こったことを知り、当然、仰天するとともに憤慨《ふんがい》したことだろう。しかしながら、彼が妻を奪還するために永基のもとに乗り込むといった行動に出ることはなかった。

道吉常の職業は兵士であった。彼は、左兵衛府《さひょうえふ》という朝廷の軍隊に所属する兵士だったのである。その彼であれば、多少は腕に覚えがあっただろう。だが、そうであっても、庶民層の一人でしかない吉常には、貴族である永基に暴力をふるうことはできなかったのだ。

なお、『政事要略《せいじようりやく》』という王朝時代に編纂された政務や法律に関する書物には、県犬養永基が国仁町を強姦・拉致《らち》した事件を審理する過程で検非違使が作成した文書の一つが収録されている。そもそも、われわれが右の事件の存在を知り得たのはそのためなのだが、このことから明らかなように、無力な道吉常は、永基に妻を奪われた一件を検非違使庁に訴え出たのであった。そして、それが彼にできる精一杯のことだったのである。とすれば、前夫（古夫）・後夫（新夫）の双方が貴族層の男性である場合でも、より高い身分の後夫（新夫）は、より低い身分の前夫（古夫）による後夫打の暴力など、まったく気にしなかったにちがいない。反対に、身分の低い前夫（古夫）は、身分の高い後夫（新夫）には、まったく手出しができなかったはずである。

こうした事情からすると、花山法皇を相手に後夫打を敢行した藤原伊周は、その頃、中関白家《なかのかんぱく》の嫡男であることを嵩《かさ》にきて相当に増長していたのだろう。

藤原惟貞、強姦を疑われ藤原道長邸の門前で晒し者にされる

ときに、後妻打や後夫打などが行われた王朝時代の日本では、夫婦の関係というのは相当に曖昧《あいまい》なものであった。婚姻届などというものが存在しなかった当時、庶民層の場合はもちろん、貴族層の場合でさえ、その男女が夫婦であるか否《いな》かは、本人たちがどう思っているかにかかっていたのだ。それゆえ、ある男女が夫婦になったことを周囲の人々が知らなかったなどというのも、けっして珍しいことではなかった。

しかし、藤原惟貞《これさだ》・藤原灑子《きよこ》の夫婦がひどい目に遭《あ》ったように、その関係を広く世間に知られていない夫婦には、思いがけない災難が降りかかることもあった。

藤原灑子というのは、「中務《なかつかさ》」と呼ばれる女房として御堂関白家に仕えた女性である。道長の娘で三条《さんじょう》天皇の中宮になった妍子《きよこ》の乳母《めのと》でもあった彼女は、御堂関白家にとくに大切にされた女房の一人であった。その灑子は、道長の執事であった藤原惟風《これかぜ》の妻となったこともあったが、惟風と死別した後、いつの間にか前遠江守《ぜんとおとうみのかみ》藤原惟貞と再婚していた。が、この結婚のことは、御堂関白家の人々の間でさえ、あまり知られていなかった。

そのため、長和《ちょうわ》四年（一〇一五）の四月四日、灑子が不意に惟貞と連れ立っていずこかへと姿を消すと、事情を知らない御堂関白家の人々は、これを事件と見て大きく騒ぎ立ててしまうのであった。

『御堂関白記』によれば、藤原道長が娘の妍子から灑子が掠《さら》われたとの報《しら》せを受けたのは、その日の戌時《いぬのとき》（午後七時〜午後九時頃）のことである。妍子が道長に告げたところでは、灑子は平安京内を牛車《ぎっしゃ》で移動する間に路上で拉致《らち》されたのであった。京中を進む灑子の牛車に賊が乗り込み、彼女は牛車ごと連れ去られたというのである。また、このとき、灑子が牛車の中で強姦されたとの情報も伝えられていたようだ。

こうした報せに驚いた道長は、ただちに検非違使に命《めい》じて灑子を捜《さが》させた。また、彼は自家の従者たちをも瀰子の捜索《そうさく》に動員したらしい。姸子の乳母をも務めた「中務」と呼ばれる女房＝藤原瀰子を捜すため、道長は手を尽くしたのである。

ところが、それはまったくの徒労《とろう》であった。

道長の命《めい》を受けた検非違使の一人は、迅速《じんそく》に瀰子の行方を突き止め、彼女の身柄を保護した。しかも、その検非違使は、瀰子を強姦したうえで拉致したとされる人物の身柄をも確保した。そして、その人物は、検非違使によって道長邸へと連行された。

が、そうして道長の前に引き出された前遠江守藤原惟貞は、自分が瀰子の夫である旨《むね》を陳《の》べた。彼が言うには、道長が強姦として聞いていた行為は、瀰子の合意を得たうえでの行為であり、また、姸子が拉致として騒ぎ立てた行為も、瀰子と謀《はか》っての遁走《とんそう》であった。

しかも、こうした惟貞の供述は、強姦されて拉致されたはずの瀰子の証言によって裏づけられた。実際、彼女としては、御堂関白家の人々が大騒ぎしている間、夫の惟貞と隠れた逢瀬《おうせ》を楽しんでいたにすぎなかったのである。

結局、誤報に踊らされて徒《いたずら》に騒ぎ立てた藤原道長は、みずから面目を潰《つぶ》すことになってしまう。だが、藤原実資《さねすけ》によれば、この一件で最も恥ずかしい思いをしたのは、やはり、強姦および拉致の容疑をかけられた藤原惟貞であった。彼は、疑いが晴れるまでの間、道長邸の門前に立たされて、多くの人々に嘲笑《ちょうしょう》され続けたらしいのだ。『小右記《しょうゆうき》』

によれば、晒《さら》し者《もの》になった惟貞の周囲には「市《いち》を成《な》す」というほどに大勢の野次馬が集まったようだが、その野次馬たちの中には惟貞に侮蔑《ぶべつ》の言葉を投げかける者も少なくなかったことだろう。

15　在原業平、宇多天皇を宮中で投げ飛ばす

殿上の間の相撲

藤原道長《みちなが》が権力を手中にしたのも、紫式部が『源氏物語』を書いたのも、一条《いちじょう》天皇の時代のことであったが、この一条天皇の祖父が村上《むらかみ》天皇であり、その村上天皇の祖父が宇多《うだ》天皇である。そして、一条天皇には玄祖父（祖父の祖父）にあたる宇多天皇は、おそらくは他の天皇たちが誰もしていないであろう、かなり珍しい経験をしていた。すなわち、この宇多天皇は、天皇の寝所である清涼殿《せいりょうでん》において他人に投げ飛ばされたことがあったのである。

そろそろ王朝時代がはじまろうとしていた九世紀後葉の元慶《がんぎょう》七年（八八三年）もしくは同八年のある日のこと、そこに至った経緯は不明ながらも、若き日の宇多天皇は、頭中将《とうのちゅうじょう》（蔵人頭を兼ねる近衛中将《このえちゅうじょう》）の在原業平《ありわらのなりひら》を相手に、相撲に興じていた。そして、宇多天皇が投げ飛ばされたのは、この相撲においてであった。

王朝時代には、「相撲」と書いて、「すもう」とは読まず、「すまい」と読んだが、当時の「すまい」は、われわれ現代人の知る「すもう」とは、いろいろと異なっていた。

まず、第一に、「すまい」には土俵というものがなく、したがって、「すまい」の勝敗が「すもう」で言うところの「押し出し」で決することはない。そして、第二に、「すまい」の勝敗が決するのは、一方が転倒した場合もしくは戦闘不能に陥《おちい》った場合であり、そのため、「すまい」では投げ技が多用される。しかも、第三に、「すまい」においては、拳で殴ることも、足で蹴ることも、全く自由とされており、その結果、「すまい」の勝負は、しばしば人々に重いケガを負わせた。

では、宇多天皇と在原業平との相撲《すまい》は、どんな勝負となったのだろうか。

この一件を今に伝えるのは、歴史物語の『大鏡』であるが、同書によれば、宇多天皇と在原業平との相撲の勝負の場となったのは、天皇の寝所である清涼殿の殿上の間《てんじょうま》であった。

殿上の間といえば、ここに出入りできるのは、天皇から特別に許可を得た天皇の側近たちだけであり、そうした人々は、ことさらに「殿上人《てんじょうびと》」と呼ばれ、貴族社会の大多数の人々から羨望の眼差しを向けられたものであった。また、殿上人たちは、しばしば「雲上人《うんじょうびと》」とも「雲客《うんかく》」とも呼ばれたが、それは、殿上の間という場所が、貴族社会に属する人々の大多数にとって、けっして立ち入ることのできないところであって、その意味では、空高くに浮かぶ雲の上と同じだったためである。その点からすると、宇多天皇も、在原業平も、とんでもないところで相撲を取ったものである。

そして、宇多天皇は、この殿上の間の相撲において、押し出されるのではなく、投げ飛ばされたのであった。

宇多天皇、投げ飛ばされて天皇の椅子を壊す

宇多天皇と在原業平との相撲は、『大鏡』によると、殿上の間に、かなりはっきりとした傷跡を残したらしい。

この勝負の最後は、宇多天皇が業平に投げ飛ばされるところとなったのであったが、投げられた宇多天皇は、殿上の間に置かれていた椅子《いす》に派手に衝突して、その椅子の肘《ひじ》掛《か》けを壊してしまう。そして、殿上の間に置かれていた椅子というのは、「御椅子《おんいし》」とも呼ばれる天皇を象徴する天皇専用の椅子であり、問題の殿上の間の相撲は、あろうことか、天皇の象徴を破損させてしまったのである。

もちろん、その天皇の椅子の破損は、すぐにも修理されたことだろう。しかし、『大鏡』が「その折れ目、今に侍る《はべ》也《なり》」と語るところからすると、宇多天皇と業平とが宮中でしでかしたやんちゃの証拠は、少なくとも『大鏡』が書かれた頃まで、眼に見えるかたちで残されていたことになる。

『大鏡』が書かれたのは、早くとも後一条《ごいちじょう》天皇の時代である。そして、後一条天皇というと、一条天皇の息子であり、宇多天皇には孫の孫の息子（曾孫の孫）にあたる天皇で

あって、十一世紀前葉の天皇である。したがって、件の九世紀後葉の相撲によって壊された天皇の椅子は、修理を施された後、『大鏡』が「折れ目」と呼ぶ傷跡を抱えたまま、百年以上も使われ続けたことになるだろう。

とすれば、その「折れ目」は、村上天皇や一条天皇といった宇多天皇と後一条天皇との間に挟まれた歴代の天皇たちはもちろん、藤原道長や藤原実資《さねすけ》をはじめとする貴公子たちも、日常的に眼にしていたに違いない。また、もしかすると、中宮の女房として宮中に上がることもあった清少納言や紫式部なども、何かの機会に、宇多天皇と在原業平とが殿上の間で相撲を取ったことの動かぬ証拠を、見物していたかもしれない。そして、宇多天皇の若かりし日のやんちゃは、王朝貴族社会に広く知れ渡っていたのではないだろうか。

あるいは、少し想像を逞《たくま》しくするならば、当時の中級貴族層の人々などは、殿上人に選ばれて初めて殿上の間へと足を踏み入れた際、噂に聞いていた天皇の椅子の「折れ目」を見ることで、殿上人となったことを改めて実感したりしていたのかもしれない。また、天皇の身の回りの世話を職務とした蔵人《くろうど》たちは、しばしば天皇のために例の天皇の椅子を運ばなければならなかったが、下級貴族の身ながらも特に選ばれて蔵人を務めていた面々などは、天皇の椅子を運びがてら件《くだん》の「折れ目」を眼にするごとに、蔵人に抜擢された栄誉に感慨を深くしたことだろう。

「王侍従」定省王

ところで、右の殿上の間の相撲《すまい》をめぐっては、天皇の椅子が壊れたということよりも、天皇が相撲を取ったということに驚く向きもあろう。

確かに、天皇が相撲を取ったというのは、そうそう聞かない話である。しかも、この相撲では、天皇が投げ飛ばされているのであり、その結果として椅子が壊れたりしているのだから、投げ飛ばされた天皇が無傷であったとは思えない。これは、普通に考えて、何かすごい騒ぎになってもおかしくない出来事である。

ただ、実のところ、殿上の間で在原業平と相撲を取るというやんちゃをやらかした頃の宇多天皇は、まだ天皇にはなっていなかった。いや、事情を正確に言うならば、その時点での宇多天皇は、皇太子でもなく、それどころか、天皇の息子を意味する「親王」の称号を持つ身でさえなかった。当時の宇多天皇は、定省王《さだみおう》という一介の皇族に過ぎず、あるいは、侍従《じじゅう》の官職を帯びる一人の殿上人に過ぎなかったのである。当時の宇多天皇=定省王は、世に「王侍従《おうじじゅう》」と呼ばれていた。

この頃の天皇は、あまりよろしくないかたちで有名な、あの陽成《ようぜい》天皇であった。そして、宇多天皇=定省王はといえば、陽成天皇の大叔父（祖父の弟）の息子という、帝位の継承とは全く無縁の立場にあった。彼の父親の時康《ときやす》親王は、確かに仁明《にんみょう》天皇という有力な天皇の皇子ではあったものの、その兄の文徳《もんとく》天皇が即位して以来、天皇の地位は文徳天皇の系統が順調に引き継いでいたため、本来、今さら時康親王に即位の機会が訪れることなど、けっしてあるはずがなかった。

したがって、本来ならば、宇多天皇＝定省王は、仁明天皇を祖父とする二世王（天皇の孫）の一人として、特に歴史に名を残すこともない平凡な皇族の一人としての人生を送るはずであった。王朝時代がはじまろうとしていた九世紀の終わり頃ともなると、奈良時代の長屋王《ながやおう》のように二世王が政治力を持つことなど、全くあり得なかったからである。もし定省王が定省王として後世に名を残すとすれば、文化の方面においてであっただろうが、残念ながら、彼にそのような素養があったとは思われない。

ところが、このような事態を「歴史の悪戯」と呼ぶのであろうか、まだまだ年若い陽成天皇が不意に退位することとなり、しかも、既に老齢に達していた時康親王が全く唐突に光孝天皇として即位することになったため、それまで二世王に過ぎなかった定省王は、急に皇子になったのであった。そして、その後、多少の紆余曲折を経ながらも、光孝天皇に次いで宇多天皇が即位することになったのであった。

色好みの貴公子の背景

また、ここで取り上げる殿上の間の相撲《すまい》に関しては、もう一方の主人公である在原業平にも、関心が集まって然るべきであろう。

在原業平といえば、『伊勢物語』の主人公の通称「昔男《むかしおとこ》」のモデルとされる人物であり、本朝随一の色好《いろごの》みとして知られる貴公子である。そんな業平と相撲とは、ちょっと結び付かないというのが、多くの現代人の感想なのではないだろうか。

ちなみに、しばしば忘れられがちな事実ではあるが、実は、この在原業平も、ついに宇多天皇となった定省王と同じく、生まれたときには二世王（天皇の孫）であった。彼の父親は、平城《へいぜい》天皇の皇子の阿保《あぼ》親王なのである。

とはいえ、この阿保親王も、本来の時康親王と同じく、帝位の継承とは無縁の身であった。というのも、この親王の父親の平城天皇が、退位して上皇となった後、いわゆる「薬子《くすこ》の変《へん》」において弟の嵯峨《さが》天皇との主導権争いに敗れてしまったからである。阿保親王は、その父親の失敗のゆえにいわゆる「冷飯食い」のような立場にあったのであり、その意味では、ただ単に帝位とは疎遠であっただけの時康親王よりもさらに厳しい立場に置かれていたのであった。

なお、こうした事情ゆえであろうか、この阿保親王は、いわゆる「承和の変」においては、嵯峨天皇の息子の仁明天皇のために密告者の役割を担い、嵯峨天皇の系統が帝位を独占することに大きく貢献する。いわゆる「薬子の変」の後、敗者の平城上皇の皇子の一人である高岳親王などは、嵯峨天皇の系統から政治的な野心を疑われないよう、出家の身となり、ついにはインドに向けて旅立ったが、そこまで思い切れなかった阿保親王は、都において皇子としての人生を全《まっと》うするべく、どうにか嵯峨天皇の系統に取り入ろうとしたのであろう。

ところが、そうして自らは皇子の人生を謳歌する阿保親王も、その息子たちからは皇族としての人生を奪ってしまう。すなわち、阿保親王を父親とする業平王は、兄たちとともに、その父親の申請によって、朝廷から「在原朝臣《ありわらのあそん》」の氏姓を与えられて、臣籍に下ろされてしまったのである。そして、これが、業平王が在原業平となった経緯であった。

こうして皇族の業平王から単なる貴族となった在原業平は、成長すると、希代の色好みの貴公子となり、ついには『伊勢物語』の主人公となるに至る。が、その業平も、さまざまな女性を相手に色好みの浮き名を流すばかりではなく、史実としては、しっかりと朝廷における出世を果たしてもいた。すなわち、業平は、陽成天皇の時代には、彼の官職としてよく知られる近衛中将の任にあるばかりでなく、蔵人頭をも務めていたのである。したがって、彼も、もう少し長生きしていれば、参議に昇任して公卿になっていたことだろう。

王朝貴族たちの荒っぽい嗜み

『伊勢物語』の第一話は、主人公の通称「昔男」が、狩りのために遠出をして、美人姉妹を見初《みそ》める、というものである。これも、在原業平に関して忘れられがちな事実の一つであるが、彼は、女性に和歌を贈ったり女性のもとに忍び込んだりという色好みに耽《ふけ》るばかりではなく、ときとして、矢を射たり鷹を放ったりという狩猟にも興じたのであった。

この点については、『伊勢物語』の中にも、いくつもの証拠が見出《みいだ》される。例えば、同書に描かれる業平と惟喬《これたか》親王との交友は、狩猟のための遠出を場としている。

成長した在原業平は、文徳天皇の第一皇子として生まれながら天皇になることができなかった惟喬親王と、深い親交を持つ。この関係は、あるいは、業平の側にも不幸な皇族としての事情があったからかもしれない。そして、この不運な皇子と不遇な元二世王とは、春になるごとに、都から少し離れた野原へと、連れ立って狩りに出たという。『伊勢物語』によれば、摂津国《せっつのくに》の水無瀬《みなせ》の地に別荘を持つ惟喬親王は、毎年、桜の季節になると、狩猟を中心とする遊興のために水無瀬へと遠出をしていて、この惟喬親王の水無瀬遊猟には、必ず業平が付き随っていたのであった。

また、世に広く知られた話であって『伊勢物語』の書名の由縁ともなった業平と伊勢斎宮《さいぐう》との許されない恋の物語も、業平が公務として狩猟の旅に出たことを背景としている。

『伊勢物語』は、業平と伊勢斎宮との出逢《であ》いを、「昔、男ありけり。その男、伊勢の国に狩りの使ひに行きけるに」と語りはじめる。ここに「狩りの使ひ」と言われているのは、天皇主催の宮中の饗宴《きょう》に供される食材としての鳥獣を確保する役目を帯びた勅使であって、業平は、その勅使として、はるばる伊勢国を訪れたのであった。

さらに、『伊勢物語』には、狩猟とは関係しないながらも、業平が「男、弓・胡籙《やなぐい》を負《お》ひて」という武装した姿で描かれる一話もある。

「昔男」＝業平が摂関家の姫君を拐《かどわか》して都から逃げ出すというのも、よく知られた一話であろう。そして、この話においては、業平と姫君とは、雷が鳴り響く中、平安京郊外の「あばらなる蔵」において一夜を過ごすことになるのだが、その折、業平は、「弓・胡籙を負ひて、戸口にをり」というかたちで、姫君を守護するのであった。

実のところ、王朝貴族たちにとっては、弓矢の扱いも、弓矢を用いた狩猟も、嗜みの一つに過ぎない。彼らは、そうした荒っぽいことを、普通に嗜んでいたのである。そして、そんな王朝貴族たちであれば、ときに相撲《すまい》に興じることがあったとしても、それほど奇異なことではないのではないだろうか。相撲もまた、王朝貴族たちの嗜みの一つだったのであろう。

陽成天皇の事件の真相

　そう考えるならば、王朝時代がはじまる直前に起きた、ある陰惨な事件についても、少し理解を改める必要があるかもしれない。

『日本三代実録《にほんさんだいじつろく》』というのは、国撰《こくせん》の六つの史書であるいわゆる「六国史《りっこくし》」の最後の一つであるが、その『日本三代実録』の元慶七年（八八三）の十一月十日条は、原漢文を読み下し文で紹介すると、次の如くである。

「散位《さんに》従五位下《じゅごいげ》源朝臣蔭《かげる》の男の益《まさる》の、殿上に侍《さぶら》うに、猝然《そつぜん》として格《なぐ》り殺さる。禁省《きんしょう》の事は秘めたれば、外人《げにん》の知る無き焉《なり》。益は帝の乳母《めのと》従五位下紀朝臣全子《なりこ》の生む所也《なり》」。

　これによれば、十六歳の年若い陽成天皇が玉座にあった元慶七年の冬のある日、天皇には乳母子《めのとご》にあたる源益という貴公子が、天皇の寝所である清涼殿（「殿上」）において、唐突に撲殺されたことになる。宮中における殺人となると、しかも、清涼殿における殺人ともなると、それは、当時においても、たいへんな事件であったに違いない。

　しかし、『日本三代実録』は、事件の詳細を語ろうとしない。右の国撰史書は、宮中のこと（「禁省の事」）であるのを盾に、部外者（「外人」）が知る必要はないと言い張るのである。

　そして、この事件は、後世において、陽成天皇の若くしての唐突な退位の原因として理解されることになった。すなわち、王朝時代以降の人々は、元慶八年（八八四）二月、陽成天皇が十七歳の若さで退位したことをめぐって、天皇の外伯父《そとおじ》で関白でもあった藤原基経《もとつね》が、清涼殿において乳母子を殴り殺すという凶行に及んだ天皇を玉座から放逐した、という経緯を想像したのである。確かに、『日本三代実録』の何か大事なことを隠しているかのような語り口からしても、いかにもあり得そうなことであろう。

ただ、ここで、王朝貴族たちが狩猟や相撲《すまい》などの荒っぽいことをも嗜《たしな》みとしていたという事実をも考慮に入れるならば、仮に、陽成天皇がその乳母子の源益を殺してしまったという事実があったとしても、それは、この二人が相撲に興じていた最中に起きた不幸な事故の結果であったかもしれない。陽成天皇は、乳母子として特に親しい貴公子であった源益と相撲を楽しんでいた中で、誤って相手を死なせてしまっただけなのかもしれないのである。

あるいは、陽成天皇が退位する直前、後に宇多天皇となる侍従定省王（「王侍従」）と頭中将在原業平とが、殿上の間において天皇の椅子を壊してしまうほどに激しい相撲を取っていたという事実にも眼を向けるならば、この時期、陽成天皇とその側近たる殿上人たちとの周辺では、特に相撲が流行っていて、清涼殿の殿上の間での相撲も、陽成天皇やその殿上人たちには、かなり日常的な娯楽になっていたのではないだろうか。

結　光源氏はどこへ？

紫式部は見た

寛弘《かんこう》五年（一〇〇八）の十一月一日、その晩の藤原道長《みちなが》は、かなり上機嫌であった。というより、だいぶ酔いが回っていたらしい。その酔っ払い具合は、自邸内で紫式部《むらさきしきぶ》を追いかけ回して和歌を詠《よ》むことを強要するほどに達していた。

この晩、自邸で大きな宴会を催《もよお》した左大臣藤原道長は、大勢の公卿《くぎょう》や殿上人《てんじょうびと》を招いていた。すなわち、その夜の道長邸では、当時を代表する貴公子たちが一堂に会しての宴《うたげ》が開かれていたのである。そして、『紫式部日記』によれば、その宴席でひどく酔い乱れた貴公子は、主人の道長だけではなかった。

例えば、御堂関白《みどうかんぱく》家の御曹司《おんぞうし》たちも、紫式部が気がつくと、会場の一郭《いっかく》でバカ騒ぎに興じていた。そこには彼らの従兄弟《いとこ》の宰相中将《さいしょうのちゅうじょう》藤原兼隆《かねたか》の姿も見えたというが、紫式部はこの若い酔っ払いたちに関わることを慎重に避けている。

また、この日の筆頭の客人《まろうど》であった右大臣藤原顕光《あきみつ》も、すっかりできあがっていた。彼の場合、布製の家具のほころびを見つけてそこを引き破るという遊びに一人で夢中になっていたらしい。しかも、それに気づいた女房《にようぼう》が彼の背中を指でつついてたしなめると、今度はその女房を相手に品《ひん》のない戯言《ざれごと》をはじめるという始末であった。

一方、次席の客人の内大臣藤原公季《きんすえ》は、唐突に泣き出したりしていた。息子の参議《さんぎ》藤原実成《さねなり》の礼にかなったふるまいに感動してのことらしいが、生来の泣《な》き上戸《じようご》ではなかろうか。

そして、権中納言《ごんのちゆうなごん》藤原隆家《たかいえ》は、かなりしつこく一人の女房に絡《から》んでいた。彼女の腕なり衣裳《いしよう》なりをつかんで放さなかったというから、実に嫌な酔い方をしてくれたものである。

では、あの藤原実資《さねすけ》はどうだったのかと言うと、この頃にはまだ権大納言《ごんのだいなごん》であった彼は、女房たちが何枚の衣裳を着重ねているかを一生懸命に数えていた。どう考えても、これも酔っ払いのやることだろう。彼もまた、しっかりと酔っ払っていたのである。

しかし、そんな実資でも、紫式部の眼には他の酔っ払いよりはだいぶましに見えたといい、実際、彼女が試しに話しかけてみると、実資は威厳のある態度で言葉を返したらしい。彼は紫式部が期待した以上に正気を保っていたのだ。さすがは未来の「賢人右府《けんじんうふ》」である。

と、そこに中納言藤原公任《きんとう》が割り込んできた。彼は、さまざまな才芸に秀《ひい》でていたことで知られる貴公子である。そして、その公任が何を言い出すかと思えば、彼は紫式部に向かってこう言ったのだ。「申し訳ありません。この辺りに若紫《わかむらさき》はおりませんか」と。

若紫というのは、『源氏物語』の女主人公のことである。やがて光源氏《ひかるげんじ》の妻として「紫の上《むらさきのうえ》」と呼ばれることになる彼女は、幼い頃には「若紫」と呼ばれていたのだ。そして、酔っ払っていたであろう公任は、紫式部にその美少女の行方を尋ねたのであった。

これに対して紫式部がどう答えたかはわからない。ここで彼女が公任に返した言葉について、彼女は何も書き残していないのである。彼女は公任の戯言を黙殺したのだろうか。

ただし、『紫式部日記』によると、このとき、紫式部は心の中ではこう毒突《どくづ》いていたらしい。「光源氏に見立てることができるような素敵な殿方《とのがた》もいらっしゃらないのに、紫の上だけがいらっしゃったりするものですか」と。

そう、この晩の宴会において名立《なだ》たる貴公子たちの醜態《しゅうたい》を存分に見せつけられた紫式部には、現実世界で光源氏の姿を見出《みいだ》すことなど、とてもできそうになかったのである。

火薬庫のような酒宴

それでも、紫式部が遭遇した酒宴での貴公子たちの乱れ方など、まだましなものであった。

左大臣が女房を追いかけ回そうと、右大臣が調度品を壊したり女房に下品な話をふったりしようと、権中納言が女房にしつこく絡もうと、また、年若い御曹司たちがバカ騒ぎをはじめようと、その晩の宴席では、少なくとも、暴力沙汰《ざた》だけはまったく起きなかったのだ。

それを思えば、寛弘五年十一月一日の藤原道長邸の夜は、紫式部が貴公子たちの数々の醜態を目撃することになったにせよ、王朝貴族たちが酒宴を開いていたにしては、かなり平和なものであったろう。

もっとも、そのことは紫式部にもわかっていたはずである。そうでなければ、彼女もその夜宴での貴公子たちの様子を後世に伝えるようなことはしなかっただろう。『紫式部日記』に描き出されたような酔態《すいたい》は、光源氏にはあるまじき醜態であったにしても、現実世界の貴公子たちにはよくある程度の失態にすぎなかったにちがいない。しかし、あの晩に誰かが宴席で取っ組み合いでもはじめていたら、紫式部はその様子までをも書き残しただろうか。

王朝時代の最高の貴公子として『源氏物語』に登場する光源氏ならば、間違っても酒宴の場で暴力をふるったりはしない。いや、この貴公子については、いかなる場合にも、暴力沙汰を起こすことを心配する必要はないだろう。

だが、王朝時代に生きた現実の貴公子たちは、さまざまな場面において頻繁に暴力事件を起こした。自宅で、他家で、路上で……。「王朝貴族」と呼ばれる貴公子たちは、いろいろなところで殴ったり蹴《け》ったりの暴力行為に及んでいたのだ。ときには、宮中において、天皇の御前《ごぜん》であることをも憚《はばか》らずに取っ組み合いをはじめることさえあった。そして、寛弘五年のあの晩に藤原道長邸に集《つど》った貴公子たちの中には、暴力事件の常習犯のような連中の顔も数多く見られた。

まず、宴会を主催した藤原道長からして、序章でいくつかの前科を紹介したように、頻繁に暴力沙汰を起こす不品行な貴公子であった。そして、その道長の御曹司たちも、揃《そろ》いも揃って、何かというと暴力をふるう始末に負えない若者たちであった。彼らの中でとくに目立った暴力事件を起こしたことがない者といえば、長男の頼通《よりみち》くらいのものであろうか。

また、その質《たち》の悪い御曹司たちと一緒にバカ騒ぎに興じていた藤原兼隆《かねたか》に至っては、自家の従者を殴り殺したことさえある。頼通たちには従兄弟にあたる彼は、故粟田関白《あわたかんぱく》藤原道兼《みちかね》を父親とする貴公子であったが、人命を奪うほどの暴力を行使したこともあったのだ。

さらに、これも頼通たちとは従兄弟の関係にあった藤原隆家も、暴力事件を起こして死人を出したことがあった。しかも、その死人というのは、よりにもよって、法皇の従者であったという。すなわち、故中関白《なかのかんぱく》藤原道隆《みちたか》の息子として生まれた藤原隆家は、法皇を相手に死人が出るような暴力沙汰を起こしていたのである。

こんな具合に、紫式部が加わっていた酒宴には、かなりの危険人物が幾人も参加していたわけだ。しかも、その危険人物たちが一緒になって酒を呑《の》んでいたというのだから、そこは乾燥し切った火薬庫のようなものであったろう。ちょっとした火種があれば、簡単に大爆発が起きたにちがいないのだ。

それを考えれば、あの夜にまったく暴力沙汰が起きなかったというのは、誰にとっても本当に幸運なことであった。その場に居合わせた紫式部も、そんな風に感じていたことだろう。

王朝暴力事件年表

年号（西暦）	月	事　項
延喜元（901）	正	菅原道真、失脚して大宰権帥に左遷される
16（916）	正	県犬養永基、道吉常の妻を強姦して無理矢理に自分の妻にする［14章］
延長8（930）	9	朱雀天皇即位
天慶元（938）	8	石清水八幡宮の神官および僧侶、山科新宮の殿舎を破壊して八幡菩薩像を強奪する［14章］
3（940）	2	平将門、坂東で討たれる
4（941）	6	藤原純友、伊予国で討たれる
9（946）	4	村上天皇即位
康保4（967）	5	冷泉天皇即位
安和2（969）	2	藤原兼家、右大臣藤原師尹の従者たちに邸宅を破壊される［7章］
	3	安和の変
	8	円融天皇即位

天元5（982）	2	藤原佐理、弾正忠源近光を監禁する［6章］
永観2（984）	8	花山天皇即位
寛和元（985）	2	曾禰好忠、多数の殿上人に足蹴にされる［1章］
2（986）	6	一条天皇即位
永延元（987）	4	藤原道綱、右大臣藤原為光の従者から狼藉を受ける［4章］
	6	藤原師長、左大臣源雅信の私宅にて虐待を受ける［6章］
2（988）	12	藤原道長、官人採用試験の試験官を拉致して圧力をかける［序章］
正暦2（991）	2	藤原在国、大膳属秦有時の殺害に関与する（日本紀略）
長徳元（995）	2	藤原詮子の執事、中宮藤原定子の御所に乱入しようとする［11章］
	7	七条大路の合戦［5章］
2（996）	正	藤原伊周、嫉妬に駆られて花山法皇に矢を射かける［5章］
		藤原伊周・藤原隆家、花山法皇の童子を殺して首を取る［5章］
3（997）	4	藤原公任・藤原斉信、花山院の門前にて襲撃を受ける［8章］

長保2（1000）	12	藤原道長、悪霊に憑かれた女房と取っ組み合う［12章］
寛弘2（1005）	正	藤原兼綱、蔵人に対する集団暴行に加わる［2章］
4（1007）	正	藤原顕光、淡路守藤原能通の邸宅に従者たちを乱入させる（御堂関白記）
	8	藤原伊周、藤原道長の暗殺を企てる［5章］
6（1009）	正	藤原斉信・藤原頼通、右大臣藤原顕光の邸宅の門前にて投石に遭う［8章］
7（1010）	2	藤原教通の乳母、教通の従者を動員して藤原行成の叔母の家宅を襲う［14章］
8（1011）	4	居貞親王、藤原道長の従者を拘禁する［12章］
	5	一条天皇の女房、中宮藤原彰子の女房に無礼を働く［13章］
	6	三条天皇即位
長和元（1012）	2	御堂関白家の女房、祭主大中臣輔親の居宅を襲撃する［14章］
	4	藤原正光、内裏からの使者に石を投げつける（小右記）
	9	藤原顕光、丹波掾伴正遠の拉致・監禁・虐待を命じる［11章］

2（1013）	3	藤原能信、衆人環視の中で貴族たちに暴行を加える［3章］
	4	藤原道雅、敦明親王の従者を半殺しにする［1章］
	6	藤原道長、祇園御霊会の行列の散楽人たちに暴行を加える［序章］
	8	藤原兼隆、自家の廏舎人を殴り殺す［2章］
		藤原道長、前摂津守藤原方正・前出雲守紀忠道を監禁する［序章］
長和3（1014）	正	藤原兼隆、藤原実資家の下女の家宅を掠奪のうえで破壊する［2章］
	6	敦明親王、加賀守源政職の拉致・監禁・虐待を企てる［11章］
	12	藤原定頼、敦明親王の従者を殺して「殺害人」と呼ばれる［11章］
		藤原能信、右近将監藤原頼行の強姦に手を貸す［3章］
4（1015）	4	検非違使の下部、敦明親王の御所で袋叩きにされる［12章］
		敦明親王、検非違使別当藤原実成の自宅に従者たちを乱入させる［12章］

		藤原惟貞、強姦を疑われて藤原道長邸の門前で晒し者にされる［14章］
	5	民部掌侍、悪霊に憑かれて三条天皇を殴る［12章］
	7	三条天皇の女房、宮中にて暴力沙汰を起こす［13章］
		禎子内親王の執事、源政職の妻の財産を差し押える［11章］
5（1016）	正	後一条天皇即位
	5	大江至孝、威儀師観峯の娘を強姦しようとする［3章］
		藤原能信、従者を差し向けて強姦犯の大江至孝を救援する［3章］
寛仁2（1018）	4	藤原兼房、宮中にて蔵人頭を追いかけ回す［2章］
	6	藤原道長、自邸の庭の造営のために平安京を破壊する［7章］
3（1019）	3	刀伊の入寇
	4	藤原隆家、異国（刀伊）の海賊を撃退する［5章］
	10	藤原長家、右大将藤原実資の従者を袋叩きにしようと企む［7章］
		藤原能信、近江国の有力者たちを駆り集めて敦明親王の接

		待を強要する［10章］
4（1020）	閏12	源政職、鉾に貫かれて果てる［11章］
治安元（1021）	11	敦明親王、野外で紀伊守高階成章を虐待する［10章］
	12	藤原兼房、宮中での仏事の最中に少納言と取っ組み合う［2章］
2（1022）	3	藤原能信、内大臣藤原教通の従者を虐待する［3章］
3（1023）	4	敦明親王、路上で前長門守高階業敏を虐待する［10章］
		敦明親王、賀茂祭使の行列を見物する人々を追い回す［10章］
	6	藤原道長、寺院造立のために平安京を破壊する［7章］
	10	後一条天皇の女房、息子たちの凶悪事件を揉み消す［13章］
	12	藤原資業、騎兵の一団に自宅を襲撃される［11章］
		藤原兼房、蔵人の控え室でリンチに興じる［2章］
万寿元（1024）	3	一条天皇の女房、強盗の人質になる［13章］
		藤原道長、寺院造立のために平安京を破壊する［7章］
	7	藤原経輔、後一条天皇の御前で取っ組み合いをはじめる［1章］

		藤原経輔、先日の遺恨によって暴行に及ぶ［1章］
	11	藤原兼経、五節舞姫に横恋慕する［4章］
	12	花山法皇の皇女、路上の屍骸となって犬に喰われる［9章］
2（1025）	7	藤原道雅、花山法皇皇女の殺害を指示したことを疑われる［9章］
	11	藤原頼通、素直に桜の樹を差し出さない津守致任を虐待する［6章］
4（1027）	4	藤原行成、権大納言藤原頼宗の従者から狼藉を受ける［4章］
		藤原斉信・尋光僧都、中納言源師房邸の門前にて投石に遭う［8章］
	6	敦明親王、藤原実資の従者を拉致しようとする［10章］
	7	藤原道雅、路上で取っ組み合って見せ物になる［1章］
長元元（1028）	6	平忠常の乱
4（1031）	正	藤原惟憲、僧侶を殺す（小右記）

あとがき

「王朝貴族」と呼ばれる人々は、かなりの程度に暴力に親しんでいました——これこそが、この本の最初から最後までを貫く主張です。

われわれ日本人の多くが王朝貴族についての基礎的な知識を得るのは、中学校や高等学校の古典の授業を通じてのことなのではないでしょうか。もちろん、中学校や高等学校に行けば、日本史の授業を通じても王朝貴族のことを学習することになります。しかし、日本史の教科書が王朝貴族のために割《さ》く頁《ページ》数はほんの数頁にすぎないのに対して、古典の教科書は総頁数の半分ほどを王朝貴族のために割いているのです。

こうした事情から、われわれの抱《いだ》く王朝貴族のイメージは、多くの場合、王朝時代の古典文学（王朝文学）から得られたものであったりします。中学校や高等学校の古典の時間には、『古今和歌集《こきんわかしゆう》』『竹取物語《たけとりものがたり》』『伊勢物語《いせものがたり》』『源氏物語《げんじものがたり》』『枕草子《まくらのそうし》』『土佐日記《とさにつき》』『更級日記《さらしなにつき》』など、さまざまな王朝文学が紹介されますが、われわれ現代日本人の持つ王朝貴族イメージの中核を形成しているのは、これらの文学作品より垣間見《かいまみ》られる王朝貴族の姿であるように思われます。

とくに、『源氏物語』という王朝物語の登場人物たちの様子は、現代人が王朝貴族について抱いているイメージに対して、絶大な影響を及ぼしているのではないでしょうか。『源氏物語』の主人公である光源氏《ひかるげんじ》こそが王朝貴族の理想像であるという理解は、おそらく、われわれの大多数によって支持されるでしょう。『源氏物語』という長編物語を最初から最後まで読み通したことのない方《かた》でも、『源氏物語』のあらましを知ってさえいれば、いつの間にか、光源氏を王朝貴族の理想像と見なしていたりするようなのです。

その光源氏という貴公子は、暴力をふるったりはしません。他の貴公子と殴り合ったり取っ組み合ったりすることもなければ、誰かを一方的に殴ったり大勢で一人を虐待したりすることもありません。彼の人生は、暴力などというものとはまったく無関係なのです。

そのため、光源氏の姿を中核として王朝貴族の姿をイメージするわれわれは、普通、王朝貴族と暴力との結びつきなどは意識しないものです。われわれのイメージでは、光源氏が暴力とは無関係であったように、王朝貴族たちも暴力とは無関係なのです。われわれが普通にイメージする王朝貴族は、けっして暴力に手を染めたりはしません。

ところが、現実は異なっていました。王朝貴族たちは暴力と関わっていたのです。それも、かなり密接に関わっていたのです。

『殴り合う貴族たち』という本書のタイトルには、首をかしげた方《かた》も少なくないでしょう。「本当に王朝貴族たちが殴り合ったりなんかしたのか?」と。

しかしながら、王朝時代の貴公子たちは、本当に殴り合うことがあったのです。それも、それなりに頻繁に。さらには、他人を一方的に殴ったり蹴《け》ったりすることもあれば、たった一人を大勢で虐待することもありました。そして、それさえも、そうそう珍しいことではなかったのです。

繰り返しになりますが、「王朝貴族」と呼ばれる人々は、かなりの程度に暴力に親しんでいたのです。

文春学藝ライブラリー版あとがき

ちょっとした縁があって、この数年、ある団地の自治会が主催する生涯学習教室にて、年に九回ずつの『源氏物語』講座の講師を務めています。そこでの講師ぶりは、今のところ、それなりの好評をいただけているようですが、実のところ、私自身も、毎回、いい勉強をしながら、かなり楽しんでいます。

そして、この経験を通じて改めて抱くことになったのが、「『源氏物語』は、おもしろい！」という思いです。この物語は、そこに登場する人物といい、そこで生起する事件といい、何とも興味深いのです。

ただ、そんな思いを抱くのと同時に、今の私は、『源氏物語』をめぐって、一つの危惧を持ってもいます。その危惧というのは、現代の人々に、敢えて言葉にするならば、「はたして、『源氏物語』の本当のおもしろさは、きちんと伝わっているのだろうか」というものです。「雅《みやび》やか」だの「艶《あで》やか」だの「煌《きら》びやか」だの「もののあはれ」だの言っているだけでは、『源氏物語』の本当のおもしろさはわかりません。このあたり、ずいぶんと思いきったことを言ってしまいますと、文学研究者たちや作家さんたちの現代語訳や解説を見る限り、かなり頼りなく思えます。

私が王朝時代＝平安時代中期の研究をはじめたのは、『源氏物語』に対する不信感――より厳密に言うならば、『源氏物語』をやたらと持ち上げる人々への不信感――からでした。

高等学校の古典の授業で「いづれの御時《おおんとき》にか、女御《にょうご》・更衣《こうい》、数多《あまた》さぶらひたまひける中に、……」という一節に触れることが、おそらくは、多くの現代人にとっての『源氏物語』初体験だろうと思うのですが、私の場合には、まさにそうでした。そして、私にとって、初めての『源氏物語』は、退屈なばかりで、少しもおもしろくありませんでした。

ところが、古典の教師をはじめ、周囲の大人たちは、『源氏物語』を、たいへんおもしろいものとして扱うのです。いや、彼らは、どうかすると、この古典文学を、たいへんすばらしいものとして崇拝しているようにさえ見えました。彼らにとって、『源氏物語』は、何やら、神聖不可侵の存在であるようなのです。

そして、そうした状況は、大学に入っても続いたのですが、これが、当時の私には、気持ち悪くて仕方ありませんでした。「あんなつまらないものを、神のように崇《あが》めて」と、二十歳前後の私は思ったものでした。それどころか、かわいくない若者であった私は、「あの人たちも、本当はおもしろいなんて思っていないくせに、教養人ぶるためにありがたがっているだけなのでは」などと、たいへん穿《うが》ったことも考えていたものです。

こうして、かなりネガティヴなかたちながらも、いつしか王朝時代＝平安時代中期という時代に強い関心を持つようになっていった私は、大学の課題に取り組む中で、『今昔物語集』に出遭います。そして、そこに描かれた、混沌とした世界に、すっかり魅了されました。『今昔物語集』に満ちていたのは、乱暴さであり、滑稽《こっけい》さであり、残酷さであり、猥褻《わいせつ》さであって、けっして、雅やかなものでも、艶やかなものでも、煌びやかなものでもありませんでした。そこには、「もののあはれ」などという長閑なことを言っている余裕はありません。しかし、そんな『今昔物語集』のおもしろさは、まさに本物でした。

ただ、『今昔物語集』の収める説話の多くが、王朝時代＝平安時代中期を舞台とするものであったため、私は、すっかり混乱してもいました。『源氏物語』の描く王朝時代と、『今昔物語集』の描く王朝時代とが、あまりにも違い過ぎて、そのギャップに戸惑っていたのです。「『源氏物語』の王朝時代と、『今昔物語集』の王朝時代と、どちらが本物の王朝時代なのだろう」と、頭を抱えた感じだったでしょうか。

その後、私は、卒業論文を書こうとするうちに、『小右記』『権記』『御堂関白記』といった王朝時代の現実の貴公子たちの日記に出遭い、その中に、『源氏物語』の世界ではなく、『今昔物語集』の世界を見出します。それは、本書で紹介した、貴公子たちが宮中で乱暴に殴り合うような世界です。また、これも本書で紹介したように、そこには、乱暴の他、滑稽・残酷・猥褻などが溢れていました。したがって、現実の王朝時代は、『源氏物語』に描かれるようなものであるよりも、『今昔物語集』に描かれるようなものだったことになります。

　そして、王朝時代の現実が乱暴・滑稽・残酷・猥褻に満ちたものであったことを確信した私は、少しずつ『源氏物語』をおもしろいと思うようになっていきました。どうやら、王朝時代には貴公子たちが殴り合うような現実があったという理解が、私に『源氏物語』をおもしろく感じさせてくれたようなのです。

　ところで、紫式部は、現実の王朝時代を生きた女性なのですから、当然、彼女の周囲には、貴公子たちが暴力に興じる世界が広がっていたことでしょう。そして、このことをふまえるならば、彼女の描き出した『源氏物語』の世界が乱暴な貴公子のいない世界である理由も、容易に理解されます。おそらく、紫式部は、平気で暴力をふるう現実の貴公子たちに、すっかり嫌気がさしていたのでしょう。

　また、菅原孝標女《すがわらのたかすえのむすめ》が若い頃には『源氏物語』の熱心な読者であったことは、『更級日《さらしなにっ》記《き》』の読者ならば誰もが知るところとなっていますが、ここにも、現実の王朝時代には暴力が溢れていたことが関係しているはずです。『源氏物語』に登場する暴力をふるうことのない貴公子たちは、現実の王朝時代を生きる孝標女には、光り輝いて見えたに違いありません。

とすれば、『源氏物語』の真の魅力というのは、王朝時代には貴公子たちが殴り合うような現実があったという事実を承知していてこそ、知り得るものなのではないでしょうか。すなわち、『源氏物語』の本当のおもしろさを感受するためには、この作品の背後にあった乱暴・滑稽・残酷・猥褻などに満ち満ちた世界を見据える必要がある、ということです。

私は、『源氏物語』講座の講師を務めることになったのが、本書『殴り合う貴族たち』を書いた後であったことを、本当に大きな幸いだと思っています。

久しぶりの代替わりの前年の夏に

繁田信一

解説

諸田玲子

ええッ、内大臣が法皇の従者を殺して生首を持ち去ったって？

えええッ、皇女の死骸が路上で犬に食われたって？

石の投げ合いなど驚くにはあたらない。集団暴行や強姦幇助《ほうじょ》、宮中での取っ組み合い……それも貴公子ばかりか、内裏の女房までもが殴り合う。さらにさらに、天皇に殴りかかる女房までいたというから恐れ入る。

平安貴族とは、こんなにも破廉恥《はれんち》な、野蛮きわまりない者たちだったのか。これまで思い描いてきた、直衣《のうし》姿や狩衣《かりぎぬ》姿も美々しく、歌を詠み、恋にうつつをぬかしていた貴公子淑女は、いったいどこへいってしまったの？　もしかして、私たちはごく一部の貴族の、それも皮相なところしか見ていなかったのだろうか。

これでもかと暴かれる衝撃的な出来事のオンパレードに、読者は目を丸くするにちがいない。しかも本書で紹介されている事件は皆、『小右記』をはじめとするれっきとした書物の中から著者が拾い集めたものだという。貴族も人の子だから様々な人間がいて当然、驚くにはあたらないと頭ではわかっていても、先入観とは恐ろしいもので、ページを繰るたびに既成概念が打ち砕かれてゆく。それは小気味がよいほどだ。

そもそも平安朝と聞けば、大多数の人々は真っ先に『源氏物語』や『枕草子』でおなじみの優美な貴族の世界を思い描くにちがいない。でなければ、怨霊や魑魅魍魎《ちみもうりょう》が跋扈《ばっこ》し、陰陽師《おんみょうじ》が威力をふるう摩訶不思議な世界か。『餓鬼草紙《がきそうし》』に描かれた壮絶な光景や『今昔物語』に多数登場する鬼や盗賊の話から、弱肉強食のおぞましい地獄絵を思い浮かべる人もいるかもしれない。

私は平安朝を舞台にした小説をいくつか書いている。若い頃アフリカや中近東を旅したとき、市場の雑踏と喧噪、あふれんばかり横溢する生命力に圧倒されて息を呑んだ。混沌とした坩堝《るつぼ》の底から湧き出てくるたくましさやしたたかさは、おそらく平安朝の都の庶民の営みと重なるのではないかと想像したものだ。物売りや職人、雑色や牛飼童、当時は私的な企業はなかったので官吏、あるいは上級貴族に仕える下級貴族、その家族など、平安朝でも庶民たちが社会の基盤を支えていたのはまちがいない。そこには私たちと似た人間がいたはずだし、位階や邸宅とは無縁の慎ましい暮らしの中で日々懸命に生きている、おびただしい数の老若男女がいたはずである。

ところが庶民のありふれた暮らしは記録に残らない。史料が少ないので、庶民たちがなにを考え、どんな日々を送っていたのかを知るのはむずかしい。貴族でも陰陽師でもなく自分と等身大の女性を主人公にした小説を書きたいと考えていた私は、わからないことだらけで頭を抱えてしまった。

そんなとき手に取ったのが、本書の著者、繁田信一氏の『庶民たちの平安京』だった。小屋に住み、酒や賭け事を愛し、現代人となんら変わりなく日々、嫉妬したり嘆いたりしていた名もなき人々……。この本には、これまでほとんど取り上げられることのなかった庶民たちの暮らしが生き生きとつづられていた。

これだ――と、私は手を打った。これこそ知りたかったことだ、と。

それからは繁田氏の本を読み漁った。『王朝貴族の悪だくみ』『呪いの都　平安京』『天皇たちの孤独』『かぐや姫の結婚』……そして、もちろん本書も。おかげで物語の裾野が広がっただけでなく、曖昧模糊《あいまいもこ》としていた平安朝が身近に感じられて、ますます興味をかきたてられた。

生き生きと動く王朝時代の人々

繁田氏とはどんな方か、お目にかかってお話をうかがいたい――私の願いが叶えられたのは、「文藝春秋」平成26年6月号の「本の話」で企画された対談の誌面上である。私は繁田氏の著作に触発されて『王朝小遊記』という小説を書き終えたばかりで、小説という性格上、自由奔放に羽を広げて物語を構築したことに研究者は難色を示されるのではないかと内心びくびくしていた。が、繁田氏は気さくに応じて下さり、しかも対談の中で、本書を執筆されたいきさつまで明かしてくださった。

文学部哲学科出身の繁田氏は、卒論や修士論文、博士論文に陰陽師を取り上げ、その史料として藤原実資の日記『小右記』と藤原道長の日記『御堂関白記』も研究されたそうだ。

……陰陽師の記事を中心に読もうとするのですが、どうしてもその他の記述も端々が気になってくる。殴り合っている連中とか火をつけている連中とか。暴力記事がすごく多いんですよ。陰陽師の研究をしながら貴族の不祥事に関するメモをためていって、それを本にしたのが僕の本として一番売れた『殴り合う貴族たち』です(笑)。

なるほど、そうだったのかと、私は大きくうなずいた。なぜなら、史料として手に取ったつもりがあまりに面白くて、やめられずに本書を一晩中、読みふけってしまった理由がわかったような気がしたからだ。

そう。繁田氏は研究のため、本にするために、平安貴族の暴力沙汰を拾い集めたのではなかった。気にかかる出来事をただメモしていったら、それが面白すぎて、自ずと本書が出来上がったという。こんなことがあったのかと驚き、おかしくて思わず噴き出す……そんな著者の弾むような気持ちが行間から伝わってくる。書物は生き物だ。いくら口先で「面白いですよ」と言われても著者自身が冷めていては、読者の心に響かない。博覧強記はもとより繁田氏の平安朝への愛がその語り口から伝わってくるために、読者の心もゆさぶられ、自ずと引き込まれてゆく。私のように史料として手に取った者だけでなく、平安朝に少しでも興味を抱く人々、いや、これまで全く関心のなかった門外漢にも、これなら愉《たの》しんで読んでもらえること請け合いである。

先の対談で、繁田氏はもうひとつ、興味深いことを語っている。

……実は僕は江戸ファンでもありまして。江戸の庶民が活躍する小説やドラマ、あれを平安時代でやれないはずはないだろう、と思うんですよね。

これにも大いに共感した。

江戸時代は徳川家康の江戸幕府開闢から大政奉還まで二百六十年余り、全国規模の戦がないまま泰平の世がつづいた。一方の平安時代は、平安京へ遷都してから平氏滅亡まで四百年近く、平穏とは言えないまでも後世から平安時代とひとくくりに呼ばれるくらいには体制が維持された。となれば江戸物に負けず劣らず、人情物でも捕物帳《とりものちょう》でも、平安朝を舞台に多種多様な貴族や庶民が縦横無尽に活躍する物語がもっと書かれてもよいのではないかと思う。表向きの平和が長くつづくと社会のあちこちに歪みが出る。現代社会で散見される忌々《いまいま》しい事件のほとんどは平安朝でも起こっていた。そう思えば、平安朝の物語は、江戸の捕物帳以上に現代人の心を魅きつけるはずである。

それにしても、本書を読みながら、人間の本性は古今東西変わらないなぁと改めてため息をついた。繁田氏は序の文で、「紫式部がけっして描こうとはしなかった王朝時代の貴公子たちの不品行な一面、それを観察することで彼らの実像に迫ることができるように思われる」と書いているが、光源氏たちの実像はまさに現代の道楽息子そのものだ。そのことを心に留めて読み直せば、『源氏物語』にまたちがう面白さを見つけ出すこともできるのではないか。

人間の性《さが》に焦点を当てた本書は、既存の歴史研究を新たな視点から洗いなおす意味でも貴重な一冊である。平安朝になじみのない現代の若者たちにこそ、ぜひ一読してほしいと願っている。

（作家）

索　引

《凡例》

・本書から「Ⅰ 人名索引」「Ⅱ 罪状索引」「Ⅲ 地名・事項索引」をそれぞれ掲出した。すべての語句を網羅するものではなく、初出や説明的な箇所のみを抽出したものもある。
・「Ⅰ 人名索引」では、本書全体にわたり登場する藤原実資は除いた。また、㊋は加害者本人もしくは加害者側、㊎は被害者本人もしくは被害者側を示し、本人の直接的関与や命令の有無は問わず、従者などが当事者である場合を含む。「喧嘩」など双方を加害者としたものもある。
・「Ⅱ 罪状索引」は、本書に登場する主な犯行を抽出した。
・「Ⅲ 地名・事項索引」は、犯行現場や関連する場所と、主な歴史用語を抽出した。「Ⅰ」と同様、本書全体にわたり参照した藤原実資の日記『小右記』は除いた。

Ⅰ　人名索引

あ　行

か　行

ま　行

や・ら　行

II 罪状索引

Ⅲ　地名・事項索引

＊本書は、『殴り合う貴族たち』（二〇〇八年十一月刊、角川ソフィア文庫）を底本とし、新たに6章と15章を加えた増補版です。

DTP制作　光邦

繁田信一（しげた・しんいち）
1968（昭和43）年東京都生まれ。東北大学大学院文学研究科博士課程後期単位取得退学。神奈川大学大学院歴史民俗資料学研究科博士後期課程修了。現在、神奈川大学日本常民文化研究所特別研究員、東海大学文学部非常勤講師。専攻は歴史民俗資料学。王朝時代の天皇、貴族、庶民の姿を活写する著書多数。『陰陽師と貴族社会』『呪いの都 平安京』『天皇たちの孤独』『かぐや姫の結婚』『紫式部の父親たち』『下級貴族たちの王朝時代』など。

文春学藝ライブラリー
歴29

殴《なぐ》り合《あ》う貴族《きぞく》たち

2018年（平成30年）8月10日　第1刷発行
2024年（令和 6 年）5月 5 日　第2刷発行

著　者　繁　田　信　一
発行者　大　沼　貴　之
発行所　株式会社　文　藝　春　秋
〒102-8008　東京都千代田区紀尾井町3-23
電話（03）3265-1211（代表）

定価はカバーに表示してあります。
落丁、乱丁本は小社製作部宛にお送りください。送料小社負担でお取替え致します。

印刷・製本　光邦
Printed in Japan
ISBN978-4-16-813075-5

（　）内は解説者。品切の節はご容赦下さい。

内藤湖南
支那論
博識の漢学者にして、優れたジャーナリストであった内藤湖南。辛亥革命以後の混迷に中国の本質を見抜き、当時、大ベストセラーとなった近代日本最高の中国論。（與那覇　潤）
歴-2-1

磯田道史
近世大名家臣団の社会構造
江戸時代の武士は一枚岩ではない。厖大な史料を分析し、身分内格差、結婚、養子縁組、相続など、藩に仕える武士の実像に迫る。磯田史学の精髄にして、『武士の家計簿』の姉妹篇。
歴-2-2

野田宣雄
ヒトラーの時代
ヒトラー独裁の確立とナチス・ドイツの急速な擡頭、それが国際政治にひきおこしてゆく波紋、そして大戦勃発から終結まで――二十世紀を揺るがした戦争の複雑怪奇な経過を解きあかす。
歴-2-5

勝田龍夫
重臣たちの昭和史（上下）
元老・西園寺公望の側近だった原田熊雄。その女婿だった著者だけが知りえた貴重な証言等を基に、昭和史の奥の院を描き出す。木戸幸一の序文、里見弴の跋を附す。
歴-2-6

原　武史
完本　皇居前広場
明治時代にできた皇居前広場は天皇、左翼勢力、占領軍それぞれがせめぎあう政治の場所でもあった。定点観測で見えてくる日本の近代。空間政治学の鮮やかな達成。（御厨　貴）
歴-2-9

シャルル・ド・ゴール（小野　繁　訳）
剣の刃
「現代フランスの父」ド・ゴール。厭戦気分、防衛第一主義が蔓延する時代風潮に抗して、政治家や軍人に求められる資質、理想の組織像を果敢に説いた歴史的名著。（福田和也）
歴-2-13

小坂慶助
特高　二・二六事件秘史
首相官邸が叛乱軍により占拠！　小坂憲兵は女中部屋に逃げ込んだ岡田啓介首相を脱出させるべく機を狙った――緊迫の回想録。永田鉄山斬殺事件直後の秘話も付す。（佐藤　優）
歴-2-15

秦 郁彦
昭和史の軍人たち
山本五十六、辻政信、石原莞爾、東条英機に大西瀧治郎……陸海軍二十六人を通じて、昭和史を、そして日本人を考える古典的名著がついに復刊。巻末には「昭和将帥論」を附す。

歴-2-17

江藤 淳
完本 南洲残影
明治維新の大立者・西郷隆盛は、なぜ滅亡必至の西南戦争に立ったのか？ その思想と最期をめぐる著者畢生の意欲作。単行本刊行後に著した「南洲随想」も収録した完全版。（本郷和人）
歴-2-25

三木 亘
悪としての世界史
ヨーロッパは「田舎」であり、「中東と地中海沿岸」こそ世界史の中心だ。欧米中心主義の歴史観を一変させる、サイード『オリエンタリズム』よりラディカルな世界史論。（杉田英明）
歴-2-26

本郷和人
新・中世王権論
源頼朝、北条氏、足利義教、後醍醐天皇……彼らはいかにして日本の統治者となったのか？ 気鋭の日本中世史家が、王権の在り方を検証しつつ、新たなこの国の歴史を提示する！

歴-2-27

飛鳥井雅道
明治大帝
激動の時代に近代的国家を確立し、東洋の小国を一等国へと導いた天皇睦仁。史上唯一「大帝」と称揚され、虚実ない交ぜに語られる専制君主の真の姿に迫る。（ジョン・ブリーン）
歴-2-28

繁田信一
殴り合う貴族たち
宮中で喧嘩、他家の従者を撲殺、法皇に矢を射る。拉致、監禁、襲撃もお手の物。〝優美で教養高い〟はずの藤原道長ら有名平安貴族の不埒な悪行を丹念に抽出した意欲作。（諸田玲子）
歴-2-29

林 健太郎
昭和史と私
過激派学生と渡り合った東大総長も、若き日はマルクス主義に心酔する学生だった。自らの半生と世界的視点を合わせて重層的に昭和史を描ききった、歴史学の泰斗の名著。（佐藤卓己）
歴-2-30

（　）内は解説者。品切の節はご容赦下さい。

高木俊朗
陸軍特別攻撃隊（全三冊）
陸軍特別攻撃隊の真実の姿を、隊員・指導者らへの膨大な取材と、手紙・日記等を通じて描き尽くした記念碑的作品。特攻隊を知るために必読の決定版。菊池寛賞受賞作。（鴻上尚史）
歴-2-31

清水克行
耳鼻削ぎの日本史
なぜ「耳なし芳一」は耳を失ったのか。なぜ秀吉は朝鮮出兵で鼻削ぎを命じたのか。日本史上最も有名な猟奇的習俗の真実に迫る。「中世社会のシンボリズム――爪と指」を増補。（高野秀行）
歴-2-34

江藤　淳
新編 天皇とその時代
日本人にとって天皇とは何か。戦後民主主義のなか、国民統合の象徴たらんと努めてきた昭和天皇の姿を、畏敬と感動を込めて語る。新編では次代の皇室への直言を加えた。（平山周吉）
歴-2-35

松本清張
昭和史発掘 特別篇
『昭和史発掘』全九巻に未収録の二篇「政治の妖雲・穏田の行者」「『お鯉』事件」と、城山三郎、五味川純平、鶴見俊輔と昭和史の裏側を縦横無尽に語った対談を掲載。（有馬　学）
歴-2-36

ドナルド・キーン（角地幸男　訳）
日本人の戦争
作家の日記を読む
永井荷風、高見順、伊藤整、山田風太郎など、作家たちの戦時の日記に刻まれた声に耳をすまし、非常時における日本人の精神をあぶり出す傑作評論。巻末に平野啓一郎との対談を収録。
歴-2-37

福留真紀
名門譜代大名・酒井忠挙の奮闘
父の失脚で、約束された将来は暗転した。降格され、自身の奇病や親族の不祥事に悩み、期待した嫡男は早世。数多の苦難に抗い、家の存続に奮闘した御曹司の実像に迫る。（山内昌之）
歴-2-38

佐野恵作（梶田明宏　編）
昭和天皇の横顔
宮内省幹部として「終戦の詔書」を浄書し、その夜の「宮城事件」を経験した著者による、終戦前後の宮中の貴重な記録と、昭和天皇ご一家の素顔。初の文庫化。（梶田明宏）
歴-2-39

小島　毅
義経の東アジア
対外貿易で勢力を伸ばした「開国派」平氏、農本主義に徹し強い軍事組織を築いた「鎖国派」源頼朝。中国王朝の興亡から源平内乱を捉え直す。保立道久氏、加藤陽子氏との座談会を収録。

歴-2-40

浅見雅男
公爵家の娘
岩倉靖子とある時代
昭和八年、一斉検挙・起訴された「赤化華族」のなかに岩倉具視の曾孫・岩倉靖子がいた——。なぜ華族令嬢は共産主義に走ったのか。出自と時代に翻弄された、少女の哀しい運命を追う。
歴-2-41

永井路子
つわものの賦
日本史上最大の変革・鎌倉幕府成立。中核にいたのは台頭する東国武士団。源頼朝、義経、木曾義仲、梶原景時、三浦義村、北条義時……。鎌倉時代の歴史小説の第一人者による傑作評伝。

歴-2-42

源田　實
真珠湾作戦回顧録
開戦と同時に米太平洋艦隊の根拠地を叩く作戦は、当初誰もが不可能と考えた。ひとり連合艦隊司令長官・山本五十六を除いて……元参謀による驚愕の回想録。増補2篇収録。（秦　郁彦）
歴-2-43

河内祥輔
新版　頼朝の時代
1180年代内乱史
平家、義仲や義経は京を制圧しながらも敗れ、なぜ頼朝は東国で幕府を樹立できたのか。中世の朝廷と幕府の関係を決めた、頼朝と後白河上皇に迫る。鎌倉幕府成立論の名著。（三田武繁）
歴-2-44

山本七平
私の中の日本軍（上下）
「百人斬り競争」「日本刀神話」といった〝虚報〟が世に流布するのはなぜか。員数主義、事大主義、兵器や補給等、自身の従軍体験から日本軍の実態を分析し、戦争伝説を粉砕した傑作。（安岡章太郎）
歴-2-45

與那覇　潤
帝国の残影
兵士・小津安二郎の昭和史
「家族映画の巨匠」は兵士として大陸を転戦していた。戦後の「失敗作」から小津の戦争体験を繊細に読みとって映画評論と歴史学の見事な融合を達成した著者初期の代表作。（古市憲寿）
歴-2-47

（　）内は解説者。品切の節はご容赦下さい。

江藤　淳
近代以前
日本文学の特性とは何か？　藤原惺窩、林羅山、近松門左衛門、井原西鶴、上田秋成などの江戸文藝に沈潜し、外来の文藝・思想の波に洗われてきた日本の伝統の核心に迫る。（内田　樹）
思-1-1

福田恆存（浜崎洋介　編）
保守とは何か
「保守派はその態度によって人を納得させるべきであって、イデオロギーによって承服させるべきではない」——オリジナル編集による最良の「福田恆存入門」。（浜崎洋介）
思-1-2

山本七平
聖書の常識
聖書学の最新の成果を踏まえつつ、聖書に関する日本人の誤解を正し、日本人には縁遠い旧約聖書も含めて、「聖書の世界」全体の見取り図を明快に示す入門書。（佐藤　優）
思-1-3

保田與重郎
わが萬葉集
萬葉集が息づく奈良県桜井で育った著者が歌に吹きこまれた魂の追体験へと誘い、萬葉集に詠みこまれた時代精神と土地の記憶を味わいながら、それが遺された幸せを記す。（片山杜秀）
思-1-4

柳田国男（柄谷行人　編）
「小さきもの」の思想
『遊動論 柳田国男と山人』（文春新書）で画期的な柳田論を展開した思想家が、そのエッセンスを一冊に凝縮。柳田が生涯探求した問題は何か？　各章に解題をそえた文庫オリジナル版。
思-1-5

岡﨑乾二郎
ルネサンス　経験の条件
サンタ・マリア大聖堂のクーポラを設計したブルネレスキ、ブランカッチ礼拝堂の壁画を描いたマサッチオの天才の分析を通して、芸術の可能性と使命を探求した記念碑的著作。（斎藤　環）
思-1-6

田中美知太郎
ロゴスとイデア
ギリシャ哲学の徹底的読解によって日本における西洋哲学研究の基礎を築いた著者が、「現実」「未来」「過去」「時間」といった根本概念の発生と変遷を辿った名著。（岡崎満義）
思-1-8

西部　邁
大衆への反逆
気鋭の経済学者として頭角を現した著者は本書によって論壇に鮮烈なデビューを果たす。田中角栄からハイエクまでを縦横無尽に論じる社会批評家としての著者の真髄がここにある。

思-1-10

福田恆存（浜崎洋介　編）
国家とは何か
「政治」と「文学」の峻別を説いた福田恆存は政治をどう論じたのか？　福田の国家論が明快にわかるオリジナル編集。「個人なき国家論」批判は今こそ読むに値する。（浜崎洋介）

思-1-12

江藤　淳
一九四六年憲法——その拘束
アメリカの影から逃れられない戦後日本。その哀しみと怒りをもとに、戦後憲法成立過程や日本の言説空間を覆う欺瞞を鋭く批判した20年にわたる論考の軌跡。（白井　聡）

思-1-13

福田恆存（浜崎洋介　編）
人間とは何か
『保守とは何か』『国家とは何か』に続く「福田恆存入門・三部作」の完結編。単なるテクスト論ではなく、人間の手応えをもった文学者の原点を示すアンソロジー。（浜崎洋介）

思-1-15

本居宣長・津田左右吉　他（上野　誠　編）
日本の古代を読む
この国の成立の根幹をなす古代史の真髄とは？　本居宣長、津田左右吉、石母田正、和辻哲郎、亀井勝一郎など碩学の論考を、気鋭の万葉学者が編纂したオリジナル古代史論集。（上野　誠）

思-1-16

山内昌之
民族と国家
21世紀最大の火種となる「民族問題」。イスラム研究の第一人者が20世紀までの紛争を総ざらえ。これで民族問題の根本がわかる、新時代を生きる現代人のための必読書！（佐藤　優）

思-1-17

田中美知太郎
人間であること
「人間であること」「歴史主義について」「日本人と国家」など八篇の講演に「徳の倫理と法の倫理」など二篇の論文を加え、日本を代表するギリシア哲学者の謦咳に接する。（若松英輔）

思-1-18

（　）内は解説者。品切の節はご容赦下さい。

西部　邁
六〇年安保 センチメンタル・ジャーニー
保守派の論客として鳴らした西部邁の原点は、安保闘争のリーダーだった学生時代にあった。あの「空虚な祭典」は何だったのか、共に生きた人々の思い出とともに振りかえる。（保阪正康）
思-1-19

服部龍二
増補版 大平正芳 理念と外交
大平は日中国交正常化を実現したが、首相就任後、環太平洋連帯構想を模索しつつも党内抗争の果て志半ばで逝った。悲運の宰相の素顔と哲学に迫り、保守政治家の真髄を問う。（渡邊満子）
思-1-20

福田恆存
福田　逸・国民文化研究会 編
人間の生き方、ものの考え方
人間は孤独だ。言葉は主観的で、人間同士が真に分かり合うことはない。だから考え続けよ。絶望から出発するのだ——。戦後最強の思想家が、混沌とした先行きを照らし出す。（片山杜秀）
思-1-21

坪内祐三
一九七二 「はじまりのおわり」と「おわりのはじまり」
札幌五輪、あさま山荘事件、ニクソン訪中等、数々の出来事で彩られたこの年は戦後史の分水嶺となる一年だった。断絶した戦後の歴史意識の橋渡しを試みた、画期的時代評論書。（泉　麻人）
思-1-23

ドナルド・キーン
日本文学のなかへ
「なぜ近松の『道行』は悲劇的なのか」「真に『日本的』なものとは」——。古典作品への愛や三島や谷崎など綺羅星のごとき文学者との交流を語り下ろした自伝的エッセイ。（徳岡孝夫）
思-1-24

佐藤　優
私のマルクス
『資本論』で解明された論理は、超克不能である」と確信するまでの自らの思想的軌跡を辿る。友人や恩師との濃密な日々、マルクスとの出会いを綴った著者初の自叙伝。（中村うさぎ）
思-1-26

坪内祐三
靖国
招魂斎庭が駐車場に変貌していたことに衝撃を受けた著者は、靖国の歴史を徹底的に辿り始めた。政治思想の文脈ではない、靖国の生き生きとした歴史を蘇らせた著者代表作。（平山周吉）
思-1-27